CHRISTIAN SAEHRENDT
STEEN T. KITTL

ALLES BLUFF!

CHRISTIAN SAEHRENDT
STEEN T. KITTL

ALLES BLUFF!

Wie wir zu Hochstaplern werden, ohne es zu wollen.
Oder vielleicht doch?

HEYNE <

MIX
Papier aus verantwortungsvollen Quellen
FSC® C014496

Verlagsgruppe Random House FSC-DEU-0100
Das für dieses Buch verwendete
FSC®-zertifizierte Papier *Super Snowbright*
liefert Hellefoss AS, Hokksund, Norwegen.

Redaktion: Matthias Michel

Umschlaggestaltung: Büro Überland, München,
unter Verwendung eines Fotos von Lawrence Manning/Corbis
Satz: Leingärtner, Nabburg
Druck und Bindung: GGP Media GmbH, Pößneck
Printed in Germany 2011
ISBN 978-3-453-17813-7

www.heyne.de

INHALT

KAPITEL 3

KAPITEL 4

EINLEITUNG

Die Spitze des Eisbergs

Ein Bauarbeiter findet eine Spezialbrille und setzt sie auf. Plötzlich kann er sehen, dass unzählige Außerirdische – hinter menschlichen Masken getarnt – unter uns leben. Sie bestimmen unser Dasein, denn durch die heimliche Besetzung wichtiger Positionen haben die Aliens längst die Herrschaft übernommen. *Sie leben!* – so heißt der Film von Kultregisseur John Carpenter, der uns mehr als einmal in den Sinn kam, als wir uns in den letzten Jahren mit dem Phänomen der Hochstapelei beschäftigten. Warum das?

Nachrichten über enttarnte Hochstapler sorgen immer für starke, aber widersprüchliche Reaktionen. Falsche Ärzte, die Patienten behandeln, windige Typen in Pilotenuniform, die ohne jede Qualifikation Passagiermaschinen fliegen, oder selbst ernannte Finanzgenies, die gierige Anleger ausnehmen wie zuletzt der Jahrhundertbetrüger »Bernie« Madoff: Sie können Angst und Bange machen, aber auch Schadenfreude und sogar Bewunderung auslösen. Denn so lange man nicht selbst betroffen ist, hält mancher den Hochstapler für einen sympathischen Schalk, der sich über Klassengrenzen hinweg in die Welt der Etablierten, der Reichen und Mächtigen mogeln kann.

Eine Frage wird nach der Enttarnung eines Hochstaplers seltsamerweise nie gestellt: Wie viele von ihnen werden eigentlich *nicht* enttarnt? Was wäre, wenn die bekannten Fälle nur die Spitze des Eisbergs sind? Wenn sich unter uns unerkannt unzählige Bluffer tummeln?

Für diese Annahme spricht einiges. Schlagen Sie doch einmal die Zeitungsseiten mit den Stellenanzeigen auf! Gesucht wird: mehrsprachig, jung und trotzdem erfahren, Auslandspraktika, Topabschluss, teamfähig – und Führungskraft zugleich. Nur noch Supermänner und Superfrauen sind auf dem Arbeitsmarkt gefragt. Wer darauf zum Bewerbungsgespräch eingeladen wird, muss die High-Potential-Fassade unter allen Umständen aufrechterhalten – einige tun dies mit mulmigem Gefühl, immer mehr aber haben diese Selbstinszenierung schon verinnerlicht und spielen die Rolle ihres Lebens.

Wir blättern weiter in der Zeitung: Ein Blick in die Kontaktanzeigen oder die Partnerbörsen des Internets zeigt eine Welt voll attraktiver, liebenswerter und extrem erfolgreicher Bewerber. Doch auch unsere alltäglichen Begegnungen mit Kollegen, Freunden und Bekannten legen nahe, dass hochstaplerische Selbstinszenierung und Egoakrobatik heute wichtiger sind denn je. Bluffen gehört längst zum selbstverständlichen Verhaltensrepertoire unserer Zeit.

So wird der Hochstapler von einst, ein Außenseiter, der die Regeln des Zusammenlebens ignorierte und wie ein Artist sein Meisterstück der Täuschung spielte, abgelöst von einem »Betriebssystem Hochstapler«, das im Begriff ist, die soziale Wirklichkeit zu erobern. Heute verkörpern die sich häufenden Hochstaplerfälle die Fieberspitzen dieses Systems. In ihnen sehen wir das Konzentrat von ausgesprochen angesagten Tugenden wie »soziale Kompetenz«, »Kommunikationsstärke«, »Flexibilität« oder lebenslange »Lernfähigkeit«.

Wir sind der Frage nachgegangen, was hinter der rasanten Ausbreitung der Bluffer-Mentalität steckt. Bis tief in die Alltagskultur entwickelt sie sich zur dominanten Triebfeder. Angefangen bei längst respektierten Mogeleien (»Der kann sich gut verkaufen!«) bis hin zur vollständigen Inszenierung eines scheinbar erfolgreichen Lebens – dem Sog dieser Mentalität kann sich kaum jemand entziehen und es scheint fast so, als käme in der »Hochstaplerepidemie« ein naturgegebenes Talent zur Täuschung zum Vorschein. Kann es sein, dass dieses evolutionäre Erbe unter den Bedingungen unseres gegenwärtigen High-Tech-Kapitalismus und dem Bewusstsein einer unbefristeten Krisenwirklichkeit außer Kontrolle geraten ist? Wie verträgt sich diese Entwicklung mit der Sehnsucht vieler Menschen nach dem »wahren Ich« und dem Streben, authentisch und selbstbestimmt zu leben?

Wie viel Bluff verträgt eine Gesellschaft, deren Existenz auch von der mehrheitlichen Akzeptanz grundlegender moralischer Normen abhängt? Oder, um mit der Plagiatsexpertin Debora Weber-Wulff zu fragen: »Möchten Sie über eine Brücke fahren, deren Statiker seine Abschlussarbeit gekauft hat?«

Leider verhält sich die Realität anders als im eingangs erwähnten Film. Dort lässt sich selbst ein Problem galaktischen Ausmaßes am Ende durch einen Faustkampf, durch den beherzten Einsatz echter menschlicher Muskelkraft lösen. Wir hingegen stehen erst am Anfang einer Entwicklung, deren Ende noch nicht absehbar ist. Und so sollten wir uns auch fragen, wen wir eigentlich sehen, wenn wir mit bluffgeschärftem Blick in den Spiegel schauen.

KAPITEL 1

»Das muss jetzt Liebe sein!« Wie man die ganz großen Gefühle simuliert

»Genussvoll regenerieren. Das Schöne mit dem Sinnvollen verbinden. Freiräume schaffen für die Seele« – das ist das Motto des Lanserhofes, eines Wellnesstempels und Kurhotels nahe Innsbruck, in dem wohlhabende Gäste gegen Alterserscheinungen ankämpfen oder in »Mind + Mental Health«-Programmen ihre Sinnkrisen, Beziehungsprobleme und Burnouts behandeln lassen. Auch Susanne, verheiratete Mutter und Karrierefrau aus Deutschland, gönnt sich hier eine zweiwöchige Auszeit. In der Lobby kommt die attraktive Mitvierzigerin mit einem überaus kultivierten und gut aussehenden Herrn ins Gespräch. Zufällig haben beide das gleiche Lieblingsbuch, *Der Alchimist* von Paulo Coelho, und im Laufe der Unterhaltung kommen immer mehr Gemeinsamkeiten zum Vorschein – bis hin zu dem Traum, einmal das Katharinenkloster auf dem Sinai zu besichtigen. Beinahe glaubt Susanne schon an eine Seelenverwandtschaft mit dem schlanken, aber athletischen Schweizer. Das Berufliche bleibt zunächst außen vor, doch bald verrät Helg, dass er als »Sonderberater der Schweizer Regierung für internationale

Fragen« tätig sei. Gemeinsam unternehmen die beiden lange Bergwanderungen. Helg ist ein angenehmer Begleiter, ein Mann, der sich auch einmal zurücknehmen und zuhören kann. Susanne fühlt sich von ihm verstanden, allein seine bisweilen durchscheinende Traurigkeit irritiert sie. Zum Abschied tauschen sie Telefonnummern.

Vier Wochen später ist ihre Leidenschaft entfacht. Die beiden treffen sich mehrmals im Münchner Holiday Inn, aus der platonischen Kurbekanntschaft ist eine heiße Affäre geworden. Bald darauf steckt Helg in der Klemme und gesteht Susanne, dass er vor einiger Zeit während eines USA-Besuches ein Mädchen angefahren habe, das aus einer Mafiafamilie stamme und nun unglücklicherweise im Rollstuhl sitze. Er werde gezwungen, eine hohe Schadensersatzsumme aufzubringen, anderenfalls sei sein Leben in Gefahr. Von insgesamt zehn Millionen Euro ist die Rede. Aber Helg fragt Susanne nicht direkt nach Geld. Drei Millionen habe er selbst aufgebracht, ein Drittel der Gesamtsumme; das Geld sei für einen Fonds gedacht, der die Zukunft des gelähmten Kindes sichern soll. Susanne ist erst misstrauisch, macht sich aber bald Vorwürfe, einen Menschen in Not hängen zu lassen. Schließlich beschafft sie ihm die gewünschte Summe. Doch statt dankbar zu sein, zieht Helg plötzlich ganz andere Saiten auf: Er schickt Susanne ein Video ihres Liebesaktes im Hotel und fordert ein hohes Schweigegeld. Aus dem einfühlsamen Gentleman mit den melancholischen Augen ist ein gemeiner Erpresser geworden, dessen Komplize aus dem Nebenzimmer die intime Begegnung der beiden gefilmt hatte. Susanne zieht die Notbremse. Um einem endlosen Erpressungsmarathon zu entgehen, offenbart sie sich ihrem Ehemann und erstattet Anzeige gegen

Helg, der kurz darauf festgenommen wird. »Es war unsere einzige Chance. Anders geht das ewig weiter. Und das hält man nicht aus …«

Die professionelle Zwillingsseele

Die Geschichte von der Unternehmerin Susanne Klatten, der »reichsten Frau Deutschlands«, und dem Beziehungsschwindler Helg Sgarbi erregte 2008 große Aufmerksamkeit. Sie kam nur ans Licht der Öffentlichkeit, weil die Betrogene die Konsequenzen nicht scheute, die eine Anzeige gegen den Betrüger mit sich brachte. Sgarbi, der mit der gleichen Masche vor Susanne Klatten schon mehrere andere Frauen geschädigt und deren Bedürfnis nach Geborgenheit und Liebe kaltblütig ausgenutzt hatte, gilt als einer der erfolgreichsten Beziehungsschwindler der Gegenwart. Aber der Fall ist – unabhängig von der spektakulären Höhe der ergaunerten Summen und der Prominenz einzelner Opfer – symptomatisch für die erstaunliche Karriere des Bluffs, der längst einem einfachen Täter-Opfer-Schema entwachsen ist. Dazu gehört auch die Schwierigkeit, eine Grenze zwischen allgemein goutierter Selbstinszenierung (»Du musst dich gut verkaufen können«) und krimineller Hochstapelei (»Erfinde dich selbst«) zu ziehen. Die Erscheinungsformen des Bluffs haben sich dermaßen ausdifferenziert, dass klassische Heiratsschwindler und Hochstapler dagegen niedlich antiquiert wirken. Kriminelle Talente wie Sgarbi bilden nur die Spitze des Eisbergs und sind – wie sich noch zeigen wird – phänomenale Illustrationen für die These, dass die Hochstapelei unsere gesellschaftliche Realität längst tiefgreifend durchwirkt hat. Wie konnte das Hochstapeln, einst geprägt von ungelernten Außenseitern, die sich mit ihren kuriosen Aufführungen in die gesellschaftlichen Eliten mogelten, nun selbst Karriere machen und sich als »Top Skill« in das Anforderungsprofil der Wohlstandsgesellschaft einnisten?

Warum fangen wir ausgerechnet mit dem Liebesbluff eines dreisten Erpressers an? Um zu zeigen, wie viel Helg Sgarbi in jedem von uns steckt? Das wäre ein billiger Kurzschluss, aber immerhin: Einer wie Sgarbi weiß die allgemein gültigen Erwartungen an die Liebe systematisch auszunutzen, weil es hier offenbar einen reichen Nährboden für Täuschungsmanöver gibt. Das ist deshalb so gemein, weil die Liebesbeziehung heute als rettender Zufluchtsort in einem Klima allgemeiner Verunsicherung und tückischer Verstellung gilt. Im Zuge der fortgeschrittenen Individualisierung kommt es, so der Glaube, nur darauf an, den richtigen Partner zu finden, um sich selbst in einer Beziehung verwirklichen zu können. Hier können wir wir selbst sein, hier finden wir Authentizität, Harmonie und Glück; die Liebesbeziehung als Kraft spendender Rastplatz, der am besten zugleich ein Abenteuerspielplatz ist. Und schon sind wir mitten im Problem. In der Liebesbeziehung beanspruchen wir das Höchste der Gefühle: den Spagat zwischen aufregender Intimität und unerschütterlicher Geborgenheit – sozusagen das Beste aus Vollkasko und Vergnügungspark. Das Täuschungspotenzial ist bereits im Entwurf dieses Anspruches angelegt.

Anders als die Heiratsschwindler des frühen 20. Jahrhunderts, die über den Beziehungsbetrug ihre Herkunft aus unterprivilegierter Schicht hinter sich lassen wollten, muss Sgarbi diesen Aufstieg nicht suchen, stammt er doch bereits aus besseren Kreisen. Der Sohn eines Fabrikdirektors studierte Jura, arbeitete anschließend im Bankwesen und erlernte mehrere Fremdsprachen. Auch mit Mitte vierzig wirkte er noch wie der ideale Schwiegersohn, also wie das Gegenteil des heißblütigen Verführers, der die Klischees leidenschaftlicher Affären bewohnt. Sgarbis ganzer Habitus ist darauf trainiert, Frauen derart für sich einzunehmen, dass sie ihn als »Zwillingsseele« – so Klatten in einem Briefwechsel – in ihr Herz schließen. Dafür spielte er auf der gesamten emotionalen Klaviatur. Er lancierte gezielt Themen, die seine Zielperson besonders beschäftigen (bei Klatten war es neben der Literatur auch das Thema regenerative Energien, in die sie als Unternehmerin investiert). Aber auch die eigene Biografie versäumte er nicht zu dramatisieren. Er erzählte von Konflikten mit seinem Elternhaus, von einem schweren Zerwürfnis wegen Erbschaftsfragen und dass er schon als Jugendlicher auf eigenen Beinen stehen musste. Manchmal behauptete er auch, auf Du mit dem Chef der Deutschen Bank, Josef Ackermann, zu sein, wenn es darum ging, seine wirtschaftliche Kompetenz zu untermalen.

Den ersten großen Coup landete Sgarbi im Jahr 2000 in Monte Carlo. Dort umgarnte der Mittdreißiger die millionenschwere Comtesse Verena du Pasquier, damals 83 Jahre alt. Die reife Comtesse erlag dem Charme Sgarbis, der sich als »Jurist und Bankier« vorstellte, die alte Dame zum Essen einlud und ihr anschließend prächtige Bouquets aufs Hotelzimmer schickte. Im Überschwang ließ sich die von ihrem jungen Freund verzückte Greisin die Haare rot färben. Für Sgarbi das Zeichen, die Beziehung auf eine neue Stufe zu heben und eine erste Version seiner Mafia-Schwindelgeschichte aufzutischen: Organisierte Verbrecher forderten zehn Millionen Dollar Schmerzensgeld von ihm, anderenfalls würde er getötet. Geschockt von dieser Geschichte half die Comtesse aus. Im folgenden Jahr beschlossen beide sogar, bald zu heiraten, doch eine Freundin warnte du Pasquier. Es war keine Geringere als die deutsche Jet-Set-Lady Christina Weyer – Gattin des berüchtigten Titelhändlers Hans-Hermann Weyer, in seinen besten Zeiten als »schöner Konsul« bekannt. Sie war mit dem Habitus von Schwindlern aller Couleur aus eigener Erfahrung bestens vertraut. Sgarbi wurde verhaftet. Umgerechnet 15 Millionen Euro hatte er von seiner betagten Freundin bereits erhalten. Nachdem er das Geld zurückgezahlt hatte, bekam die Comtesse Mitleid und zog die Anklage zurück. Doch bevor sie im darauffolgenden Jahr verstarb, hatte Sgarbi die reife Dame um weitere fünf Millionen Euro erleichtert. Für Sgarbi kein Grund, sich auszuruhen. Der smarte Verführer landete mit der Ehefrau eines Klinikdirektors, einer Unternehmergattin aus Süddeutschland und ausgerechnet mit Christina Weyer weitere Coups – Letztere allerdings hatte wohl auch die Comtesse-Millionen im Visier, wie zumindest Sgarbi behauptete. Mit den obligatorischen Sexvideos versuchte er sie zu erpressen. Christina jedoch konnte die Sendung, die an ihren Mann adressiert war, abfangen und erstattete Anzeige. Laut RTL-*Exclusiv* ließ sie sich nur von ihm verführen, um gegen ihn ermitteln zu können. Sgarbi, in der Folge mit einer Bewährungsstrafe belastet, hielt nun für einige Zeit still. Zwischenzeitlich arbeitete er bei der Reklamationsabteilung eines Telekommunikationsunternehmens und machte sich dort rasch einen Namen als Spezialist für schwierige Kunden.

Aber 2005 ging Sgarbi wieder auf die Jagd. Im »Quellenhof« in Bad Ragaz bändelte er mit Marie H. an, der 64-jährigen Gattin eines Möbelunternehmers. Auch sie glaubte an echte Gefühle und leistete millionenschwere Hilfe in der unseligen Mafia-Unfall-Geschichte, die der Beziehungsschwindler mal wieder zum Besten gab. Leider wurde bald darauf Sgarbis Notebook in Italien gestohlen, inklusive verfänglichen Bildmaterials, das Helg und Marie in Aktion zeigt. Die Fotos, so beteuerte Sgarbi, seien seiner Sehnsucht zwischen den Rendezvous mit Marie geschuldet. Doch nun drohte die Mafia, diese Aufnahmen zu missbrauchen. Sie würde Maries Ehemann informieren, wenn sie nicht erneut zahle. Darauf löste Marie ihre Lebensversicherung auf, um die geforderten 1,2 Millionen Euro lockermachen zu können. Als Marie nach weiteren »Geldwünschen« genug hatte und einen Anwalt einschaltete, machte Sgarbi sich davon. Dennoch konnte er anschließend zwei weiteren Opfern Millionenbeiträge entlocken, bis er mit Susanne Klatten den dicksten Fisch seiner Karriere an Land zog – und seine Gier ihn für sechs Jahre hinter Gitter brachte …

»Der Maestro meines Lebens«

Aber war es überhaupt profane Gier, die Sgarbi trieb? Wer sich wundert, dass jemand allein mit Sex, Lügen und Video-Erpressung insgesamt über 17 Millionen Euro ergaunern kann, und das nicht etwa von naiven Mauerblümchen, sondern von vermeintlich erfahrenen High-Society-Ladys und gestandenen Unternehmerinnen, muss über die Geschichte hinter der Geschichte erst recht staunen. Sgarbi hätte mit seiner Beute ein respektables Jet-Set-Leben führen können. Doch daran hatte der »sanfte Krieger«, wie er sich in einem Brief an Klatten selbst bezeichnete, wohl kein Interesse. Denn Sgarbi ist nicht nur Täter, sondern selbst Opfer. Er, der sich mit enormer Geschmeidigkeit und Präzision in die Herzen von Frauen einschleichen kann und sie von sich abhängig zu machen versteht, stand selbst im Bann eines Psychomagiers – »der Maestro meines Lebens«, wie ihn Sgarbi bezeichnete – und vollzog seine Liebesbluffs in dessen Auftrag. Das Geld lieferte er brav bei Ernano Barretta ab, der im italienischen Pescosansonesco residierte, einem 500-Seelen-Dorf mitten in den malerischen Bergen der Abruzzen. Als die italienische Polizei im Zuge der Ermittlungen das luxuriöse 20-Hektar-Anwesen durchsuchte, fand sie neben einem Heliport zahlreiche Edelkarossen und einige Millionen Euro in bar, teilweise in Vasen und Erddepots auf dem Grundstück versteckt. Bereits 1992 hatte Sgarbi Sektenguru Barretta kennen gelernt, der damals als Automechaniker in der Schweiz arbeitete und bereits einige Jünger um sich geschart hatte. Er inszenierte sich als Inkarnation Jesu, lief mit Wundmalen umher und behauptete, das eigentliche Oberhaupt der Kirche Christi auf Erden zu sein. »Geld ist Sünde« predigte er seinen Jüngern, die ausziehen sollten, um reiche Frauen abzuziehen, sie von der Last ihres Geldes zu befreien. Die weiblichen Mitglieder seiner Herde standen nach Aussage früherer Weggefährten unter Barrettas sexueller Kontrolle, und es war wohl auch kein Zufall, dass Barretta den als Helg Russak geborenen Sgarbi mit seiner späteren Frau Gabriele Franziska Sgarbi zusammenbrachte. Emotionale Kontrolle und Manipulation spielten in dieser facettenreichen Konstellation eine tragende Rolle. Während Sgarbi im Prozess alle Schuld auf sich nahm und zu den Hintergründen der Erpressungsserie schwieg, brachte »Ela« Sgarbi die Verwendung der nach wie vor nicht sichergestellten Videoaufzeichnungen ins Spiel, um einen von Klatten angestrengten Prozess gegen Barretta und sie in Italien zu verhindern.

Wem bei der bisherigen Verworrenheit noch nicht schwindelig geworden ist, dem dürfte dies spätestens nach der Lektüre einer Fußnote passieren, die der Geschichte eine weitere Drehung verleiht. Denn Sgarbis Opfer Susanne Klatten hat selbst eine Vergangenheit, in der die Täuschung eine elementare Rolle für ihren Werdegang spielte. Für sie allerdings ging es nicht darum, Reichtum vorzuspielen – so wie bei vielen Hochstaplern üblich –, sondern im Gegenteil das Leben einer Normalbürgerin zu simulieren. Bis ins Detail war sie stets darauf bedacht, ihre Herkunft, ihr Vermögen zu verbergen; und das nicht nur, weil sie mit sechzehn beinahe Opfer einer Entführung geworden war. Während des Studiums verheimlichte sie gegenüber den Kommilitonen ihre Herkunft. »Das ist eine große innere Freiheit, die man dringend braucht, um sich zu entwickeln, um sich selbst kennenzulernen.« Um realitätsnahe Bedingungen für ihr Praktikum bei BMW zu schaffen – sie ist gleichzeitig Großaktionärin des Automobilkonzerns –, legte sie sich das Pseudonym »Susanne Kant« zu und nutzte die Tarnidentität einer normalen Angestellten. Hier lernte sie auch ihren zukünftigen Mann, den Ingenieur Jan Klatten, kennen. Mit ihm war sie sieben Monate zusammen, bevor er ihre wahre Identität erfuhr …

Das Einfühlungsvermögen des Hochstaplers

Viele Tricks historischer Heiratsschwindler wirken heute wie ganz normale Verhaltensweisen statusorientierter Individuen, die es unbedingt nach oben schaffen wollen. Der klassische Heiratsschwindler täuschte eine seriöse Fassade vor, gab sich vermögend und kultiviert, um den Verdacht auszuräumen, er sei nur auf das Geld der Braut aus. Liebe und Zuwendung setzte er mit Berechnung ein. Er zeigte sich als einfühlsamer, ehrlicher und sensibler Mann, verstand es, romantische Gefühle zu mobilisieren, vorzugsweise bei Witwen, späten Mädchen oder Fräuleins vom Lande. Zudem gab er sich gern als Angehöriger eines höheren Berufsstandes aus, als Arzt, Unternehmer, Pilot oder Offizier. Einerseits zog er damit die Bewunderung von Frauen auf sich, die »nach oben« heiraten wollten, andererseits simulierte er gegenüber vermögenden und gebildeten Frauen, er bewege sich auf gleicher Ebene und habe gar kein Geld nötig. Den Heiratsschwindler zählten bereits die Kriminalisten der 1920er Jahre zu den Hochstaplern. In seiner ausführlichen Abhandlung über den Berufsverbrecher schreibt der Kriminologe Robert Heindl: »Er ist in allen Salons beliebt. In den exklusivsten Klubs erhält er weiße Ballotagekugeln, bis endlich einmal bei einer ungeschickten Bewegung unter dem Frack der graue Kittel des Zuchthäuslers sichtbar wird. Der Hochstapler ist meist ein junger distinguierter Herr. [...] Im Theater sitzt er in den besten Logen. Seine Mahlzeit nimmt er nur in den teuersten Restaurants zu sich. [...] Er studiert das Terrain, entwirft seinen Plan in großen Zügen, attachiert sich dann der Person, die er plündern will, und folgt ihr wie ein Schatten.«

Auf genau diese Weise erleichterte damals »Dr. med.« Otto Anderwerth als angeblich vermögender Hotelgast eine heiratslustige Kellnerin im Schweizerischen Romanshorn um ihr mühsam erspartes Vermögen. Nach der lukrativen Generalprobe am Bodensee ließ er die verliebte Kellnerin mittellos und schwanger zurück, um für eine Weile in einem der teuersten Hotels Zürichs zu residieren. Dort nahm er als vermeintlicher Mediziner Kontakt zu den anderen Gästen auf und brachte einige von ihnen dazu, sich von ihm untersuchen und »behandeln« zu lassen. Nach einiger Zeit verkündete Anderwerth im Kreis seiner hocherfreuten Patienten, er sei soeben zum Privatassistenten eines renommierten Medizinprofessors und Direktors der kantonalen Frauenklinik ernannt worden, und zeigte entsprechende Schriftstücke herum, in denen jener Professor ihn als »gottbegnadetes Genie« titulierte. Ein Grund, um im Salon des Hotels die Korken knallen zu lassen – Champagner für alle!

Um den Anschein zu erwecken, er habe den Tag im OP verbracht, pflegte Anderwerth seine Hände im Hotel stets mit einem stark riechenden Desinfektionsmittel einzureiben. Bald wurde er auf diese Weise zum Mittelpunkt des gesellschaftlichen Lebens des Hauses, zumal er noch zusätzlich mit einer angeblichen Millionenerbschaft prahlte. Nun war es ihm ein Leichtes, Hotelgäste um Darlehen anzugehen, mit denen er seine hohen Ausgaben für den gehobenen Lebensstil bestreiten konnte. Im Hotel trat er außerordentlich spendabel auf, sprach immer wieder Einladungen aus, bezahlte teure Abendessen. Nach diesen umfangreichen Vorarbeiten war ein neues Heiratsopfer in Sicht. Geblendet von seinem auf Pump finanzierten Wohlstand und der Anerkennung in der »besseren« Gesellschaft verliebte sich eine Professorentochter in ihn. Anderwerth wiederum hatte es auf ihr Vermögen abgesehen. Er täuschte sie, indem er sich von ihr zur Arbeit in die Klinik begleiten ließ. Sie verabschiedeten sich vor dem Gebäude, das der Hochstapler anschließend durch die Hintertür wieder verließ. Es folgte eine opulente Verlobungsfeier im Hotel, Höhepunkt war dabei die Anlieferung eines wertvollen OP-Bestecks, angeblich ein Verlobungsgeschenk des erwähnten Medizinprofessors. Tatsächlich hatte Anderwerth das Besteck gekauft und an sich selbst ins Hotel schicken lassen. Als der Schwindel schließlich aufflog, wurde der falsche Arzt plötzlich zum Patienten: Anderwerth »erkrankte« schwer, so dass die Polizisten zunächst auf die Verhaftung des Bettlägerigen verzichten mussten. Im späteren Prozess berichteten die Geschädigten einhellig, dass Anderwerths Auftreten ungemein selbstsicher und gewandt gewesen sei, niemand habe an seiner Arztexistenz gezweifelt, auch die Verlobte glaubte bis zuletzt an ihn.

»Geld bedeutet nichts«

Ähnlich erging es einer alten Dame in Paris, Liliane Bettencourt, Jahrgang 1922. Auch sie glaubte felsenfest an die Aufrichtigkeit ihres Freundes. Ihr Vater Eugène Schueller, Gründer des Kosmetikkonzerns L'Oréal, hinterließ der Tochter ein immenses Vermögen, das sie zur reichsten Frau Europas machte. Mit dem umtriebigen Literaten und Fotografen François-Marie Banier, Anfang sechzig, pflegte sie eine intensive, über fünfzehn Jahre währende Freundschaft. Zwar lebte Banier in einer Beziehung mit einem wesentlich jüngeren Künstler; er verbrachte aber viel Zeit mit der sechzehn Milliarden Euro schweren Dame aus der Kosmetikdynastie und betörte sie mit seinem Sarkasmus, seiner Intelligenz und großer Impulsivität. Seit 1995 hatte Liliane ihm neben Schecks in Millionenhöhe auch Versicherungspolicen, Gemälde und Immobilien im Gesamtwert von rund einer Milliarde Euro (!) geschenkt. Handelt es sich hier um eine unwesentliche Aneinanderreihung netter Freundschaftsgesten (die bei Milliardärinnen nun mal etwas größer ausfallen als eine Schachtel Pralinen) oder um Zahlungen an einen »Guru«, der die Madame ausquetscht wie eine reife Orange? Banier bezeichnet die Gaben als »Spenden«, die er zu Beginn der ungewöhnlichen Freundschaft noch abgelehnt habe.

Nicht ganz passen wollen in dieses Bild Aussagen aus dem Umfeld Bettencourts. Eine Buchhalterin berichtete, dass Banier Ende 2005 fast täglich angerufen habe. »Er bat mich, Madame Bettencourt zu sagen, dass er sie liebe, dass sie ihm wichtig sei. Er benötige jedoch dringend zwei bis drei Millionen Euro, um seinen Pool zu finanzieren.« Wer möchte hier die Dringlichkeit des Anliegens in Abrede stellen? Ihre Großzügigkeit gegenüber Banier verteidigte die reiche Dame immer wieder mit der trotzigen Behauptung, Geld bedeute ihr nun mal nichts – ein Paar also, das sich perfekt ergänzte? Mit frecher Selbstverständlichkeit soll Banier vor Treffen mit Bettencourt telefonisch in deren Sekretariat daran erinnert haben, der Grande Dame bloß das Scheckbuch zuzustecken. Der agile Künstler, der in Frankreich als Romancier, Maler und vor allem als Fotograf bekannt ist, verlebte offenbar eine Kindheit, die interessante Parallelen zum Werdegang typischer Hochstaplerpersönlichkeiten aufweist. Banier selbst hat sie in einem autobiografischen Roman veredelt. Alles im Elternhaus – der Vater verdiente sein Geld als Antiquitätenhändler – war auf den gesellschaftlichen Aufstieg ausgerichtet, der Kontakt zur betuchten Gesellschaft allein schon fürs Geschäft zwingend. Die familiäre Hölle, die schließlich zu einer totalen Entfremdung Baniers von seinen Eltern führte, wurde hinter einem Theater des Glücks und der Konventionen versteckt, in dem der Junge mitspielen musste. So wurde er Narzisst mit bühnenreifen Auftritten, dessen Selbstfindung in der Betörung und Verführung anderer und in deren Bewunderung für ihn lag.

Die Freundschaft zwischen ihm und Liliane begann, als sich Bettencourts Ehemann André völlig aus der Öffentlichkeit zurückgezogen hatte. Seine Kollaboration mit dem Vichy-Regime in den 1940er Jahren war ans Licht gekommen, nachdem er jahrzehntelang behauptet hatte, in der Résistance gekämpft zu haben und so unter de Gaulle Karriere in der Politik gemacht hatte. Schließlich starb er 2007. Kein Anlass zur Trauer für die Witwe; sie genoss nun mehr denn je die Zuneigung Baniers, dessen Faible für ältere Semester bekannt ist. Neben der Kunstsammlerin Maire-Laure de Noailles und dem Schriftsteller Louis Aragon gehörte auch die über 50 Jahre ältere Mäzenin Madeleine Castaing zu seinen »engen Freunden«, letztere schenkte Barnier vor ihrem Tod noch eine hochwertige Pariser Immobilie.

Baniers Schachzüge wären wohl nie ans Licht der Öffentlichkeit gekommen, wenn nicht die Tochter Bettencourts, die Theologin Françoise Bettencourt-Meyers, etwas gegen den Freund ihrer Mutter gehabt hätte. Ihr Vorwurf: Barnier nutze die Geistesschwäche ihrer Mutter aus und bereichere sich am Familienvermögen. Zudem hatte Madame Bettencourt den exzentrischen Barnier zwischenzeitlich sogar als Erben eingesetzt, dies aber wieder rückgängig gemacht, nachdem die ganze Angelegenheit zur Staatsaffäre mutiert war. Bettencourt wurde im Auftrag ihrer eigenen Tochter abgehört, um zu belegen, dass die alte Dame nicht mehr Herrin ihrer Sinne ist. Doch die Versuche Françoises scheiterten, die auf die neunzig zugehende Seniorin für unzurechnungsfähig erklären zu lassen und sie damit auch im Verwaltungsrat des Konzerns zu neutralisieren. Kein feiner Zug und damit Anlass für Bettencourt, die Entfremdung von ihrer Tochter seit deren Eheschließung mit Jean-Pierre Meyers öffentlich zu beklagen. Angeblich spekulieren die beiden auf das baldigen Ableben von Madame, um den Konzern endlich verkaufen zu können. Für Bettencourts Senilität lieferten die heimlichen Aufnahmen kaum Anhaltspunkte, allerdings nährten sie den Verdacht auf Steuerhinterziehung und die illegale Finanzierung der UMP, der Partei des Staatspräsidenten Nicolas Sarkozy. Sein Arbeitsminister Éric Woerth, so einer von mehreren schweren Vorwürfen, habe für den Wahlkampf des Präsidenten 2007 dicke Umschläge mit sechsstelligen Eurobeträgen im Hause Bettencourt entgegengenommen und – obwohl er sich zwischenzeitlich als Jäger von Steuersündern profilierte – der alten Dame fragwürdige Steuernachlässe in Höhe von dreißig Millionen Euro gewährt. Gänzlich unbedeutend kann das Geld für Bettencourt dann wohl doch nicht sein. Für Frankreichs Regierung drohte sich die Affäre Bettencourt zur Katastrophe auszuwachsen und Banier, der zwischenzeitlich sogar in Untersuchungshaft saß, sehnte sich wohl auch zurück in die Zeit, als es in der Geschichte »bloß« um einen goldenen Beziehungsschwindel ging. In der Vorweihnachtszeit des Jahres 2010 erbarmten sich Mutter und Tochter. Liliane Bettencourt ging auf Distanz zu ihrem Günstling und verzieh ihrer Tochter. Banier verzichtete auf zwei Lebensversicherungen im Wert von gut 600 Millionen Euro, worauf Bettencourts Tochter Françoise die Klage gegen Banier fallen ließ. Bleibt Baniers salbungsvoller Kommentar zu seiner Vorliebe für schwerreiche Greisinnen: »Nein, ich sauge die Menschen nicht aus, ich lasse sie sich entfalten, weil ich sie liebe und respektiere.« Aber auch das hat nun mal seinen Preis …

Die Tricks des Liebesmarktes

Keine Frage, seit den Zeiten der klassischen Heirats- oder Beziehungsschwindler sind die Dinge komplizierter geworden. Vor allem haben sich die Ansprüche an eine Partnerschaft in luftige Höhen geschraubt. Die Lebensstile der im Wohlstand aufgewachsenen Generationen sind von einem selbstverständlichen Individualismus geprägt, der auch in Beziehungsfragen alle Optionen und Wahlmöglichkeiten beansprucht. Jeder ist etwas ganz Besonderes und kultiviert seinen ganz persönlichen Narzissmus. Eine Liebesbeziehung darf aus dieser Perspektive keinesfalls zu Abstrichen in puncto Freiheit führen, vielmehr soll diese Liebe gerade der Selbstverwirklichung dienlich sein. Eine stetig wachsende Zahl liebesbereiter Singles laboriert in unerfüllter Sehnsucht am Projekt Traumpartner. In der US-Fernsehserie *Grey's Anatomy*, die sich auch hierzulande eine ganze Weile größter Beliebtheit erfreute und in der es sich fortlaufend um die Beziehungskonfusionen junger Ärzte und Ärztinnen dreht, heißt der Traumpartner »McDreamy«, was zum einen natürlich nur der poppige Einfall eines Drehbuchautors ist, zum anderen aber durch die Vorsilbe »Mc« (McFit, McDonald's, McGeiz) ganz passend die Assoziation zu einem günstigen Preis-Leistungsverhältnis des Traumpartners weckt. Aber selbst bei erfolgreichen Ärzten, die einen ganz ähnlichen biografischen Hintergrund haben, stellt es für den Bestand eine Beziehung längst kein verlässliches Kriterium mehr dar, wenn zwei Menschen dem gleichen Milieu oder der gleichen Bevölkerungsschicht entstammen. Früher galt das noch als einigermaßen verlässlicher Garant für die lebenslange Haltbarkeit einer Beziehung, heute können die Werte und Ideale selbst in benachbarten Elternhäusern denkbar weit auseinanderliegen.

Hinzu kommt, dass sich heute der kontinuierlich rarer werdende Nachwuchs in vielen Fällen immer größerer Fürsorge durch die Eltern, Großeltern, Patentanten etc. erfreut und diesen Grad an Aufmerksamkeit auch von einem Liebespartner erwartet – mindestens. Dementsprechend langwierig und komplex gestaltet sich die Partnerwahl. Und dementsprechend ausgefeilt sind mittlerweile die Tricks, um sich auf dem Liebesmarkt als wünschenswerter Partner zu inszenieren. Die allgegenwärtige Inszenierung von Intimität erleichtert dies: Jeder, der sich eine Weile den Informationen und Ratschlägen zu Liebe, Sex und Partnerschaft bis ins technische Detail widmet, darf sich als Experte fühlen und wird im besten Fall auch von anderen als solcher gesehen. Die Schlafmützen hingegen, die sich bis zur ersten sexuellen Begegnung noch nicht mit Intimrasur etc. beschäftigt haben, wachsen vermutlich ohne Fernsehen, Internet und *Bravo* auf. Darüber hinaus hat sich das Spielfeld der Beziehungsanbahnung durch das Internet stark erweitert und ermöglicht regelrechtes Training in der Darstellung der eigenen Besonderheit. Für die Zielerreichung ist hier das schriftsprachliche Ausdrucksvermögen erst einmal wichtiger als das reale Aussehen und entscheidet so über Attraktivität und möglichen »analogen« Kontakt jenseits der Datenströme. (Bei der digitalen Kontaktanbahnung spielen natürlich auch die Attraktivität steigernde Korrekturen an Alter, Einkommen, Beruf und Porträtbildchen eine wichtige Rolle.)

Die Paarbeziehung ist mittlerweile zu einem weitläufigen Operationsfeld von Psychologen und Beratern geworden. Das verwundert nicht weiter, wenn man sich das paradoxe Bild der romantischen Liebe als ertragreiche Form der Selbstverwirklichung vor Augen hält. Sie bietet eigentlich immer Gelegenheit zur Unzufriedenheit, weil wohl immer einer den Kürzeren zieht, oder auch nur vorgibt, eine negative »Selbstverwirklichungsbilanz« in der Beziehung zu haben – um den Partner mit seinen Ansprüchen in Schach zu halten. Die bewusste Gestaltung einer Liebesbeziehung mit allen Schikanen ist deshalb heute obligatorisch – angefangen mit Fragen wie »Was für ein Beziehungstyp bin ich?«, »Wer passt zu mir?« und »Bin ich ein guter Lover?« über die alltägliche »Beziehungsarbeit« bis hin zur Paartherapie in Krisenzeiten.

Etwas gestalten lässt sich natürlich nur mit dem entsprechenden Spielraum. Wie groß der ist, entscheidet im Zweifelsfall jeder für sich. Nichtsdestotrotz gilt in Liebe und Partnerschaft weithin das Ideal der Gemeinschaft ohne Geheimnisse. Und das, obwohl niemand selbst gern ein »gläserner« Partner wäre. Schon die Vorstellung, dass unser Partner die gleichen Gedanken wie wir haben könnte, rüttelt am Vertrauen und lässt jedes Idealbild in einem schwarzen Loch voller Fragen verschwinden. »Das Geheimnis ist eine der größten Errungenschaften der Menschheit«, stellte der Soziologe Georg Simmel schon 1908 fest. Für ihn bieten Geheimnisse dem Menschen »eine zweite Welt« und sind sein wahres geistiges Privateigentum.

Der französische Psychoanalytiker Serge Tisseron äußert in seiner Analyse von Familiengeheimnissen *Die verbotene Tür* die Überzeugung, dass sich individuelle psychische Strukturen nur entwickeln, wenn wir etwas geheim halten können: »Der Augenblick, in dem ein kleines Kind zum ersten Mal lügt, ist von entscheidender Bedeutung. Es entdeckt, dass seine Eltern eben nicht seine Gedanken lesen können, und das beweist ihm, dass es eine eigenständige Persönlichkeit ist.« Nach Daniel Wegner, Psychologieprofessor in Harvard, braucht jeder Mensch für seine seelische Stabilität auch Geheimnisse, denn ohne diese bilde man kein eigenes Selbst aus. So entsteht das Bedürfnis nach einer zweiten Welt: Rollenspiele, Doppelleben, Fantasien. Eine Partnerschaft, in der es keine Privatsphäre des einzelnen gibt, steht unter einem schlechten Stern. Doch die Grauzone zwischen »guten« und »bösen« Geheimnissen ist groß, und man handelt sie in der Regel ebenfalls im Geheimen für sich selbst aus. Wo beginnt in unserem Spielraum die Gefahrenzone, wann wird aus der legitimen Fantasie ein betrügerisches Doppelleben zulasten des Partners?

Schummeln erlaubt?!

Täuschungen und Enttäuschungen in Liebe und Partnerschaft – damit macht sicherlich jeder irgendwann in seinem Leben Erfahrungen. Auch ohne betrügerische Absicht fällt der Kontrast zwischen frischverliebtem Balzverhalten und routiniertem Beziehungsalltag sehr scharf aus. Wer in seinen Studentenzeiten in Wohngemeinschaften gelebt hat, konnte bei seinen Mitbewohnern diesen Wandel manchmal hautnah beobachten (was stets leichter fällt, als solch kritische

Beobachtungen an sich selbst zu machen). Der Bewerber um die Gunst der Mitbewohnerin etwa trumpfte zunächst als dauerlächelnder Charmeur auf, der als Gast sogar unaufgefordert den Riesenabwasch der ganzen WG erledigte, und verwandelte sich binnen weniger Wochen nach Beginn der Beziehung in einen dauerfurzenden Langschläfer, der den Kühlschrank plündert und seine klebrigen Stinksocken auf dem Schminktisch liegen lässt.

Nach jeder Scheidung, nach jedem Trennungskrach fragen sich die Beteiligten, wie sie sich derart in ihrem Partner oder ihrer Partnerin täuschen konnten. Sie zweifeln an ihrer Wahrnehmungsfähigkeit oder glauben, absichtlich und planvoll hereingelegt worden zu sein. In Einzelfällen geht dieses Gefühl sogar in den Wahnsinn über: So sind Menschen, die unter dem nach dem französischen Psychiater Joseph Capgras benannten Capgras-Syndrom leiden, davon überzeugt, dass ihr Ehepartner heimlich durch einen identisch aussehenden Hochstapler oder Betrüger ausgetauscht worden sei.

Wie hoch das Schummelpotenzial bei der Partnersuche ist, versuchten die Psychologen William Tooke und Lori Camire von der State University of New York herauszufinden. Sie befragten Studenten, ob sie bestimmten Aussagen zustimmen könnten. Die Männer bestätigten besonders häufig folgende Sätze:[1]

- »Ich gebe Geld aus für Frauen, auch wenn ich es mir eigentlich nicht leisten kann.«
- »Ich führe Frauen in die Irre hinsichtlich meiner zukünftigen Karrierechancen.«
- »Ich präsentiere mich Frauen gegenüber vertrauenswürdiger und rücksichtsvoller, als ich bin.«

- »Ich gebe vor, an einer festen Beziehung interessiert zu sein, auch wenn ich es nicht bin.«
- »Ich zeige mich an Sex uninteressiert, auch wenn es mir wirklich durch den Kopf geht.«

Besonders trumpfen die Männer aber auf, wenn es darum geht, anderen Männern etwas vorzumachen. Trinkfestigkeit gilt als weit verbreiteter Männlichkeitsbeweis, wobei auch hier geschummelt wird: Manche trinken Wasser aus Wodkagläsern oder gießen im unbeobachteten Moment die Zimmerpflanzen mit Hochprozentigem. Gegenüber den Geschlechtsgenossen mit der Zahl von Sexualpartnerinnen zu prahlen, dient ebenso dem Image als ganzer Kerl. Die Jungs von der New York State University gaben zu: »In Gegenwart männlicher Bekannter grüße ich Frauen, die ich gar nicht kenne, um beliebter zu wirken« oder »Ich habe immer Kondome dabei, um sexuell aktiver zu wirken.« Wie zufällig, beim Kramen nach der Brieftasche, fällt dann die Packung mit den XXL-Gummis auf den Tisch ...

Die Frauen bestätigten hingegen häufiger Aussagen, die auf die Optimierung der äußeren Erscheinung zielen:

- »Ich benutze Make-up, trage falsche Fingernägel und benutze Nagellack, um meine Hände attraktiver aussehen zu lassen.«
- »Ich trage High Heels und engere Kleidung, um schlanker auszusehen.«
- »Ich gehe regelmäßig ins Sonnenstudio.«
- »Ich ziehe meinen Bauch ein, wenn Männer in der Nähe sind.«

An der Tatsache, dass man die letzten beiden Aussagen durchaus auch den Männern zuschreiben würde, wird deutlich, dass die Herren in den letzten Jahren fleißige Schüler der Damen waren. Einen ganzkörperrasierten, knusprig hähnchenbraun gebrannten Adonis mit leichtem Make-up und gezupften Augenbrauen findet man heute nicht nur unter den Autoverkäufern. Jeder sonnenbankgetönte Provinzbürgermeister am Rednerpult weiß natürlich, dass die Bürger seine künstliche Bräune als Täuschungsmanöver erkennen. Aber der Bürgermeister denkt weiter. Denn wenn er es nicht übertreibt, sieht er im Wahlkampf als Endfünfziger braun gebrannt einfach tatkräftiger aus als ein blasser Konkurrent mit müden Augen. Da helfen dem Bleichgesicht auch die besseren Argumente nicht.

Auf Beutefang

Gerade beim Flirt und beim Kennenlernen finden viele Täuschungsmanöver auf verbaler Ebene, in Mimik oder Körpersprache statt. Lassen wir einige dieser Tricks Revue passieren:

Mit strahlendem Lächeln und offenem Gesichtsausdruck auftreten und damit Lockerheit, Selbstbewusstsein und Kommunikationsbereitschaft signalisieren – das ist eines der Mantras von »Personal Trainern« und Coaches. »Mood Management« heißt das Zauberwort.

Je nach Situation können auch gegenteilige Signale eingesetzt werden. Männer spielen dann den einsamen, traurigen, unverstandenen Mann, der sich in Sehnsucht nach einer »Seelenverwandten« verzehrt. Auf viele Frauen wirken Männer mit hohem »Lonesome-Cowboy«-Faktor unwiderstehlich. So traf Helg Sgarbi seine Opfer an der Hotelbar, wo er gedankenverloren vor einem Glas Whisky saß – ein unüberhörbares SOS ans mitfühlende Frauenherz aussendend.

Bei der Anbahnung einer Beziehung spielt die erste Begegnung, die »Pickup«-Situation, eine Schlüsselrolle. Sgarbis SOS entspricht einem weit verbreiteten Muster, in dem jemand die Möglichkeit einer Hilfeleistung anbietet. Ein hilfsbedürftiger Mann, der ansonsten aussieht wie ein smarter Held, wirkt im richtigen Umfeld gerade auf toughe Geschäftsfrauen sehr anziehend. Was früher der fallen gelassene Handschuh der Dame war, den der aufmerksame Kavalier aufhob und die so gebotene Gelegenheit zum Kennenlernen nutzte, findet sich heute noch beispielsweise in der *Bravo Girl* als Tipp für die Beziehungsanbahnung: Das Mädchen könne »aus Versehen« eine Eistüte in der Nähe des begehrten Jungen fallen lassen – das wäre für ihn die ideale Gelegenheit, als Helfer aufzutreten und sie zu einem neuen Eis einzuladen. In Wissenschaftsdeutsch klingt das so: »Eine Hilfesituation macht es möglich, Kontakt mit einem Fremden aufzunehmen, ohne dass dieser dies als ein unberechtigtes Eindringen in sein persönliches Territorium empfindet.«

Nach erfolgreicher Kontaktanbahnung heißt es, eine gut austarierte Balance zwischen Geheimnis und Offenbarung zu halten: »Erotik basiert auf der Ökonomie des Wissens«, so der Journalist Adam Soboczynski, deshalb wirken wir nur geheimnisvoll, wenn wir in geringen Dosen etwas von uns preisgeben. Mit dieser Maskerade verdecken manche Geheimnisvollen, dass hinter ihnen gar kein Geheimnis steckt, andere verbergen darunter ihre geheimen (finanziellen) Interessen.

Im Prozess des Kennenlernens bildet die eigene Biografie, neben der beruflichen Stellung und den Äußerlichkeiten, einen idealen Gegenstand für Ausschmückung und Idealisierung. So zeigt man seine Einzigartigkeit und vermittelt ein plastisches Image: entweder von sich oder von dem, der man gern wäre. Egal, ob es das Zerwürfnis mit den reichen Eltern, eine infolge von Verletzung abgebrochene Leistungssportlerkarriere oder die zeitweise Arbeit für die CIA ist – der Inszenierung des bisherigen Lebenswegs in unterhaltsamen, aber auch bewegenden Erzählungen ist je nach Absicht des Werbenden keine Grenzen gesetzt. Es gehört zum Einmaleins des Beziehungsschwindlers, hier alle Register zu ziehen ...

Vertrauen schafft man, indem man scheinbar intime Dinge mit gespielter Befangenheit »beichtet« und sein Gegenüber damit unter Zugzwang setzt. Man gibt ihm scheinbare Trümpfe in die Hand, intimes Wissen zu erhalten und bekommt seinerseits ein Geheimnis offenbart. Nun heißt es interessiert dreinblicken, ausdauernd zuhören können, nachdenkliches Interesse zeigen: Auf diese Weise lockt man den anderen aus der Reserve – bis hin zum Seelenstrip.

Weniger elegant, aber fast immer erfolgreich ist die Methode, negative Gedanken über andere mitzuteilen und auf Komplizenschaft zu hoffen. Zusammen andere beobachten, über sie lachen, sich von ihnen abgrenzen. Lästergemeinschaften schaffen Vertrautheit, obwohl die Beteiligten dabei ihre dunkle Seite zeigen.

Versierte Manipulatoren sind geübt darin, einen gemeinsamen Geschmack zu simulieren. Und das geht so: Erst einmal bluffen, man habe einen Film gesehen oder ein Buch gelesen, über das momentan viel geredet wird. Die Antwort des Gesprächspartners nach Indizien abklopfen, wie er den Film oder das Buch bewertet, und dann als Verstärker in den Dialog einsteigen. Lachen nicht vergessen, und über

Kultur nie zu verbissen sprechen – es geht ja nicht um Leben und Tod.

Ähnlich steuerbar ist der Einsatz von Statussymbolen. Sie sind nonverbale Signale auch in der Liebeswerbung. Die Ausstaffierung damit ist zur Anbahnung einer Beziehung sehr wichtig, entgegen aller Beteuerungen der Akteure, dass vor allem innere Werte zählten. Allerdings unterscheiden sich in der individualisierten Gesellschaft die Statussymbole erheblich. Nicht überall glänzt man mit einer Rolex. Zu den tradierten Produkten, die den Status aufzuwerten helfen, treten je nach Milieu neue hinzu. Neben der ständigen Erreichbarkeit via Smartphone zählen dazu auch quantifizierbare Freundschaften bei Facebook oder anderen sozialen Netzwerken. (»Zeig mir dein Netzwerk und ich sag dir, wer du bist.«)

Egal, wie tough die Millionenerbin ist, die von einem Beziehungsschwindler bearbeitet wird, ob sie sich mittels Piercings und Tattoos unkonventionell gibt: Die Maske des Kavaliers alter Schule kommt noch immer gut an. Ein später Nachhall eines Gentleman-Verhaltens, das der klassische Heiratsschwindler einst perfekt beherrschte. Der Herr ging immer links von der Dame oder am Straßenrand, um sie vor Remplern, Schlammspritzern und anderem Unbill zu schützen und um jederzeit den Degen zur Verteidigung der Dame ziehen zu können. Der Herr betrat stets zuerst ein Lokal und verließ es hinter der Dame. So schützte er sie vor aufdringlichen Blicken. Der Herr stand auf, wann immer sich die Dame erhob. In früheren Zeiten führte das schnelle Aufstehen der Dame manchmal zu Ohnmachtsanfällen, da das Korsett arg einschnürte. Der sich ebenfalls erhebende Herr war nun in der Lage, die schwächelnde Dame jederzeit aufzufangen.

Trotz aller Galanterie versäumen es Beziehungsschwindlerinnen oder -schwindler in der Regel nicht, die Existenz von Nebenbuhlern oder Konkurrentinnen vorzutäuschen. Durch solche Inszenierungen machen sie das Opfer eifersüchtig und erzeugen Verlustängste. Und bekanntlich legt Eifersucht ganze Hirnareale lahm, auch bei eigentlich vernunftbegabten Menschen. Stress, besonders Beziehungsstress, macht dumm. Wird der Schwindler jedoch zur Rede gestellt, gibt er sich beleidigt, in seiner Ehre verletzt. Er tut alles, um bei seinem Opfer ein schlechtes Gewissen zu wecken – und scheut auch vor gezielten Einsätzen des Weinens nicht zurück. Das stärkt die Bindung.

Zu den manipulativen Tricks gehört auch, Bescheidenheit zu inszenieren, Geschäftserfolge und Bildung dezent durchscheinen zu lassen. Gespieltes Understatement: »Dabei bin ich gar kein Karrieretyp. Ich habe mich nie irgendwo aufgedrängt oder beworben.« Oder: »In die Führungsriege des Unternehmens bin ich eher zufällig reingerutscht.« Die Karriere wirkt in dieser Inszenierung wie ein beiläufiges Ergebnis der eigenen Noblesse, wie eine Pflichterfüllung gegenüber der Gesellschaft. »Sie haben versucht, mich zu halten. Es fiel mir wirklich schwer, aber dann bin ich doch dem Ruf in den Vorstand von XY gefolgt.« Alle Geschichten werden mit kleinen Details ausgestattet, die ihre vermeintliche Authentizität stärken. »Der CEO hat mir meinen Abgang aus der Firma wirklich nicht leicht gemacht. Eines Morgens fand ich ein gerahmtes Bild auf meinem Schreibtisch mit uns beiden darauf, damals im Golfresort Bad Griesbach. Ich glaube, er hat in mir so etwas wie seinen Sohn gesehen ...« Hier bringt es der Schwindler zur wahren Meisterschaft: Hochstapeln durch simuliertes Tiefstapeln.

Dieser kleine und keineswegs vollständige Verhaltenskatalog zur Beziehungsanbahnung – ob nun in guter oder böser Absicht – lässt vermuten, dass das Manipulationspotenzial der Männer stärker ausgeprägt sei als das der Frauen.[2] In dieses Horn bläst auch die Entertainerin und Frauenberaterin Désirée Nick: »Frauen mögen überzeugend einen Orgasmus vorspielen, aber Männer simulieren ganze Beziehungen.« Wir werden noch sehen, dass es sich hier um ein Vorurteil handelt ...

Wer sich verliebt, liefert sich aus

Selbstdarstellung gehört in allen sozialen Situationen zur Grundausstattung der Kommunikation. Und es ist völlig unstrittig, dass sie auch in der Liebeswerbung zu den Pflichtübungen zählt – gerade wenn es um Eigenschaften geht, die nicht auf den ersten Blick erkennbar sind. Ein ernstes Problem für eine gar nicht mal so kleine Zahl von Betroffenen, darunter vor allem Männer, die nie partnerschaftliche oder auch nur erotische Erfahrungen gemacht haben. Viele dieser Dauer-Singles leiden unter ihrer Unfähigkeit, sich potenziellen Partnerinnen oder Partnern zu präsentieren. Manche sind durch ihre schier unüberwindliche Schüchternheit zu einem quasi zölibatären Leben gezwungen, und nur mit massiver, bisweilen professioneller Hilfe schaffen es diese »Absolute Beginners«, eine Beziehung aufzubauen – wenn sie über die vielen Jahre nicht schon zu kauzig geworden sind.

Dieses Phänomen ist gewissermaßen die Kehrseite des immer wichtiger werdenden »Impressionsmanagements«, also die Kontrolle darüber, welchen Eindruck wir auf unsere Mitmenschen machen. Es genügt nicht, besonders oder gar »einzigartig« zu sein; mögliche Partner und Partnerinnen müssen auch davon überzeugt werden. »Es reicht nicht aus, aufrichtig zu sein, sondern Sie müssen immer auch Sorge tragen, dass Sie gegenseitig auch aufrichtig *wirken*«, stellt der Soziologe Karl Lenz in einer Untersuchung zum Beziehungsaufbau fest. Sich selbst in ein positives Licht zu setzten und dafür ein bisschen Theater zu spielen, gehört zu dem Repertoire, das uns die Natur nicht nur zu Paarungszwecken mitgegeben hat. Aber die Frage stellt sich, ob diese Fähigkeiten heute nicht derart gefordert, geradezu erwartet werden, dass sie zum charakterbildenden Zwang werden. Im Wettkampf um Aufmerksamkeit, auch auf dem Liebesmarkt, sorgt die ehrliche Darstellung einer gewöhnlichen Existenz nur für Langeweile, während das individuelle, dabei aber durchaus marktgängige Ego-Design punktet. Die »Normalität« hat sich auch in dieser Hinsicht aus der Realität verabschiedet.

Wir tun alles Mögliche, um andere dahingehend zu verführen, uns so zu sehen, wie wir es gerne haben, und glauben am Ende selbst an unsere Täuschungsmanöver. Füttert am Ende der eigene Bluff unser Ego? Die paradoxen Ansprüche an eine romantische Liebesbeziehung werden durch die mediale Präsenz entsprechender Vorbilder stetig untermauert und erneuert. Eine empirische Studie von Nathalie Iványi und Jo Reichertz mit dem Titel »Liebe (wie) im Fernsehen« zeigte bereits vor einigen Jahren, dass die in der Fernsehshow *Traumhochzeit* spektakulär inszenierten Heiratsanträge begeistert in der Alltagspraxis aufgenommen wurden und so etwas wie eine »Rüstungsspirale« der Antragskultur befördert haben. Aber die Feststellung, dass die audiovisuellen Medien Handlungsmodelle für Paarbeziehungen liefern, ist natürlich eine Binsenweisheit. Längst haben Sexualforscher beklagt, dass Kinder und Jugendliche heute noch vor dem ersten intimen Kontakt schon sexuell »overscripted« (= vorgeprägt) sind, sprich die leicht zugänglichen Schablonen dafür, wie Sex auszusehen hat, fest verinnerlicht haben und schon am Anfang ihres Liebeslebens unter einem enormen Druck stehen, eine bühnenreife Performance hinzulegen.[3] Aber auch abseits dieser Kategorie vermitteln alle möglichen Produktionen wie *Dismissed, Das Model und der Freak, The L Word, Queer as Folk, Sex and the City* oder *Cougar Town* für alle möglichen Zielgruppen Vorstellungen zur Paarbildung.

Aber wir alle wissen natürlich um die Möglichkeiten der Täuschung und Manipulation über den normalen Grad der Selbstidealisierung hinaus. In der Praxis hat das aber zunächst keine Auswirkung, denn generell kann eine Person erwarten, dass das von ihr dargestellte Selbst einschließlich der Idealisierungen von anderen ernst genommen wird. Das liegt zum einen an dem bekannten Ausnahmezustand, in dem sich Menschen befinden, die sich gerade verlieben. Das Täuschungspotenzial dieses Zustands wollen wir gleich genauer unter die Lupe nehmen. Aber forciert wird es heute noch dadurch, dass die Beschäftigung mit der eigenen Täuschung und Manipulation, der Druck, die eigene Einzigartigkeit in Szene zu setzen, so stark geworden sind, dass die Inszenierung des Gegenübers unkritisch angenommen wird. Allenfalls ist sie weiterer Ansporn, das Egoballett noch akrobatischer zu gestalten. Natürlich kommt irgendwann der Zeitpunkt, da Risse in der Inszenierung der beiden Partner entstehen – und professionelle Beziehungsschwindler wissen diesen Zeitpunkt immer zu ihren Gunsten herauszuzögern. Hilfreich ist ihnen dabei das, was schon in alten Eheratgebern als »rosarote Brille der Verliebtheit« bezeichnet wurde.

Eine Gefühlsinfektion

Das akute Verlieben und den damit einhergehenden geistigen Ausnahmezustand muss man sich als Folge einer schweren Gefühlsinfektion vorstellen. Nach einer Inkubationsphase (die kann bei Männern unter Umständen sehr kurz sein, das heißt sich auf die Dauer eines intensiven Blicks auf die weiblichen Geschlechtsmerkmale beschränken) folgt der plötzliche Ausbruch der Krankheit, die traumhafte Wunschbilder hervorruft. In diesem extremen emotionalen Zustand richtet sich der oder die Verliebte vollkommen auf die begehrte Person aus, Zweifel an deren Integrität werden ausgeblendet. Wer sich verliebt, liefere sich aus, meint der Psychologe und Therapeut Detlef Klöckner. Akute Verliebtheit führt zu krassen Selbsttäuschungen, vergrößert positive Eigenschaften des Partners, gewährt ihm einen hohen Vertrauensvorschuss und macht blind für Warnzeichen. Je positiver man den Partner sieht, desto zufriedener ist man selbst mit der Partnerschaft – ein Rückkopplungsprozess und einer der stärksten Effekte für die Partnerschaftsqualität überhaupt. Dieser Prozess ist eine durchaus notwendige Errungenschaft der Evolution, kämen doch beim allzu kritisch-realistischen Blick auf einen potenziellen Partner stabile Beziehungen so gut wie nie zustande. Man muss sich nur einmal bewusst machen, dass es sich bei der Entstehung einer Paarbeziehung um einen ziemlich kuriosen Vorgang handelt: Ein zuvor meist fremder oder nur flüchtig bekannter Mensch wird binnen kurzer Zeit zur wichtigsten Bezugsperson mit größerer Bedeutung als alle anderen. Völlig klar, dass dies nur durch einen zeitweiligen Notbetrieb im Hirn möglich ist.

Die ambivalente Wirkung dieser Positivillusionen des frisch Verliebten kommt aber auch dem Beziehungsschwindler zugute: Negative Äußerungen und Handlungen des Wunschpartners werden abgepuffert und touchieren den Verliebten nicht; die Schwächen des Partners werden zur duldbaren und zu vernachlässigenden Nebensache; der betrügerische Partner schafft es, sich durch Suggestion und Autosuggestion der Illusion anzugleichen und verkörpert sie dann sogar. Der Wunsch, eine Beziehung nicht zu gefährden, verleitet also dazu, bedrohliche Eigenschaften des Partners und negative Entwicklungen der Partnerschaft auszublenden und daher nicht anzusprechen: eine »selbstschützende Kurzsichtigkeit« gegenüber den Fehlern des Partners, für die manchmal später eine saftige Rechnung serviert wird. Das alte Sprichwort »Aus Schaden wird man klug« scheint in der Liebe kaum zu gelten.[4] Nicht wenige Frauen und Männer machen den gleichen Fehler ein zweites oder gar drittes Mal – und nicht wenige Beziehungsschwindler haben sich darauf spezialisiert, potenzielle Partner oder Partnerinnen mit der immer gleichen Masche zu täuschen, um sie wie eine Weihnachtsgans auszunehmen. Die Liebesbetrüger machen sich dabei intuitiv ein eigenartiges Phänomen zunutze: die Neigung, bei der Partnersuche jemanden auszuwählen, mit dem sich vergangene, traumatische Beziehungserlebnisse re-inszenieren lassen, verbunden mit der Hoffnung, die erlittenen Beschädigungen in der neuen Beziehung gemeinsam durchleben und aufheben zu können. In den entscheidenden ersten Minuten des

Kennenlernens, in denen sich Verliebtheit einstellt, nimmt man sein Gegenüber als Ganzes wahr: Erinnerungen an Vater, Mutter oder ehemalige Partner werden aktiviert, oder man erkennt im Gegenüber sein Selbstideal. Wie Umfragen unter Paaren ergeben haben, sind Eigenschaften wie Offenheit, Freundlichkeit, Einfühlsamkeit, Vitalität sowie die Ausstrahlung von Selbstbewusstsein für das Hervorrufen von Verliebtheit entscheidend.[5]

Zeigt ein Mensch einzelne positive Eigenschaften, stellt sich beim Gegenüber unwillkürlich die Bereitschaft ein, weitere positive Eigenschaften anzunehmen: Von Körpergröße schließt man auf Mut, von Schönheit auf emotionale Wärme, von Fleiß auf Intelligenz. Zudem wird Sympathie durch Ähnlichkeiten erzeugt: Herkunft, Stil und Auftreten, Humor und Sprache, Vorlieben, Ziele, Überzeugungen und Wünsche. Hier bietet sich ein ganzes Instrumentarium für Manipulationen. Es ist erstaunlich, wie oberflächlich die Sympathieauslöser sein können: Gleicher Geburtstag, Geburtsort, Sternzeichen oder – wie im Fall Sgarbi/Klatten – das gleiche Lieblingsbuch. Spontane (oder ebenfalls raffiniert inszenierte) Sympathiebeweise wie scheinbare Aufgeregtheit oder Verlegenheit stärken ebenfalls die Attraktivität des potenziellen Partners. Äußerst günstig wirkt sich auch ein Kennenlernen aus, das im Zusammenhang mit angenehmen oder außergewöhnlichen Ereignissen steht – die Assoziation der Person mit als positiv empfundenen Dingen wie Kunst und Musik, Urlaub und Kur verschafft ihr entscheidende Bonuspunkte. Auf allen diesen Ebenen sind vielfältige Täuschungsmanöver möglich, die jeder versierte Beziehungsschwindler – ob nun bewusst oder intuitiv – beherrscht.

Hat man sich verliebt und tritt dann in die akute Phase

des Zusammenseins ein, stehen Leidenschaft und Sex, vor allem aber gemeinsam verbrachte Zeit auf der Agenda; intensive Gespräche, Zuwendung und gegenseitiges Vertrauen charakterisieren nun diese Beziehung.

Die Wahrnehmungsverzerrung, die bei echten Beziehungen durchaus von Vorteil sein mag, um dem Partner mit einer gewissen Großzügigkeit entgegenzukommen und sich nicht im kleinlichen Hickhack aufzureiben, kann sich bei Beziehungsschwindlern fatal auswirken. Den ihnen eingeräumten emotionalen Kredit nutzen sie bis zuletzt aus, wissen sie doch um diese Wahrnehmungsmechanismen bei frisch Verliebten und arbeiten systematisch mit Tricks und Täuschungen. Ist es ihnen erst einmal gelungen, eine emotionale Abhängigkeit und entsprechende Verlustängste bei ihren Partnern hervorzurufen, können sie ihre parasitäre Existenzform noch länger und ungenierter ausleben und ihre Opfer am Ende finanziell und psychisch vollkommen ruinieren.

Manche Beziehungsschwindler schaffen es, ihre Opfer allein mit der Aussicht auf diese ersehnte »heiße Phase« bei der Stange zu halten. Sie simulieren per Brief, Telefon oder E-Mail eine Beziehung, die aber nie realisiert wird, und treiben das Opfer in eine tiefe Abhängigkeit. Dabei haben sie es oft gar nicht mal auf einen materiellen Vorteil abgesehen. Oft wissen sie selbst gar nichts von ihrem eigentlichen Problem, nämlich der Beziehungsunfähigkeit. Deshalb müssen sie wie unter Zwang immer neue Opfer zur Stabilisierung des eigenen Selbstwertgefühls emotional aussaugen. Dabei ist dem Beziehungsschwindler klar, dass die Phase der Verliebtheit seines Opfers nicht ewig währt, und er nutzt die knappe Zeit zur Inszenierung eines Beziehungsdramas mit allen

Schikanen: von Liebesentzug über persönliche Krisen (Stichwort Geldprobleme!) bis hin zu pompösen Versöhnungsritualen. Und irgendwann ist die Zeit gekommen, nach einem neuen Opfer Ausschau zu halten.

Wir sind Visitenkarten

»Gibt es wahre Schönheit? Und ist ein bisschen Schummeln erlaubt?«, fragt der Kosmetikhändler Douglas und verspricht in seiner Werbung »1000 Antworten auf alle Fragen des Schönseins«. Das Spiel der Geschlechter ist von der Vortäuschung falscher Tatsachen geprägt. Befragungen von Studenten in den USA zeigten deutlich, dass Männer bei der Partnerwahl größeren Wert auf Jugendlichkeit und Gesundheit legen, während Frauen mehr die materielle Situation potenzieller Partner interessiert. Man muss kein Wissenschaftler sein, um im Alltag entsprechende Täuschungsmanöver bei Mann und Frau zu beobachten. Während die Frau mit Hightech-Push-up, High Heels und enger Kleidung versucht, sich an die aktuellen Idealmaße der »Traumfrauen« heranzuschummeln, schmückt sich der Mann mit Statussymbolen (dicke Uhren, dicke Autos) und lädt die umworbene Frau ins angesagte Szene-Restaurant ein (während er löchrige Socken trägt und im heimischen Kühlschrank Analogkäse und Asti Spumante liegen). Die alltägliche Hochstapelei mit Kleidung und Accessoires ist bereits zum Ärgernis für die Einzelhändler geworden. Vor allem in den USA, wo eine großzügige Umtauschpraxis gepflegt wird, greifen immer mehr Kunden und Kundinnen zu teuren Anzügen, Kostümen und Kleidern, tragen sie nur zu einem einzigen

Anlass, um dort Eindruck zu schinden, und bringen die Kleidung anschließend als »Fehlkauf« zurück – der volle Kaufpreis wird ihnen erstattet. »Wardrobing« ist zum neuen Kavaliersdelikt geworden.

Obwohl das Wissen um die Täuschungsabsichten verbreitet ist und sich die wenigsten Zeitgenossen solchen Maßnahmen gänzlich verweigern, operiert hinsichtlich der Partnerwahl unsere Wahrnehmung noch immer auf dem Niveau der Steinzeit. Innerhalb von Sekunden scannen wir unser Gegenüber und entscheiden, ob es sich um einen potenziellen Paarungskandidaten handelt, selbst (oder gerade) wenn wir in einer festen Beziehung leben. Harmonische Gesichtszüge, ansprechende Körperproportionen, stattliche Körpergröße und gute Haltung werden uns von der Natur als positive Kriterien vorgegeben. Attraktivität besitzt eine wichtige Eigenschaft: Sie verstärkt sich selbst. Dem schönen Menschen werden positive Eigenschaften zugeschrieben, diese Zuschreibung erleichtert sein Leben und verstärkt seinen beruflichen Erfolg, wodurch sein Ansehen vermehrt und sein gesellschaftlicher Status verbessert wird. So wundert es nicht, wenn viele Menschen ein Leben in Schönheit führen wollen. Davon war der junge Schweizer Juan Isidro Casilla derart besessen, dass er in verschiedenen Zeitungen ganzseitige Anzeigen platzieren ließ, die ihn selbst als Gucci-Model zeigen. Der hübsche Latino jubelte den Anzeigenabteilungen Fotos unter, auf denen er mit freiem Oberkörper und Schmollmund für das hochpreisige Designerlabel posierte. Am Telefon gab er sich als ein »Mister Watson« aus; die Rechnung für die Inserate ließ er an die Gucci-Adresse schicken. Doch damit nicht genug: Casilla erfand auch ein eigenes Modelabel, für das er Anzeigen schaltete und Kino- und

Plakatwerbung machte. Der gelernte Koch schuf ein Parfum mit seinem Namen, produzierte eine Single mit einem Heidi-Lied, posierte als Model und trat unter dem Namen »Chayanne« als Popsänger auf – ein begnadeter Selbstdarsteller.

Die in den 1980er Jahren[6] aufgekommenen und im Laufe der letzten zehn Jahre zur globalen Kulturmacht avancierten Castingshows erziehen eine ganze Generation von Selbstdarstellern. Ob in den USA *(America's Got Talent)*, Deutschland oder Indonesien *(Indonesian Idol)*: Überall sitzen Millionen vor dem Fernseher, um sich die landestypischen Formate anzusehen, Zehntausende bewerben sich, um Popstar oder Model zu werden. 34000 Kandidaten wollten 2010 bei *Deutschland sucht den Superstar* (DSDS) mitmischen, 2000 Mädchen hofften, *Germany's next Topmodel* zu werden. In den Castingshows werden die Kandidatinnen und Kandidaten hauptsächlich nach den Kriterien erfolgreicher Selbstpräsentation bewertet. So verwundert es kaum, wenn auch Bewerber mit einem sehr speziellen Profil angelockt und begünstigt werden, etwa Menowin Fröhlich. Der junge Mann aus Ingolstadt, zweiter der gefühlt hundertsten DSDS-Staffel 2010, hatte jahrelang unter sechs verschiedenen Namen Betrugsdelikte begangen. Wahlweise als Peter Schneeberger, Alexander Herzschuch oder Franz Peter verübte er diverse Scheckbetrügereien. Popstar war eine neue Rolle in der langen Reihe der Verstellungen. Nicht nur Fröhlich, auch andere Kandidaten mit wechselhafter Lebensgeschichte begriffen DSDS als Chance für einen Identitätswechsel, als Chance, sich neu zu erfinden – die Castingshow als Resozialisierungsprogramm.

Für all diejenigen, die es nicht in eine Castingshow schaffen, bietet sich ein einfacher Trick zur Steigerung der eigenen Attraktivität an: Umgibt man sich mit wesentlich dickeren, älteren und hässlicheren Zeitgenossen, wirkt man vergleichsweise jung und ansehnlich. Ein Effekt, der eine lange Tradition besitzt, denn an den Fürstenhöfen vergangener Jahrhunderte erfreute man sich an Kleinwüchsigen und Körperbehinderten, weil so der Kontrast zur eigenen Wohlgestalt am größten war. Die Kombination »schöner Schwan und hässliches Entlein« ist bei Freundinnen deshalb so häufig anzutreffen: Die Schöne wirkt neben der Hässlichen noch schöner, die Hässliche profitiert vom Zustrom der Männer, den die Schöne anzieht.

Perfekte Taille und energisches Kinn

Vorteilhafte Kleidung, opulentes Styling und Imagepflege im Internet sind allerdings bloß äußerliche Techniken der Täuschung. Noch weit radikaler ist die Strategie, mithilfe von plastischer Chirurgie Jugendlichkeit und natürliche Schönheit vorzutäuschen. Werner Mang, einer der bekanntesten deutschen Schönheitschirurgen, fordert: »Schönheitsoperationen im Alter sollten so selbstverständlich sein wie dritte Zähne oder künstliche Hüften.« Doch auch für jüngere Jahrgänge sind ästhetische Korrekturen am Körper ein Massenphänomen geworden: Mehr als 15 Millionen Amerikaner haben sich bereits Schönheitsoperationen unterzogen, die vor allem der Korrektur von Tränensäcken und Schlupflidern, Faltenunterspritzung, Fettabsaugung und Facelifting gelten. Weit verbreitet sind auch Nasen- und Brustoperationen sowie Bauchdecken- und Oberschenkelstraffungen. Die Palette reicht bis hin zu kosmetischen Fußoperationen, um noch steilere High Heels möglichst schmerzfrei tragen zu können, oder gar Rippenentfernungen, um eine perfekte Wespentaille à la Dolly Buster vorzuweisen. Auch der Männeranteil bei Schönheitsoperationen wächst beständig. Waren es im Jahr 2000 noch knapp 9 Prozent der Herren, sind es heute bereits 20 Prozent, die muskulöser und sportlicher wirken wollen. Während die meisten Frauen sich für den Heiratsmarkt operieren lassen, erhoffen sich Männer dadurch bessere Chancen im Berufsleben.[7] So sorgte die Weltwirtschaftskrise angeblich für erhöhte Nachfrage nach Kinnverbreiterungen: Im rauen Klima der Arbeitswelt wirken Männer mit einem Unterkiefer à la Schwarzenegger vorgeblich energischer und durchsetzungsstärker.

Prominente wirken im Streben nach künstlicher Schönheit einerseits als Vorbilder, werden andererseits aber leicht Zielscheibe hämischer Kommentare, wenn Schönheitsoperationen misslingen. Verschafft es uns nicht eine gewisse Befriedigung, wenn wir den herbeioperierten Fehler als »gerechte Strafe für ihre Eitelkeit« deuten können, der uns erlaubt, auf Stars wie Meg Ryan, Michael Jackson, Nicole Kidman, Sylvester Stallone oder Cher mit dem Finger zu zeigen?

Obwohl Schönheitsoperationen längst im Trend liegen und man von einer regelrechten Industrie sprechen kann, wird das Thema auf der persönlichen Ebene tabuisiert. Die eigene OP leugnen viele und schieben »natürliche« Ursachen für ihre physischen Veränderungen vor. Das soziale Umfeld soll über die chirurgischen Täuschungsmaßnahmen getäuscht werden, weil der Fassadenoptimierung immer auch der Makel psychischer Unzulänglichkeiten anhaftet. Rasch lautet das Urteil dann, eine Frau komme nicht mit dem Altern zurecht, oder ein Mann habe einen ungefestigten Charakter, wenn er sich nicht damit abfinden mag, dass

»das Knie durchkommt«, sprich: sich eine Glatze bildet. Statt zur Operation zu stehen, greift man lieber auf entsprechende Ausreden zurück, zum Beispiel habe man wegen einer Diät oder zu viel Stress an temporärem Haarausfall gelitten. Beliebt ist auch eine Allergie als Ursache für die nach der OP besonders angeschwollenen Schlauchbootlippen, und die Antibabypille muss als Grund für das rasante Anwachsen der Oberweite herhalten. Selbstverständlich wird eine spezielle Gesichtsgymnastik als Ursache für das mit Botox glatt gebügelte Gesicht genannt. Und natürlich war es hartes Training und nicht eine Fettabsaugung, die für die plötzliche Formvollendung rund um Bauch, Po oder Oberschenkel verantwortlich ist. Der ehemalige argentinische Präsident Carlos Menem erklärte in den 1990er Jahren sein nach einer Schönheitsoperation geschwollenes Gesicht mit einem Wespenstich.

Selten genug sind die Ausnahmen. Im Fall Brigitte Nielsens mögen es Geldprobleme und der verzweifelte Versuch gewesen sein, nach langer Zeit mal wieder ins Gespräch zu kommen. Die ehemalige B-Movie-Amazone ließ sich und ihre Rundumerneuerung im Frühjahr 2008 in der RTL-Doku-Soap *Aus alt mach neu* vermarkten. George Clooneys Bekenntnis, er habe sich die Augenlider straffen lassen, »weil ich es wichtig finde, wach auszusehen«, ist für viel beschäftigte Hollywoodstars durchaus verständlich, doch wenn es die Kunden der Schönheitschirurgie übertreiben, kann es passieren, dass die Augen gar nicht mehr zugehen und sich vormals kleine Mängel zu monströsen Gesichtszügen summieren. So urteilte beispielsweise Hobbyethnologin Désirée Nick, dass »so was« wie Donatella Versace in Afrika vor die Hütte gehängt würde, um die bösen Geister zu vertreiben.

Hier wird ein Grundproblem plastischen Gestaltens thematisiert, das in den falschen Händen schnell zum chirurgischen Desaster mutiert. Wie kann künstliche Schönheit natürlich wirken? »Viele Ladies mit einem ursprünglich gemütlichen (oder auch frustrierten) Gesichtsausdruck sehen plötzlich aus wie Transvestiten oder müssen mit einem Schrumpfkopflook weiterleben«, schreibt Werner Mang und unterstreicht die drohende Gefahr, dass nach mehreren Eingriffen die Gesamtkomposition nicht mehr stimmt. »Wenn sich eine Frau Augenlider, Nase, Wangen, Zähne, Hals und Busen behandeln lässt. Jedes Teil für sich ist zwar gut gearbeitet, doch das Gesamtbild ergibt keine Harmonie, es passt nicht mehr zusammen, wie bei einer Karikatur.« Kritisches ließe sich auch über eine andere Methode sagen, ein volumetrisches Lifting namens »New York Baby Face«, bei dem die Gesichtshaut nicht mehr straff gezogen wird, sondern das Gesicht mit Eigenfett, Hyaluronsäure-Präparaten oder Kollagen aufgepolstert wird; mit dem Effekt, dass auch ältere Damen wie Madonna oder Greisinnen wie Gloria Vanderbilt plötzlich mit jugendlichen Apfelbäckchen erscheinen. Schöpfer dieses Stereotyps ist Fredric Brandt, berühmtester Schönheitsarzt in den USA mit einer großen Praxis in New York und selbst sein bester Kunde. Sein Motto lautet: »Ten minutes, ten years!« Inzwischen laufen viele Damen in einem sehr ähnlichen Look durch Big Apple, Miami oder Malibu Beach: Alle haben außergewöhnlich volle Lippen, eine straffe Stirn und süße Puttenbäckchen, die in der Altersgruppe zwischen 40 und 90 allerdings etwas befremdlich wirken. So entsteht bei allen ein fragender Gesichtsausdruck, ein eingefrorenes kindlich-jugendliches Staunen über die Welt – das mimische Gegenteil von Frustration und müder

Abgeklärtheit. Natürlichkeit kann auf diese Weise nicht mehr simuliert werden, stattdessen entsteht eine teure Maske als Statussymbol, die die Feststellung des Wiener Satirikers Karl Kraus bestätigt: »Es gibt Frauen, die nicht schön sind, sondern nur so aussehen.«

Warum setzen (vor allem) Frauen so viel ein, um ihr Äußeres zu »verbessern«? Hier handelt es sich keineswegs um Wahnsinn und zügellose Eitelkeit, sondern um ein höchst rationales Verhalten. Erotische Attraktivität, so eine Studie der Soziologin Catherine Hakim von der London School of Economics, lässt sich als wertvolles persönliches »Kapital« begreifen, das Frauen systematisch pflegen und vermehren, um in Beruf und Gesellschaft Erfolg zu haben. In einer Zeit, in der Körperkult, Fotogenität und Äußerlichkeiten wichtige Werte darstellen, sei dies von großer Bedeutung für die Karriere. Man kann es auch einfacher als die Soziologen ausdrücken: »Was man nicht im Kopf hat, muss man im Körbchen haben«, gab Daniela Katzenberger, Deutschlands neue Verona Feldbusch, zu bedenken.

Nennen wir es Liebe

Janina, das falschblonde Dorfdisco-Mauerblümchen aus Anklam, wird von einem athletischen afrikanischen Bürgerkriegsflüchtling hofiert, der ihr schon nach dem zweiten Tanz seine einzigen beiden englischen Sätze ins Ohr haucht: »I love you. I want to marry you!« »Der Dieter aus der Buchhaltung«, ein kahlköpfiges Fass auf zwei dünnen Beinen, kehrt überraschend mit fescher Begleitung aus dem Thailandurlaub zurück – die grazile junge Dame namens Anucha, die er als seine Frau vorstellt (sie spricht leider nur Thai), könnte seine Tochter sein. Wolf hingegen, politisch eher links eingestellt, schwärmt von den selbstbewussten Frauen, die ihm bei seinem Solidaritätsbesuch in Kuba auf der Straße hinterherpfiffen. Entflammt für die glutäugige Isabel, lud er die Teilzeitprostituierte zu sich nach Böblingen ein. Ähnlich aktiv im Sinne einer gerechten Weltordnung ist Sophie, die mit blonden Dreadlocks und im Sari an jamaikanischen Stränden kampiert, sich in John verliebt und mit ihrem neuen Lover im heimischen Wettingen die gemeinsame Zukunft plant.

Träume und Wünsche prägen in solchen Situationen die Wahrnehmung, süße Illusionen werden aufrechterhalten, bis die Realität gnadenlos hereinbricht.

Im Zuge der Globalisierung hat auch die Liebe eine weltumspannende Dimension angenommen. Zwar folgen die meisten Menschen wie eh und je unbewusst der Regel, den Partner oder die Partnerin in der gleichen sozialen Schicht und oft auch der gemeinsamen Heimatregion zu suchen, weil Ähnlichkeiten in Kultur und Erziehung, Sprache und Herkunft dazu beitragen, einander sympathisch zu finden. Nennenswert höhere Aussichten auf den Bestand der Beziehung kann man, wie bereits erwähnt, daraus aber nicht mehr ableiten. Was erwarte ich vom Leben, von einer Partnerschaft? Ist beides miteinander vereinbar? Das Wort »Lebenserwartung« hat heute nicht nur eine Bedeutung als statistischer Begriff. Die Erwartung ans Leben ist in der »Me-Gesellschaft«, wie es der Soziologe Manfred Prisching ausdrückt, von einer Vielzahl von Optionen, aber gleichzeitig von verunsichernder Vorläufigkeit geprägt.[8] Lebe, arbeite, liebe ich noch zeitgemäß und bin ich für den nächsten gesellschaftlichen Umbruch gerüstet? Es wird immer schwieriger für Paare, ihre individuellen Erwartungen ans Leben zur Deckung zu bringen. Die Bereitschaft, sich in partnerschaftlicher »Einsamkeit« einzurichten, nachdem die Glut der Verliebtheit erkaltet ist, steht in einem Spannungsverhältnis mit dem Anspruch an die Liebe, dass sie mit höchsten Gefühlen unserem Ego dient. Es ist verblüffend, welche Widersprüche zwischen Wunsch und Realität ausgehalten werden. Das gelingt zeitweise, indem die Beziehung ähnlich wie ein Unternehmen extrem rational betrachtet wird: »Du ruhst dich in unserer Beziehung nur aus und bist überhaupt nicht gewillt, daran zu arbeiten« oder: »Diese Beziehung bringt mich nicht weiter. Es sind immer die gleichen Streitpunkte.« Aus Verdruss über diese kalte Matrix, in der die Beziehung dann gelebt wird (denn eigentlich soll die Liebe doch authentisch und nicht verhandelbar sein), können unter der Regie des Liebesideals brennende Sehnsüchte geweckt werden, die – von außen betrachtet – zu den auffälligsten Konstellationen führen. Vor allem die Möglichkeiten, sich weltweit zu paaren, haben hier Phänomene hervorgebracht, die vor dem Hintergrund krasser Wohlstandsgefälle den Schwindel geradezu animieren.

Die Neugier auf das Andere, die Suche nach »echter« Leidenschaft bringen eine Art Exotismus zur Blüte, der den Anspruch, etwas Besonderes zu sein – und solches im Gegenzug auch verdient zu haben –, nur unterstreicht. Und dort, wo Bedarf ist, entsteht auch ein Angebot. So werden in Urlaubsgebieten wie der Türkei, in Ägypten und Tunesien, Jamaika oder der Dominikanischen Republik alleinreisende Frauen gelegentlich von Liebesprofis umgarnt. Sie schmeicheln sich bei den Urlauberinnen ein und verdrehen ihnen den Kopf. Sehr schnell – der Urlaub ist ja meist recht kurz – werden rührige Geschichten erzählt und zwischen Liebesbeweisen und -entzug hin- und hergependelt, um die Opfer gefügig zu machen und Geld aus ihnen zu pressen. Eine andere Gruppe der Liebesprofis ist darauf aus, geheiratet zu werden und sich so ein Leben in einem westlichen Land mit weit höherem Lebensstandard zu sichern. Ihr Ziel ist die sogenannte Aufenthaltsehe, manchmal als Teil einer Tarnidentität, hinter der sich andere Aktivitäten verbergen lassen. Nach einigen Jahren in der neuen Heimat verlassen sie ihren Partner, der nun seine Schuldigkeit getan hat.

So kann aus einem Liebestraum ein Albtraum werden: Die Münchnerin Ulla H. feiert ihren 50. Geburtstag. Sie ist geschieden, die beiden erwachsenen Kinder sind aus dem Haus, die Medizinisch-Technische Assistentin führt ein bescheidenes Singleleben in der Großstadt. Doch heute Abend will sie die Korken knallen lassen und besucht mit ihren Freundinnen einen Münchner Club. In ausgelassener Stimmung lernt sie den Nigerianer Gordon O. kennen, gut aussehend und 20 Jahre jünger. Sie trinken und tanzen, bald sind sie ein Paar. Sobald Gordon eine Aufenthaltsgenehmigung hat, will er sich eine Arbeit suchen und Ulla heiraten. Bis dahin heißt es: Party all the Time! Gordon zieht bei Ulla ein, bringt häufig Freunde und Verwandte mit, feiert und telefoniert viel. Ulla möchte eine gute Gastgeberin sein, versetzt ihren Schmuck und nimmt einen Kredit auf, da ihr Gehalt für die Bewirtung von Gordons Freundeskreis bald nicht mehr ausreicht. Doch die Dinge scheinen für Ulla nicht so klar, wie sie sich uns als Unbeteiligte darstellen, denn auch Gordon hat etwas zu bieten: Er lädt Ulla zu einem Italienurlaub ein, wo Freunde von ihm leben. Nach einer traumhaften Woche fragt er Ulla, ob sie nicht auch seine Verwandten in der Türkei besuchen wolle. Ulla lässt sich in ein großes Hotel in Istanbul einladen, Gordons Verwandte zeigen ihr die Stadt. Zum Abschied geben sie ihr ein Päckchen für Gordons Freunde in Italien mit, dazu müsse sie auf dem Rückflug nach München nur einen Zwischenstopp in Neapel einlegen. Ulla findet Geschmack an den Reisen: schöne Hotels, südliche Sonne, Freunde voller Herzlichkeit – dafür nimmt sie gerne mal ein Päckchen von A nach B mit. Eines Tages steht die Polizei vor der Tür: Die Päckchen haben Heroin enthalten, ein Mittäter ist aufgeflogen. Gordon hat Ulla erst ausgenommen und dann als Drogenkurier missbraucht. Vor dem Richter erklärt sie, sie habe Gordon vertraut: »Ich habe geglaubt, dass er es trotz des Altersunterschiedes ernst meint.« Und über die seltsamen Päckchen sagt sie: »Ich hab' zwar gecheckt, dass es was Unrechtes ist, dachte aber, es sei nicht so schlimm. Ich hab' es als Gefälligkeit für Gordon getan, wollte nicht glauben, dass er mir schaden könnte. Wir sprachen doch immer von einer gemeinsamen Zukunft!« Doch statt Gordons Liebe bekommt Ulla fünf Jahre und neun Monate ohne Bewährung …

Das ABC der Golddigger

Bei binationalen Partnerschaften kann das große Gefälle zwischen den Lebensstandards ein wichtiges Paarungsmotiv sein – und ein ernstes Problem. Einen Partner, der aus einem reichen Land kommt oder gar selbst reich ist, findet man schneller sympathisch und attraktiv, wenn sich damit die Hoffnung auf den eigenen Aufstieg verbindet. Auch innerhalb des gleichen Kulturkreises lässt sich die Kombination

»reicher alter Mann und schöne junge Frau« als elementares Tauschgeschäft und als quasi verabredete gegenseitige Täuschung verstehen: Einerseits dient die »Trophäenfrau« als Jungbrunnen und Prestigegewinn für den Alten, andererseits erhält sie Sicherheit und Einfluss. Die große Liebe reden sich dann beide (zumindest zeitweilig) ein. Die Biologen interpretieren die unterschiedlichen Motive kaum überraschend entlang der Fortpflanzungslogik: Während die Frau die Ressourcen des Mannes und seine Zuverlässigkeit (hinsichtlich der Versorgung möglicher Nachkommen) im Fokus hat, wird der Mann vor allem von den äußerlichen Reizen geblendet, die Fruchtbarkeit und Gesundheit suggerieren. In diesem Sinne agiert die Frau oft rationaler als der verliebte ältere Mann, der einen zweiten oder dritten Frühling herbeifantasiert und sich damit zum Trottel macht. Dabei sind die Fälle mit prominenten Akteuren zwar besonders illuster, aber nur stellvertretend für ein allgemeines Phänomen. Beispiel Donald Trump. Nach dem Scheitern seiner Ehen mit Ivana Zelnickova und Marla Maples lernte der als Multimilliardär weltweit bekannte Immobilienunternehmer das 24 Jahre jüngere slowenische Model Melania Knauss kennen und stellte befriedigt fest: »Wenn wir ein Restaurant betraten, brachen erwachsene Männer in Tränen aus.«[9] Trumps Geltungsbedürfnis beschränkt sich allerdings nicht nur darauf, sich mit jungen Damen zu schmücken. So zerrte er auch schon mal einen Reporter vor Gericht, der behauptete, dass Trump gar kein Milliardär sei, sondern gerade mal über ein Vermögen von rund dreihundert Millionen Dollar verfüge: Donald Trump, ein Möchtegern-Milliardär, also ein Hochstapler? Das konnte er nicht auf sich sitzen lassen und klagte – bislang allerdings ohne Erfolg – auf Schadensersatz in Höhe von fünf Milliarden Dollar. Die Behauptung des Journalisten habe ihm mehrere hoch dotierte Immobilienprojekte zunichtegemacht, so Trump.

Zurück zum Phänomen Trophäenfrau. Im Englischen als »Golddigger« bezeichnet, sucht sie ihre Opfer unter reichen, prominenten (und überwiegend älteren) Männern. Systematisch operierende Golddigger halten sich in noblen Wellnesshotels auf, machen Ayurvedakuren, interessieren sich lebhaft für Boote, Helikopter, Segelflugzeuge, Polo oder Golfsport. Sie besuchen entsprechende Events und Fachmessen. Darüber hinaus bevölkern sie die Spa-Bereiche und Bars der Grand Hotels dieser Welt. Reiche Männer sind leichte Beute, und die unbekannten, mittellosen Beauties können auf diese Weise dem Schattendasein entkommen und zu Wohlstand gelangen. Dieses Verhalten ist sogar bei Primaten zu beobachten; es scheint sich also in grauer Vorzeit etabliert zu haben, bevor der Homo sapiens auf die Idee kam, seine Mängel durch Kreativität wettzumachen und sich selbst zu verkaufen. Christophe Boesch vom Max-Planck-Institut für evolutionäre Anthropologie beschrieb in einer Studie, wie männliche Schimpansen Fleischbeute an nichtverwandte Weibchen abgeben und im Tausch dafür Sex bekommen. Ähnlich wie Menschen bevorzugen Schimpansen in dieser Angelegenheit Stammkundenbeziehungen. Boesch und seine Kollegen beobachteten die Tauschgeschäfte über fast zwei Jahre – auch, um andere Gründe für den Handel auszuschließen. Hinter dem tierischen Geschäft stehen, so die Forscher, für die männlichen Tiere die Aussicht auf einen höheren Reproduktionserfolg und für die Weibchen eine bessere Ernährung, ohne die Gefahren der anstrengenden Jagd eingehen zu müssen.

Die zeitgenössische Trophäenfrau hat dieses Vorgehen perfektioniert. Sie beherrscht auf meisterhafte Weise die Technik, ihre Zielperson als Mann aufzubauen, zu formen und schließlich auf sanfte Weise zu dirigieren. Nur scheinbar ordnet sie sich unter, himmelt ihn an, erkennt sein Ego, seine Männlichkeit, seine Lebensleistung bewundernd an. Sie agiert als Fan seiner Leistungen, macht ihn quasi zu ihrem »König« und zieht damit das Netz zu. Seine Dankbarkeit weiß sie systematisch zu nutzen. Eine »Männerflüsterin« dieser Art geht weiter als die traditionelle Mätresse oder heimliche Geliebte, sie versteckt sich nicht, sondern geht in die Offensive. Eine Liebesbeziehung zu einem Prominenten kann sie in die bunten Blätter bringen, ihren Markt- und Markenwert steigern und schließlich eine eigene Prominentenkarriere, beispielsweise als »Exfrau«, einbringen. Uns allen sind die Namen Verona Feldbusch, Barbara Becker, Tatjana Gsell geläufig, auf die bei vordergründiger Betrachtung eines oder mehrere der geschilderten Symptome zuzutreffen scheinen. Bei Lichte betrachtet, ist es natürlich ganz anders. Führt die Verbindung zu Nachwuchs, kann man bereits von einer »nachhaltigen« Wohlstandssicherung sprechen. Besser noch ist eine temporäre Ehe, die unabhängig von Kindern Ansprüche ermöglicht. Dabei muss der Trophäenfrau die eigene Strategie nicht einmal bewusst sein. Für den älteren Part stellt die Liaison keineswegs einen Garanten für neue Jugendlichkeit dar. Ebenso gut kann sie enormen, vielleicht sogar lebensverkürzenden Stress und Verlustängste mit sich bringen. Gerade, wenn man den Takt der Jugend nicht mehr halten kann und nicht ständig bis in die Puppen ausgehen will oder die eigene Libido durch entsprechende Mittel frisieren muss. Mitunter treibt die junge Frau den greisen oder alternden Mann psychisch regelrecht vor sich her, setzt ihn nicht nur finanziell unter Druck, sondern schleppt ihn auch mal zum Schönheitschirurgen, damit er sich etwas auffrischen lässt. Plötzlich aber ist alles vorbei, weil die Trophäenbraut weitergezogen ist, einen noch reicheren oder noch prominenteren Partner gefunden hat. Nun müssen die verliebten Exmänner und -liebhaber feststellen, dass sie kaltblütig ausgenutzt wurden. Oft haben sie dafür auch noch die langjährige treue Ehefrau entsorgt, ihre Familie ruiniert und sind – als Prominente – nun auch noch dem Spott der People-Magazine ausgesetzt.

Sportunfälle

So geschehen in London, im Spätsommer 1999. Der deutsche Tennisstar Boris Becker hat seine besten Zeiten hinter sich. Er will in Wimbledon noch einmal angreifen, doch das Aus im Achtelfinale macht ihm klar, dass seine Ära unwiderruflich vorbei ist. Einsam und angetrunken sitzt er in einem Londoner Nobelrestaurant. Dort sieht ihn Angela Ermakova. Das russische B-Model wittert leichte Beute, erkennt in Sekundenschnelle die Chance. Sie setzt sich zu ihm, sie reden, die Blicke werden tief. Es folgt ein hastiger Akt auf der Treppe zur Toilette. Ein paar Sekunden Sex reichen Ermakova. Neun Monate später ist die kleine Anna auf der Welt. Boris streitet alles ab, zahlt trotzdem 7 500 Mark Unterhalt monatlich. Die Ehe mit seiner Frau Barbara, die sich dem Tennisstar einst in der Münchner Diskothek P1 als Partnerin empfahl, ist endgültig hin. Später erkennt Boris Anna als Tochter an, zumal sie ihm inzwischen so sehr ähnelt, dass Leugnen zwecklos ist. Der Kurzeinsatz des Models war ein – nach wirtschaftlichen Kategorien beurteilt – hochprofitables Geschäft, zumal das gemeinsame Kind ein erhebliches Erbe erwarten darf, sofern Becker es nicht noch mit nicht immer nur profitablen Autohausgeschäften und bizarren Investments verspielt.

Prominente Sportler gehen ein besonders hohes Risiko ein, von flinken Freundinnen abgekocht zu werden, zumal sie oft aufgrund ihrer Herkunft und ihrer meist auf den Sport beschränkten Ausbildung keine Beziehung zu Harvard-geschulten Elitekindern oder Prinzessinnen des Geldadels suchen. Nicht wenige Fußballprofis der englischen Premier League sind so den bekannten »Kiss-and-tell-Girls« aufgesessen, die der Presse gegen gutes Geld intime Begebenheiten schildern und auf diesem Weg ihrerseits auf einen Promistatus à la Katie Price spekulieren. Spielerfrau oder Spielerfreundin ist inzwischen für viele Mädchen zum Traumberuf geworden. Auch der deutsche NBA-Superstar Dirk Nowitzki, der sein Privatleben lange Zeit vor den Medien verbergen konnte, musste sich schließlich in diese lange Schlange von Fußballern, Basketballern und Boxern einreihen. Der schüchterne Nowitzki geriet ins Fadenkreuz einer jungen Amerikanerin mit brasilianischen Wurzeln, in die er sich prompt verliebte. Sie zog bei ihm ein, das Paar verlobte sich. Doch Cristal Taylor erwies sich als notorische Betrügerin, die in der Vergangenheit unter acht verschiedenen Identitäten Delikte begangen hatte. 2009 flog sie auf, noch bevor sie größeren Schaden im Hause Nowitzki anrichten konnte, und wurde wegen Betrugs und Urkundenfälschung zu fünf Jahren Haft verurteilt. Im Gefängnis behauptete sie, der Basketballprofi habe ihr Vorleben gekannt und sie trotzdem geliebt. Im angeblich bereits aufgesetzten Ehevertrag ging es um fünf bis zehn Millionen Dollar für Taylor im Scheidungsfall. Dessen ungeachtet brach Nowitzki den Kontakt vollständig ab und äußerte sich nicht zu der Affäre. Eine Entscheidung aus enttäuschter Liebe oder auf Drängen seines Managements, das um millionenschwere Werbeverträge fürchtete?

Weitaus verwirrender stellt sich ein Fall aus dem Jahr 2003 dar, bei dem Nowitzkis Kollege Kobe Bryant in Turbulenzen geraten war. Bryant, der bis dahin den Ruf eines Saubermannes genoss, betrog seine Ehefrau mit der 19-jährigen Hotelangestellten Katelyn Faber. Anschließend behauptete sie, der Sportstar habe sie im luxuriösen Lodge and Spa at Cordillera (Colorado) vergewaltigt. Bei ihren Aussagen verstrickte sie sich allerdings in einige Widersprüche. Bryant gestand den sexuellen Kontakt, bestritt aber jede Gewaltanwendung. Im Verlauf des hochnotpeinlichen Prozesses erreichte den bedrängten NBA-Spieler ein unerwartetes Hilfsangebot. Ein in Kalifornien lebender Schweizer, der sich als »Yuri« vorgestellt haben soll, bot an, die lästige Kate gegen Bezahlung von drei Millionen Dollar aus dem Weg zu räumen. Er habe Kontakte zur russischen Mafia und könne einen Killer organisieren. Bryant schaltete umgehend die Polizei ein, und das LAPD verhaftete bei der fingierten Geldübergabe Patrick Graber, einen Zwei-Zentner-Muskelprotz. Graber, vor seiner Übersiedlung in die Vereinigten Staaten bereits als Hochstapler und Anlagebetrüger in der Schweiz aktiv, akklimatisierte sich in seiner neuen Heimat rasch als Heiratsschwindler. In Los Angeles, dem idealen Humus für alle, die mehr sein wollen, als sie eigentlich sind, hoffte er auf eine Schauspielerkarriere à la Schwarzenegger und arbeitete als Fitnesstrainer und Bodyguard – auch für Bryant. Aber vielleicht war ja sein Killerangebot nicht ernst gemeint und nur ein Trick, um für ein bisschen Publicity zu sorgen und so seinem Traum näherzukommen? In Los Angeles muss man sich schließlich etwas einfallen lassen, um Aufmerksamkeit zu erringen. Die Polizei verstand allerdings keinen Spaß und brachte Graber in Fußketten vor Gericht.

Derweil wurde der Prozess gegen Bryant eingestellt, weil Katelyn Faber, zwischenzeitlich von Fans des Basketballhelden mit Morddrohungen überzogen, ihre Aussage vor Gericht nicht wiederholte. Ein außergerichtlicher Vergleich einschließlich Bryants öffentlicher Entschuldigung und der Zahlung einer Summe in unbekannter Höhe brachte sie zum Schweigen. Nachdem Graber aus dem Gefängnis entlassen worden war, meldete er sich 2007 von den Seychellen mit einem Buch zurück, in dem er seine Version der Wahrheit zum Besten gibt. Er behauptete, als Bryants Bodyguard Zeuge zahlreicher Gangbang-Partys mit zugedröhnten Mädchen und seinem bekifften Arbeitgeber gewesen zu sein. Außerdem habe er miterleben müssen, wie Bryant die Hotelangestellte vergewaltigte. Der Basketballstar selbst habe ihm, Graber, den Mordauftrag erteilt und damit gedroht, dass seine Kinder in Gefahr seien, falls er nicht loyal handle. Das Ganze sei eine Falle gewesen, die Bryant und seine Angestellten systematisch eingefädelt hätten, um ihn zu opfern und von Bryants Missetaten abzulenken.[10] Wer hat hier wen getäuscht? Suchte Bryant tatsächlich nach Wegen, um Faber zu beseitigen? Hat Faber Bryant aufs Kreuz gelegt? War der Hochstapler Graber Täter oder Opfer einer Intrige? Oder sind Grabers »Enthüllungen« doch nur ein weiterer schräger Versuch, um endlich reich und berühmt zu werden?

Giftige Schmetterlinge

Der Kriminalist Erich Wulffen erklärte sich in den 1920er Jahren den Umstand überwiegend männlicher Heiratsschwindler und Hochstapler noch damit, dass Frauen in dieser Hinsicht »sehr bald von den in der Nähe und in Kleinigkeiten – besonders Geschlechtsgenossinnen gegenüber – so scharfen Frauenaugen durchschaut und entlarvt« würden. Die Epoche männlich geprägter Heiratsschwindelei liegt heute längst hinter uns, doch bei genauerer Betrachtung treffen wir auch in der Kriminalgeschichte immer wieder auf weibliche Protagonisten. So gibt es den Heiratsschwindel sogar als Spezialität weiblichen Betrugs: die Tradition der betrügerischen Kupplerin. Damals wie heute bespielen dubiose Partnervermittlungsagenturen den Heiratsmarkt, die von Frauen geleitet oder nach außen repräsentiert werden. Agenturen, die mit hohen Gebühren und den immer gleichen attraktiven Lockvögeln arbeiten, die nach dem ersten vielversprechenden Treffen »abspringen« und verschwinden. Das Beispiel der Pariser Madame Demortier, die in den 1880er Jahren als Baronin de la Rochette ein Heiratsbüro eröffnete, zeugt von früher Meisterschaft auf diesem Gebiet: Der Heiratskandidat musste der Braut teuren Schmuck schenken oder eine Loge in der Oper bezahlen, in der er sie mit ihrer Mutter sitzen sehen durfte – aber nur aus der Entfernung. Oft war er nicht der einzige, der die Loge bezahlt hatte: Es gab ihrer zuweilen mehrere, aber keiner wusste vom anderen. Oder der Heiratskandidat hatte Mutter und Tochter zu einem kostspieligen Souper einzuladen, ja selbst zu einer Reise mit beiden Damen nach London ließen sich einige bewegen.

Im Jahr 1901 wurde die damals 34-jährige Berliner Schauspielerin und Artistin Anna Dubberstein alias Catharina Taciano alias Baroness de Rigano alias Prinzessin Ghika alias Erzherzogin Catharina von Österreich-Este zur Fahndung ausgeschrieben, weil die bezaubernde Aktrice in der deutschen Hauptstadt zahlreichen Verehrern den Kopf mit der Legende verdreht hatte, von ihren fürstlichen Verwandten verstoßen worden zu sein, aber demnächst rehabilitiert zu werden und dann zu großem Reichtum zu kommen, wie ihrem Steckbrief zu entnehmen war.

Auch der später als »Kronjurist« Adolf Hitlers berühmt gewordene Staatsrechtler Carl Schmitt ließ sich vom Hauch des Adels betören, als er 1912 in einem Münchner Nachtlokal die dort als »spanische Tänzerin« engagierte Pabla von Dorotić kennen und lieben lernte. Zuvor wollte er die Konzertpianistin Helene Bernstein heiraten, war aber wegen seiner Mittellosigkeit bei deren Vater abgeblitzt. Nun erschien ihm die kroatische Adlige als gute Partie. Während er seine Habilitation *Der Wert des Staates und die Bedeutung des Einzelnen* im Vorspann der angebeteten Pabla widmete, fügte er schon kurz darauf den Namen der Geliebten seinem eigenen hinzu. Noch der 1921 erschienene Band *Die Diktatur* weist den Verfasser als Carl Schmitt-Dorotić aus. Der aus kleinbürgerlichen Verhältnissen stammende Schmitt musste aber bald erkennen, dass ihm die blaublütige Verbindung keinen sozialen Aufstieg ermöglichen konnte; war Pabla doch selbst auf der Suche nach einem Mann, der sie nach oben bringen könnte. Schließlich entpuppte sie sich als »giftiger Schmetterling«, als Hochstaplerin und notorische Diebin, statt blaublütig war sie unehelich geboren von einer gewissen Augusta Schachner in Wien-Gumpendorf. Schmitt ließ sich umgehend scheiden.

Während Pabla von Dorotić Münchner Barbesuchern den Kopf verdrehte, »Prinzessin Ghika« die höhere Gesellschaft in der Hauptstadt des Kaiserreiches zu ihrem Jagdrevier erklärt hatte, kaprizierte sich die 1906 geborene Österreicherin Hermine D. in den 1920er und 1930er Jahren auf wohlhabende Provinzbauern. Ihre Masche wirkt wie ein früher Vorläufer von Doku-Soap-Formaten à la *Bauer sucht Frau.* Zusammen mit einer Komplizin zog sie den Heiratsschwindel mithilfe von Inseraten groß auf: Hermine als reiche Erbin, Adlige, Immobilienbesitzerin. Eines ihrer Opfer ließ sich unglaubliche neun Jahre lang mit immer neuen Versprechungen und Geldforderungen hinhalten, bis der brave Mann 1948 aus der Zeitung von Hermines Verhaftung erfahren musste.

Noch unglaublicher klingt ein Fall aus dem Wien der 1940er Jahre, der belegt, dass vermeintlich erst mit dem Internet aufgekommene Betrugsformen auch schon funktionierten, als man noch auf den guten alten Briefverkehr angewiesen war. Eine 58-jährige Witwe nahm eine junge Frau als Untermieterin bei sich auf und schloss schnell mit ihr Freundschaft. Die unselbstständige und naive Anna T. geriet Schritt für Schritt in immer größere Abhängigkeit von ihrer Untermieterin Elisabeth M. Dann nutzte Elisabeth einen Zufall für ein lukratives Betrugsmanöver aus. Beide Frauen waren in einem Café mit einem jungen Mann ins Gespräch gekommen, der einen starken Eindruck auf die alternde Witwe machte. Offenbar hatte sie Feuer gefangen, wie Elisabeth interessiert feststellte. Was für ein Glücksfall für Anna, dass bereits nach wenigen Tagen ein Brief durch einen Boten abgegeben wurde, in dem der fabelhafte junge Mann ihr seine Liebe gestand. Sieben Jahre lang währte die schwärmerische

Korrespondenz, die der Jüngling mit der älteren Frau führte. Da stets über von ihr instruierte Boten kommuniziert wurde, konnte Elisabeth, die selbst die Briefe schrieb, den Trick so lange praktizieren und Anna sukzessive um ihr ganzes Vermögen bringen – zuletzt um die Wohnungseinrichtung. Elisabeth ließ den jungen Mann, der von ihrem Treiben keine Ahnung hatte, promovieren, ließ ihn sporadisch unter Schulden ächzen, einmal sogar an einer Schussverletzung leiden, die er sich aus Gram über den ausbleibenden Besuch Annas selbst beigebracht habe. Zwischenzeitlich schloss man per Brief Verlobung, doch bald traf ein weiterer Schicksalsschlag den jungen Mediziner. Seine Schwester, die den exotischen Namen Dolores de Ambrose trug, erkrankte schwer, was eine kostspielige Behandlung erforderlich machte, zu der Anna natürlich einen maßgeblichen Anteil beitrug. Nachdem Dolores 1950 nach langer Leidenszeit die Stunde geschlagen hatte, siedelte der Herr Doktor ins sonnige Monte Carlo über und forderte Anna auf, es ihm gleichzutun, um dort zu heiraten. Anna ließ daraufhin ihren Hausrat Stück für Stück von ihrer »tüchtigen« Untermieterin nach Monte Carlo abtransportieren. Zu guter Letzt lockte die frohe Botschaft, der Schwager des Bräutigams habe Anna in Monte Carlo eine Villa plus 120000 Francs Bargeld vererbt. Nun müsse nur noch die Erbschafts- und Vermögenssteuer bezahlt werden. Doch da war Anna endgültig mittellos …

In München schaffte es in den 1990er Jahren eine reife Dame, vier Männer hintereinander auszunehmen, zwei Eigentumswohnungen und einen Mercedes zu akquirieren und zusätzlich noch Sozialhilfe und Wohngeld zu kassieren. Therese E. gab eine Annonce auf: »Witwe, Mitte 50, sucht Partner. Wo ist der Mann, der eine ehrliche Dauerbeziehung wünscht?« Therese war weder Mitte 50 noch Witwe. Die 66-Jährige war mit einem 20 Jahre jüngeren, arbeitslosen Maler verheiratet und wegen Betruges und Falschaussage vorbestraft. Zunächst ging ihr ein 52-jähriger, gehbehinderter Frührentner ins Netz, dem sie 80000 Mark abknöpfte. Anschließend entflammte ein verwitweter Kaufmann für sie. Er erfüllte der Schwindlerin jeden Wunsch: Reisen, Eigentumswohnungen und ein knallroter Mercedes. Therese hingegen gelang das Kunststück, dem Witwer ihren Ehemann als »Stiefsohn« anzudrehen. Auch für ihn beglich der verliebte Kaufmann so manche Rechnung …

Leben und Sterben für die Liebe

Der auffälligste Unterschied zwischen den männlichen und den weiblichen Beziehungsschwindlern der Profiliga liegt darin, dass Frauen gern in Kooperation aktiv werden, während die Männer überwiegend allein arbeiten. Ausnahmen wie Sgarbi bestätigen die Regel. Die Professionalisierung der »Branche« wird, wie wir gesehen haben, von beiderlei Geschlecht vorangetrieben; begünstigt auch durch die Tatsache, dass der Beziehungs- bzw. Heiratsschwindel seit 1975 nicht mehr strafbar ist und heute nur noch bei nachweisbaren Vermögensschäden verfolgt wird – eine Entscheidung, die der realistischen Betrachtung moderner Beziehungskonfusionen geschuldet ist. Man versucht also, zwischen Profis und Amateuren zu unterscheiden, gleichwohl gerade die Profis besonders geschickt darin sind, »freiwillige« Zahlungen zu entlocken und sie als Beiläufigkeit erscheinen zu lassen. Ist das Eis einmal gebrochen, die »Seelenverwandtschaft« etabliert, dann scheuen Beziehungsschwindler wie Sgarbi trotz demonstrativer Kultiviertheit keine verbale Peinlichkeit. »Du hast gesagt, du lebst für die Liebe«, schrieb er einer Verehrerin, »die Momente von gestern kommen nicht mehr zurück. Aber wir haben einen Schatz daraus gemacht.« Das virtuose Spiel auf der Gefühlsklaviatur und die besondere Zuwendung erzeugen eine emotionale Abhängigkeit, die heutzutage nicht nur Mauerblümchen oder vereinsamte Männer als Risikogruppe betrifft. Polizeiliche Schätzungen gehen inzwischen von etwa 15 000 Fällen aus, die sich pro Jahr in Deutschland und Österreich ereignen. Früher handelte es sich bei den Betrogenen oftmals um naive oder psychisch labile Frauen, die unter Torschlusspanik oder unter Minderwertigkeitskomplexen litten und so zu leichten Opfern von Heiratsschwindlern wurden. Die Sehnsucht begehrt zu werden und damit ihr Selbstwertgefühl zu erhöhen, wurde für sie zum Lebenselixier – gerade in einer Zeit, in der es ein Makel war, nicht verheiratet zu sein.

Heute sind es gerade die erfolgreichen, mitten im Leben stehenden Frauen und Männer, die zur Beute von Beziehungsschwindlern werden. Gerade die Tatsache, dass sie die eigene Gefährdung in dieser Hinsicht weit von sich weisen, ist ihre Achillesferse. Beispiel Gert Postel: Bekannt wurde der Hochstapler als falscher Psychiatriearzt, doch weitgehend unbeachtet blieb, dass er es im Laufe seiner »Karriere« auch meisterhaft verstand, Frauen für sich einzuspannen, und zwar gerade erfolgreiche, unabhängige Frauen: eine Zahnärztin, die ihm Rolex und Mercedes schenkte, eine Psychologin, die ihm nützliches Fachwissen zugänglich machte, eine Anwältin, die ihm illegal Einsicht in Akten verschaffte, eine Staatsanwältin, die ihn vor dem Haftbefehl warnte, und eine Medizinprofessorin, die ihn mit monatlichen Zahlungen unterstützte. Diese Frauen waren weder in einer Notlage, noch drängten sie verzweifelt danach, unter die Haube zu kommen; sie sind durchweg Paradebeispiele moderner Karrierefrauen. Postel schaffte es, sie für sich einzunehmen, indem er ihnen Zuwendung schenkte, sie als Frauen und nicht als Leistungsträgerinnen verehrte, emotionale Defizite ausfüllte, die im Karrierealltag nicht beglichen werden konnten. Eine seiner Partnerinnen, eine erfolgreiche Bankkauffrau, gestand dem *Spiegel*: »Dieser Mann ist ein Ereignis. Er ist in mein Leben eingebrochen. Und dabei bin ich doch eine Frau, die mit beiden Beinen auf dem Boden steht.« Noch merklich befangen fährt sie fort: »Noch nie, wirklich noch nie, hat sich ein Mann so um mich gekümmert, jawohl gekümmert. Er ist so sensibel, so intuitiv. Er spürt, wie ich mich fühle. Das musste ich ihm nicht erst erklären.« Er konnte aber auch anders: Eine junge Staatsanwältin, die sich seinen Avancen verschloss, trieb er durch Mobbing und Telefonterror in den psychischen Zusammenbruch. In späteren Interviews räsonierte Postel über den »Tunnelblick« seiner Opfer. Verliebte würden ja nur das Gute in ihren Partnern sehen: »Ich hatte da wohl eine Art Heiligenschein.«[11]

Es ist erstaunlich, was Beziehungsschwindler dieses Kalibers aus ihren Opfern herausholen können. Wie ist es etwa zu erklären, dass eine vermögende Frau ihrem Liebhaber einen Ferrari 360 Modena Spider least – allein die erste Anzahlung kostet umgerechnet 35 000 Euro – und sich bei seiner ersten Spritztour nach Italien gleich abwimmeln lässt? Roger B. vergnügt sich zunächst einmal auf der Rennstrecke in Monza, dann baut einer seiner Freunde einen Unfall, der Ferrari ist hin. Der talentierte Roger schafft es stante pede, ein neues Opfer dafür aufkommen zu lassen. Es ist Gaby F., die er gerade erst kennen gelernt hat und die die Reparatur in Höhe von knapp 77000 Euro bezahlt. »Sie taten mir leid«, erklärt Gaby später ihr Verhalten. Die 42-jährige Sekretärin hat am Ende ihres Abenteuers mit Roger ihr gesamtes Vermögen in Höhe von über 600000 Euro verloren.

Ähnlich dreist agierte der Frankfurter Anwalt Michael Wolski, dessen Fall Anfang 2010 in Darmstadt verhandelt wurde. Er hatte sich in eine vermögende Familie hineingedrängt und ein Liebesverhältnis zu der 30 Jahre älteren Margit C. aufgebaut, bis sie »Michi« vollkommen hörig war. Den Ehemann Ignatz C. haben die beiden derweil systematisch in einem Altenheim von seiner Familie isoliert und auf diese Weise »lebendig begraben«. Wolski setzte Margit nach Ignatz' Tod emotional derartig unter Druck, dass sie ihm Geschenke, Immobilien und Luxusfahrzeuge in Millionenhöhe übereignete. Auch Wolskis Ehefrau Karin Wolski, die zu den ranghöchsten hessischen Richtern zählte und Mitglied der CDU ist, profitierte von der Liaison ihres Mannes. Sie trat erst zurück, nachdem ihr Mann zu einer Haftstrafe verurteilt worden war. Er hatte das ergaunerte Geld nicht versteuert …

Bei Wolski betrug der Altersunterschied zum Opfer eine Generation, der prominente Finanzbetrüger Jürgen Harksen, von dem im nächsten Kapitel die Rede sein wird, schaffte es in jungen Jahren, einer 80-jährigen Dame den Hof zu machen, um sie auszunehmen. Harksen lebte als 24-Jähriger einige Jahre in Dänemark, wohnte im Haus der Greisin, brachte sie um Vermögen und Immobilie, bis er 1986 verurteilt und ausgewiesen wurde. Wie aus dem Nichts kam er in Hamburg an – niemand kannte dort seine Vorgeschichte – und begann ein neues Leben …

Professionelle Beziehungsschwindler schaffen es spielend, sich in die Herzen ihrer Opfer einzunisten. Aber wie werden sie sie wieder los? Selbst wenn die Opfer längst ausgepresst sind, kann sich dieses Problem stellen. In einem Fall versuchte ein Beziehungsschwindler, die uninteressant gewordene Braut durch einen Brief mit der Nachricht seines eigenen Todes loszuwerden, verfasst von seinem Bruder. Viele Opfer verzichten sogar auf Anzeigen, weil sie die Blamage fürchten oder noch immer emotional vom Täter abhängig sind. Sie wollen die Beziehung nicht gefährden und hoffen noch jahrelang auf seine Rückkehr, schreiben ihm Liebesbriefe ins Gefängnis. Manche Heiratsschwindler beuten auch diese Situation noch aus: So suchte der Komplize eines Betrügers mehrere Opfer auf, stellte sich als Journalist vor und behauptete, die Biografie des Einsitzenden verfassen zu wollen. Er gab vor, einige Angaben des Schwindlers durch eigene, unabhängige Recherchen überprüfen zu wollen, und befragte die Opfer über ihre Erlebnisse mit dem Täter. Gleichzeitig deutete er an, dass der jeweilige Fall nicht in dem Buch auftauchen müsse – falls das Opfer dem Journalisten eine »Entschädigungssumme« zahle.

Aber die Beziehungshochstapelei kann auch richtig gefährlich werden. Das verwundert nicht, denn wenn man den einschlägigen Statistiken Glauben schenken darf, sind die meisten Morddelikte auch Beziehungsdelikte. Es sind zugegebenermaßen Extremfälle, in denen Heiratsschwindler ihre Opfer töten, die ihnen lästig geworden sind, und bei einigen wird sogar eine ganze Mordserie daraus. Die perfideste Methode des Beziehungschwindels: die Liebe versprechen, aber den Tod bringen.

Der Franzose Henri Landru brachte es zu Beginn des

20. Jahrhunderts auf mindestens elf Morde, mehr konnten dem Frauenliebling, der mit fast 300 heiratswilligen Damen in Kontakt stand, nicht nachgewiesen werden. Am 7. November 1921 stand der 52-Jährige in Versailles vor Gericht – eine unheimliche große, magere Gestalt mit rötlichem Bart und buschigen Augenbrauen. Die tiefliegenden Augen hatten offenbar hypnotisierende Kraft, anders ist Landrus Erfolg bei den Frauen kaum zu erklären. Unter wechselnden Pseudonymen schaltete er zahlreiche Inserate: »Seriöser Herr sucht sich mit Witwe oder unverstandener Frau zwischen 35 und 45 zu verheiraten.« Er gibt sich als Beamter aus und spricht gezielt reifere Damen an, die unter Torschlusspanik leiden. Einige nutzt er eine Zeit lang aus, andere lässt er verschwinden und veräußert ihre Habe. Nachbarn berichteten, aus dem Schornstein seines Hauses sei gelegentlich dichter Qualm gekommen, ein Metzger nahm dabei den Geruch verbrannten Fleisches wahr. Landru starb unter der Guillotine.

Der Schweizer Max Kaufmann wurde in den 1920er Jahren zwar »nur« des zweifachen Mordes an seinen Geliebten überführt, ging bei seinen Taten aber mit ungewöhnlicher Skrupellosigkeit vor. Kaufmann schaltete wohlklingende Zeitungsinserate: »Herzenswunsch: Schweizer, 30er Jahre, mit Herzensgutem Charakter, alleinstehend, mit 18 000 CHF Barschaft, wünscht mit Mädchen ohne Anhang Heirat.« Es meldete sich das 45-jährige Nicht-mehr-ganz-Mädchen Frieda Gassmann. Kaufmann schickte ihr Fotos, auf denen er als stattlicher Infanterie-Wachtmeister vor alpiner Kulisse posierte, und beteuerte in Briefen, seine Liebe »brenne heisser als Jupiter und Venus zusammen«. Er schenkte Frieda Wäsche, doch diese war von den Initialen M. C. höchst irritiert. Tatsächlich recycelte Kaufmann ein Geschenk, das er einst seiner Exfreundin zugedacht hatte, Maria Candinas, ein Zimmermädchen im Zürcher Hotel Baur au Lac. Gassmann sagte Kaufmann auf den Kopf zu, er habe M. C. umgebracht. Trotzdem ließ sie sich von dem Betrüger einwickeln und besänftigen. Einige Wochen später wurde sie von Kaufmann während des Liebesaktes erschossen. Zuvor hatte er Maria Candinas bei einem Ausflug getötet, und zum Zeitpunkt des Mordes an Frieda Gassmann waren schon Blumengrüße an sein nächstes Opfer unterwegs. Insgesamt stand Kaufmann mit 43 Frauen in Verbindung.

Die Schwarze Witwe von Bodenfelde

Doch auch Beziehungsschwindlerinnen greifen bisweilen zu letalen Maßnahmen, wenn sie sich in die Enge getrieben fühlen. Lydia L. aus dem niedersächsischen Bodenfelde machte daraus jedoch ein System und wurde als »Schwarze Witwe« eine gruselige Berühmtheit: Der Rentner Günther Schwenke, ein wohlhabender Mittsiebziger, liest mit großem Interesse die Zeitungsannonce einer Dame, die ausdrücklich einen »älteren, pflegebedürftigen Herren zwecks Altenpflege« sucht. Der alte Herr sehnt sich nach einer Stütze für seinen Lebensabend; eine tatkräftige, liebevolle Frau, kompetent in Pflege und Haushalt. Das alles klingt nach einem idyllischen TV-Serienauftakt im ZDF mit Traumquoten. Auch Günther muss glauben, dass er träumt, als Lydia ihn zum ersten Mal besucht. Die vollbusige Witwe wirkt mit ihren langen, lockigen Haaren durchaus attraktiv und jünger als Mitte fünfzig. Sie bewohnt ein eigenes Haus in Bodenfelde, das sie ihm als Alterssitz anbietet. Günther und Lydia werden ein Paar und ziehen zusammen. Leider baut Günther schon bald nach seiner Übersiedlung ins schöne Weserbergland gesundheitlich rapide ab. Die Luftveränderung tut ihm nicht gut. Eine chronische Müdigkeit legt sich bleischwer auf ihn, der Mittagsschlaf wird immer länger, Muskeln und Atmung immer schwächer. Günther möchte zum Arzt, um diese rätselhafte Wesensveränderung untersuchen zu lassen, doch er fühlt sich so schwach, außerdem raten Lydia und ihr Bekannter Siegmund S., der auch auf dem Anwesen wohnt und im Garten und Haushalt mitarbeitet, davon ab: »Das wird schon wieder!« Irgendwann sieht man Günther nicht mehr im Garten sitzen. Er ist verschwunden. Die Nachbarn glauben, er sei wieder ausgezogen.

Dreizehn Jahre später löst sich das Rätsel. Siegmund ist wegen einer Lappalie auf der kleinen Polizeiwache Bodenfelde vorgeladen. Doch den überraschten Beamten eröffnet er: »Wenn ich hier fertig bin, klicken die Handschellen.« Er gesteht, er habe Günther Schwenke 1994 mit einer Plastiktüte erstickt. Später habe er die Leiche an einem Autobahnrastplatz südlich von Göttingen mit Rasenmäherbenzin übergossen und angezündet. Doch es sei nicht seine Idee gewesen. So soll Lydia zu ihm gesagt haben: »Der muss weg.« Er habe gefragt: »Wie?« Sie: »Ja, ganz weg.« Siegmund war psychisch von Lydia abhängig, er lebte seit Jahren auf ihrem Grundstück und wurde wie ein Knecht behandelt. Jetzt brach alles aus ihm heraus. Er erzählte den Beamten, wie Lydia systematisch alte Männer anlockte und ausnahm: »Wenn sie einen Opa hat, lässt sie ihn nicht mehr laufen«, sagt »Siggi«, der daran einen nicht geringen Anteil hatte. Noch drei weitere Senioren habe er in ihrem Auftrag getötet. Allerdings nur, wenn die Herrschaften entsprechend begütert waren. Interessenten ohne Vermögen, die sich auf

Lydias Annoncen meldeten, wimmelte sie sofort ab. Die Polizisten reagieren zunächst ungläubig, doch bald erinnert man sich an ältere Ermittlungen gegen Lydia L., weil schon in den 1980er Jahren Männer gestorben waren, kurz nachdem sie eine Beziehung mit der ehemaligen Prostituierten eingegangen waren. Die Nachforschungen verliefen immer im Sand. Doch jetzt hat die Polizei eine heiße Spur.

Der nächste Mord folgte im gleichen Jahr 1994, keine drei Monate später. Opfer ist der 84 Jahre alte Adolf B. aus dem hessischen Melsungen, den Lydia im April geheiratet hat. Weil sich der frischgebackene Ehemann schon wieder scheiden lassen will, soll sie ihm eine hohe Dosis Beruhigungsmittel in die Erbsensuppe gemischt haben. Siegmund S. will den am Tisch Eingeschlafenen ins Bett getragen und mit einem Kissen erstickt haben. Das Testament des Opfers sei anschließend vernichtet worden. Der Arzt attestierte eine natürliche Todesursache. Lydia bezieht bis Ende 2007 Witwenrente und erbt unter anderem das Haus des Opfers. Nach eigener Aussage zündet Siegmund es zweimal an, damit die Erbin auch noch die Versicherungssummen kassieren kann. Den dritten Mord an einem 81 Jahre alten Unternehmer verübt das Duo im April 1995: Die verbrannte Leiche des Mannes wird im nahen Thüringen gefunden. Trotz umfangreicher Ermittlungen der Polizei – selbst das amerikanische FBI wurde bemüht – konnte das Opfer damals aber nicht identifiziert werden.[12] Der letzte Mord folgt im Juli 2000 in Springe bei Hannover. Die Leiche des 71-jährigen Opfers wurde seinerzeit auf dessen Grundstück vergraben.

Schließlich kommt es zur Anklage. Lydia beschuldigt ihren Gehilfen, dieser habe sie aus Rache angezeigt. Sein Motiv sei verschmähte Liebe gewesen, nichts an den Vorwürfen sei wahr. Staatsanwalt Andreas Buick hingegen wirft dem Paar vor, vier Männer aus Habgier auf immer die gleiche Weise getötet zu haben: Zunächst soll Lydia L. den Opfern eine stetig höhere Dosis eines starken Beruhigungsmittels in die Suppe gemischt haben. Am Ende wurden sie mit 15 bis 20 Tabletten nahezu narkotisiert und in diesem Zustand von Siegmund S. mit einer Plastiktüte erstickt. Insgesamt soll die langjährige Prostituierte auf diese Weise zu einem Vermögen von 670000 Euro gekommen sein. Die Verhandlung vor dem Landgericht Göttingen endete im Jahr 2008 mit einem Lebenslänglich für Lydia L. und zwölf Jahren Haft für Siegmund S. Die »Schwarze Witwe« kommentierte das perfide »System Lydia« so: »Ich hatte ihre Rente und ihr Geld, sie hatten mich, was soll daran schlimm sein?«

KAPITEL 2

Boom und Bluff in der Arbeitswelt

Lipstick Building in der Third Avenue, New York City. Im 19. Stockwerk des auffälligen Gebäudes nahe der Park Avenue trifft sich im Jahr 1998 ein Dutzend Investoren und Privatanleger, die über gigantische Vermögen verfügen. Sie eint das Verlangen, bei Bernard L. Madoff Geld anzulegen, sowie die Tatsache, dass sie trotz ihrer geballten Wirtschaftsmacht sehr lange auf diesen Termin warten mussten. Denn Mr. Madoff ist sehr, sehr beschäftigt – der Finanzmakler aus Brooklyn genießt einen exzellenten Ruf als Gelddruckmaschine. Vor Jahren hatte er ein Computerprogramm zur Automatisierung des Börsenhandels eingeführt, er war Mitbegründer und jahrelang Direktor der Nasdaq gewesen, die bald zum größten elektronischen Aktienmarkt der Welt werden sollte. Das Unternehmen Madoff Securities galt als einer der führenden amerikanischen Börsenhändler mit Renditen, die scheinbar gar nicht von Marktschwankungen beeinflusst werden. Madoff Securities ist sehr wählerisch, was seine Anleger betrifft. Man nimmt nicht jedermanns Geld, und der Chef ist nur äußerst selten bereit, mit Investoren persönlich zu sprechen. Umso glücklicher schätzen sich die zwölf Herren, die nun in einem von Philippe Starck durchgestylten

Konferenzraum Platz nehmen. Kühl, dunkel, nüchtern ist das Ambiente, zudem erscheint alles im Raum rechtwinklig angeordnet – und das bei einem ovalen Gebäudegrundriss. Dabei sind alle Büros von Madoffs Unternehmen, ob in New York oder London, im gleichen Stil gestaltet. Es regieren die Nichtfarben Weiß, Schwarz und Grau, makellos geordnete Schreibtische, extreme Sauberkeit und Transparenz – überall wachen Kameras. Design und Ordnung – eine perfekte Oberfläche ist die persönliche Leidenschaft des Firmengründers.

Die Tür geht auf, und Bernard Madoff erscheint. Mittelgroß, graumeliert, er wirkt ernst und verbindlich. Nach einigen Minuten freundlichen Geplänkels fragt ein Investor: »Mr. Madoff, ich habe mir Ihre Performance angesehen, und die ist in jedem Fall beeindruckend. Was ich aber nicht verstehe, ist, wie Ihre Strategie genau aussieht?« Wie in einer lästigen Fragestunde mit Volkshochschülern erläutert Madoff ohne sichtbare Regung seine Strategie der »Splitstrike Conversion«: »Ich kaufe ein Aktienbündel aus dem S&P 100, zwischen 30 und 35, das ich mit dem Kauf von Put-Optionen schütze, und diese Strategie finanziere ich mit dem Verkauf von Call-Optionen.« »Und das ist alles?« fragt der potenzielle Anleger, »könnten Sie vielleicht etwas mehr in die Einzelheiten gehen?« »Leider nein«, antwortet Madoff, »bitte verstehen Sie, dass die Einzelheiten der Strategie geheim sind.« Die Runde repräsentiert ein Anlagevermögen von mehreren Milliarden Dollar und ist gewillt, Madoff einen großen Teil davon in die Hände zu geben, doch sie schweigt. Niemand hakt nach, jeder fürchtet, bei weiterem Insistieren als Idiot dazustehen. Immerhin provoziert eine über Jahrzehnte gehaltene Rendite von 20 Prozent zumindest neugierige Fragen. Schließlich rafft sich ein brasilianischer Investor auf, der eine traditionsreiche Familie dieses Landes repräsentiert. Madoff holt nun zu einer Abhandlung über das Wesen der Finanzmärkte aus. Seine Körpersprache drückt souverän die Kontrolle über alle Belange der Finanzwelt aus. Die Hände formen zur Illustration seiner gewichtigen Worte immer wieder einen Globus, dessen Geschicke quasi in den Händen des allmächtigen Madoff zu liegen scheinen. Dabei erläutert er mit blumigen, aber nichtssagenden Worten seine Unternehmensphilosophie und garniert sie mit den bekannten Schlüsselbegriffen: Vorsicht, Kontrolle, Verantwortungsbewusstsein, solide, diversifizierte Portefeuilles, konservativ strukturiert – was die Anleger ebenso erwarten. Nach einem 45-minütigen Monolog hat Madoff auch den Zweifler überzeugt. Mit einem sicheren Gefühl und der Gewissheit, nun zu einem exklusiven Kreis von Insidern zu gehören, verlassen die Teilnehmer das Meeting; sie wirken euphorisiert, wissen sie doch ganz genau, dass andere jahrelang, manchmal auch vergeblich, auf einen persönlichen Termin warten – oder ihnen per Mailboxnachricht mitgeteilt wird, man wolle ihr Geld bei Madoff Securities gar nicht. Sorry.

Rasende Entrepreneurs

Am Ende seiner jahrzehntelangen Selbstinszenierung als Finanzgenie hatte Madoff einen historischen Rekord aufgestellt. Nach dem bekannten »Ponzi-Schema« – vulgo: Schneeballsystem – hatte der Finanzbetrüger einen Schaden in Höhe von mindestens 20 Milliarden Dollar angerichtet und ist im Zuge der ersten schweren Finanz- und Wirtschaftskrise des 21. Jahrhunderts zum Gesicht einer spekulativen Geldzirkulation geworden: Meister einer Riesenluftnummer, die weit über die bislang gängigen kriminellen Machenschaften der Branche hinausging. Madoff erhielt von Anlegern gewaltige Summen, die er allerdings seit Anfang der 1990er Jahre, mit Ausnahme der laufenden Kosten zur Sicherung seines Systems, nur noch zur Finanzierung seines aufwändigen Lebensstils verwendete. Als Madoffs Lügengebilde zusammenbrach, verloren nicht nur viele Menschen ihr Vermögen. Manche setzten sogar ihrem Leben ein Ende, wie beispielsweise der aus einer französischen Adelsfamilie stammende René-Thierry Magon de la Villehuchet, Inhaber einer Vermögensberatung. Seine Mitarbeiter verkauften in Europas Luxusresorts den Fonds Luxalpha, dessen Milliarden wiederum bei Madoff investiert waren. Auch die bereits erwähnte Liliane Bettencourt gehörte zu seinen Kunden. Kurz bevor Madoff aufflog und die Finanzkrise bereits in vollem Gange war, äußerte sich Magon de la Villehuchet noch beruhigt, dass es bei dem amerikanischen »Finanzgenie« nach wie vor gut laufe. Als ihm klar wurde, dass er sich da irrte, schloss er sich am 23. Dezember 2008 in sein Büro ein und schlitzte sich die Handgelenke auf. Das Blut tropfte in einen Papierkorb, den der Manager wohl so positioniert hatte, damit wenigstens der Teppich nach seinem Ableben sauber bliebe.

Knapp zwei Jahre später erhängte sich Madoffs Sohn Mark im eigenen Wohnzimmer mit einer Hundeleine. Im Nebenraum schlief sein zweijähriger Sohn, der Hund an seiner Seite. Madoff jr., der für die Investmentgesellschaft seines Vaters tätig gewesen war, von dessen Machenschaften aber angeblich nichts ahnte, hatte dem Druck der Gläubiger und der Presse nicht länger standhalten können. Mark soll von seinem Vater extrem enttäuscht gewesen sein und seither kein Wort mehr mit ihm gewechselt haben. Bernhard Madoff wurde inzwischen zu 150 Jahren Haft verurteilt, er sitzt in einem Bundesgefängnis in North Carolina. Wie kaum ein anderer hatte sich Madoff Senior auf perfekte Weise inszeniert. Während er sich nach innen streng, aber verbindlich verhielt, seine Mitarbeiter mit überdurchschnittlichen Gehältern und regelmäßigen Incentives verwöhnte, zeigte er Investoren demonstrativ die kalte Schulter und machte sie damit nur noch schärfer darauf, zu seinem erlauchten Kundenstamm zu gehören. Das Verlangen, dort sein Geld anzulegen, wuchs proportional mit der Ungeduld und Enttäuschung, nicht dabei sein zu dürfen. Madoff gab den unnahbaren Grandseigneur, derweil sorgte der agile Robert Jaffe, Schwiegersohn von Bernies »Ziehvater«, dem Millardär Carl J. Shapiro, für den Zustrom frischen Geldes. Madoff konnte so sein Image pflegen und reduzierte persönliche Begegnungen, die immer auch ein gewisses Risiko der Enttarnung mit sich brachten. Bekamen Anleger dann nach Monaten oder Jahren endlich eine Chance, war jeder Anflug kritischen Denkens wie weggeblasen und sie brachten dem Hohepriester der Finanzwelt ohne weitere Nachfragen die Millionen dar. Zudem hatte Madoff mit renommierten Banken wie der spanischen Santander oder der Schweizer UBS lukrative Deals. Nach Irving Picard, Madoffs Insolvenzverwalter, habe die UBS das Schneeballsystem in dieser Ausdehnung und Dauerhaftigkeit überhaupt erst ermöglicht, weil sie Madoff über ihre Zubringerfonds Luxalpha und Groupement Financier zu Geldern europäischer Investoren verholfen habe. Diese wiederum glaubten, es handele sich um seriöse UBS-

Fonds, während die Bank bei den Transaktionen mindestens 80 Millionen Dollar an Gebühren eingestrichen habe.

Madoff löste in der historischen Reihe der Superschwindler den ehemaligen Börsenhändler Nick Leeson ab, der Anfang 1995 mit waghalsigen Deals eine 223 Jahre alte Handelsbank zugrunde gerichtet hatte. Die Barings Bank, bei der auch die Queen Kundin gewesen war, hatte den jungen ehrgeizigen Banker nach Singapur entsandt und mit sogenannten Arbitrage-Geschäften betraut, wobei minimale Preisdifferenzen an verschiedenen Börsen ausgenutzt werden. Diese verhältnismäßig risikoarme, aber langweilige Tätigkeit füllte Leeson nicht aus. Da seine Aktivitäten von der fernen Londoner Zentrale nicht kontrolliert wurden, begann er 1993 mit riskanteren »Futures« zu handeln. Dabei werden Preise für Waren oder Finanzprodukte vereinbart, die zu einem bestimmten Stichtag gültig sind und dann gezahlt werden müssen. Wenn die Ware an diesem Stichtag einen tagesaktuell höheren Preis aufweist, kann man mit einem Future ein Vermögen machen, indem man zum vereinbarten Preis kauft und sofort wieder zum höheren Preis verkauft. Andernfalls zahlt man mit dem vereinbarten Preis zu viel.

Leeson träumte von einer Karriere als berühmtes Händler-Ass, und berühmt ist er auch geworden. Denn er begann, seine stetig wachsenden Verluste auf einem von ihm eingerichteten Geheimkonto zu verstecken in der Hoffnung, die Schulden durch glücklichere Deals später wieder auszugleichen. Schon Ende des Jahres 1993 waren auf dem Konto mit der Nummer 88888 (die Acht ist die chinesische Glückszahl) über 23 Millionen Pfund Schulden aufgelaufen, Hochstapler Leeson simulierte aber weiter den Star-Broker und meldete nur Gewinne nach England. So wurde er in der Londoner

Zentrale als Mann »mit goldenen Händen« gefeiert und mit hohen Prämien bedacht. Zum Jahresende 1994 wurden die Händler der Barings Bank vom obersten Management ausdrücklich dazu aufgefordert, Leeson »nachzueifern«. Die Terminbörse Simex (Singapore International Monetary Exchange) ehrte den umtriebigen Briten als »besten Händler«. Derweil wogte sein Spekulantenglück hin und her, und am Ende hatten sich die Verluste auf 1,4 Milliarden Dollar vervielfältigt und waren nicht mehr zu kaschieren. Leeson, der sich zum Schluss angeblich von fünf Kilogramm Fruchtgummi täglich ernährte, gab auf. Er schrieb seinem Vorgesetzten in London, »der Druck ist zu stark geworden und hat meine Gesundheit so beeinträchtigt, dass ein Zusammenbruch unmittelbar bevorsteht«. Leeson brach nicht zusammen, aber seine Bank. Er klebte ein Notizzettelchen mit der Aufschrift »I'm sorry« an den Rechner und flog mit seiner Frau in den Urlaub. Zu Hause in England ging das Britische Pfund auf Talfahrt und das Unterhaus in die Krisensitzung.

Mittlerweile streiten die Sonntagsfeuilletons gerne und ausgiebig darüber, wer den größeren Schaden anrichtet: die Spekulanten mit ihrer skrupellosen Zockerei an den Finanzmärkten oder die Politiker, die sich seit Jahrzehnten Gestaltungsspielraum erkaufen, indem sie die Staatshaushalte über Generationen hinweg hoffnungslos verschulden und damit ganze Staaten zu pflaumigen Spielbällen der Finanzmärkte machen.

Madoff aber wusste, dass man zwischen Politik und Markt keine künstlichen Gegensätze herbeireden muss. Senatoren empfingen von ihm regelmäßig Parteispenden, zudem suchte er schon zu Beginn seiner Karriere als Finanzhochstapler die Nähe zu den Börsenregulierungsbehörden. Diese Nähe führte dazu, dass seine Firma nie einer genaueren Untersuchung unterzogen wurde. Um seine gesellschaftliche Anerkennung zu fördern, setzte er sich auch als Philanthrop in Szene und spendete regelmäßig große Beträge für wohltätige Zwecke. Das wiederum erwies sich als eine äußerst effektive Werbemaßnahme, um die Vermögen von Stiftungen und Einrichtungen in seine Fonds zu ziehen. Seine Kundschaft hielt er bei Laune, indem Madoff regelmäßig Dividenden ausschüttete, was die Anleger dazu brachte, ihr Geld langfristig in seinem Schwindelfonds zu belassen. Nach Madoffs Dafürhalten hätte es wohl immer so weitergehen können, hatte er doch schon so manche Finanzkrise gut überstanden.

Aber die exzessiven Schwindeleien an den internationalen Finanzmärkten sorgten 2008 für so große Verwerfungen, dass viele Investoren ihr Geld dringend brauchten. So sah sich Madoff Securities im Herbst plötzlich mit Rückforderungen in Höhe von sieben Milliarden Dollar konfrontiert – nur eine Milliarde war gedeckt. Nun musste der König seine Gemächer verlassen und selbst die Klinken putzen gehen. Angesichts der massiven Rückzahlungsforderungen stand er jetzt persönlich bei Banken und professionellen Anlegern auf dem Teppich. In höchster Not verkündete er die Entwicklung eines neuen sensationellen Finanzproduktes, bei dem aber nur diejenigen zum Zuge kämen, die jetzt auf Rückzahlungsforderungen verzichteten. Innerhalb seines Unternehmens lebte Madoff bis zuletzt in einer Scheinwelt. Noch zwei Tage vor seiner Verhaftung stieß er mit seinen Mitarbeitern auf ein erfolgreiches Jahr an – da war schon der letzte große Fonds mit 500 Millionen Dollar zusammengebrochen …

Ohne Zweifel war Madoffs Darstellung als erfolgreicher Unternehmer mustergültig. In allen Ratgebern für innovative Entrepreneurs heißt es, der Unternehmer müsse seine Vision überzeugend präsentieren, um Investoren, Kreditgeber, Kunden zu gewinnen, er solle Profite und Wertschöpfungsmärchen in Aussicht stellen, seine Weitsicht, Zuversicht, Intelligenz, Erfahrung und Vernetzung demonstrieren. Sein Publikum müsse den Eindruck erhalten, hier sei ein Pionier der wirtschaftlichen Evolution am Werk, hier könne man als einer der Ersten an einem »Zukunftsmarkt« teilhaben und frühzeitig hohe Profite machen. Auch unkonventionelles Denken, Aussehen, Kommunizieren und eine Spur Extravaganz könnten diesem Ziel förderlich sein. Ein Beispiel hierfür ist »Dr.« Refaat El-Sayed, der als Präsident der schwedischen Biotec-Firma Fermenta in den 1980er Jahren zahlreiche Firmen und Kreditgeber schädigte. Der aus Ägypten stammende Entrepreneur sprach schnell, mit starkem Akzent, bruchstückhaft, unzusammenhängend, jonglierte mit Zahlen und Daten, signalisierte gleichzeitig Wärme und Großzügigkeit, zeigte Einfühlungsvermögen und suggestive Fähigkeiten, kurzum: Er war in der kühlen, seriösen schwedischen Geschäftswelt ein absoluter Außenseiter, dem bald »geniale« Geldvermehrungsfähigkeiten attestiert wurden. Tatsächlich war der hohe Aktienpreis für Fermenta Ergebnis seiner Manipulationen, viele Transaktionen und Kapitaleinlagen hatte El-Sayed fingiert, ein fiktiver Doktortitel wurde ihm schließlich zum Verhängnis.

Dabei liegt es in der Natur der Sache, dass nicht immer von Anfang an klar ist, welches Geschäftsgebaren legal und welches illegal ist.[1] Der Begriff der»strukturellen Unmoral« im Wirtschaftsleben bezeichnet die Tatsache, dass oftmals Erfolg oder Misserfolg über die Zulässigkeit bestimmter Methoden entscheidet. Riskantes, spekulatives kaufmännisches Verhalten wird erst im Fall der Insolvenz zur kriminellen Handlung und zum Wirtschaftsskandal. Gelingt die Transaktion hingegen, wird der Hasardeur und Finanzjongleur von der Öffentlichkeit und vor allem von den Profiteuren als »genialer« Stratege gefeiert. Zum Beispiel Eddy Groves, der Gründer der australischen Kindergartenkette ABC Developmental Learning Centres. Groves galt als *die* Unternehmerikone des fünften Kontinents. Was ist bewundernswerter, als ein wirtschaftlich erfolgreiches Konzept zur Betreuung und Ausbildung der nächsten Generation zu entwerfen? Der »schnelle Eddy« mit seinen Straußenlederstiefeln, Helikoptern und seiner Privat-Cessna investierte mit ABC erfolgreich in die Zukunft Australiens – so schien es. Denn das Unternehmen, das zuletzt 120 000 Kleinkinder betreute und 16 000 Mitarbeiter beschäftigte, brach urplötzlich zusammen. Unbemerkt hatte die staatlich geförderte Kindergartengruppe seit Jahren Verluste von umgerechnet 370 Millionen Euro aufgehäuft. Der Erfolg der Learning Centres war reine Fiktion.

Geschäftstüchtigkeit, taktischer Bluff und Risikobereitschaft (allesamt weithin bewunderte Eigenschaften von Unternehmern und Führungskräften) können also jäh in Täuschung und Betrug umschlagen, nämlich dann, wenn die Zahl der Verlierer gewagter Transaktionen zu groß wird (bzw. wichtige Personen zu den Betroffenen zählen). Viele Opfer von betrügerischen Spekulationen und Kreditschwindlern werden mit ihren eigenen Methoden, mit ihrer eigenen

Denkweise angelockt, geblendet und schließlich abgekocht. Zugespitzt formulierte es Abraham Zaleznik, emeritierter Professor der Harvard Business School: »Wenn wir den Entrepreneur verstehen wollen, sollten wir auf den jugendlichen Straftäter schauen.«

Ein amputierter Hasardeur

Die große Stunde schlägt den hochstapelnden Unternehmern in Zeiten des Umbruchs, der Krise, der beschleunigten Innovation. Dies verbindet den klassischen Hochstapler aus der ersten Hälfte des 20. Jahrhunderts mit dem entfesselten Entrepreneur der Gegenwart. Den Übergang zwischen beiden Betrügertypen markiert beispielhaft Robert Richard Seeger, ein alerter Aufsteiger der »Stunde Null«. Heute gänzlich vergessen, war er in der frühen Bundesrepublik ein prominenter Geschäftsmann. Schon als Kind war Pitt, wie Seeger von allen genannt wurde, vom Glamour der Filmbranche fasziniert. Doch immer wieder kam er mit den Behörden in Konflikt, landete mal im Erziehungsheim, mal im Gefängnis. Am Ende des Krieges gelang Pitt ein Meisterstück des Bluffs, indem er sich als hochdekorierter Major der Panzerwaffe a. D. »Dr. Karl-Peter Hartl« und mehrfach amputierter Kriegsinvalide eine Führungsposition im »Volkssturm« erschwindelte. Meisterhaft allein muss schon die Fortbewegung des Hochstaplers gewesen sein, denn »Dr. Hartl« fehlte sowohl der linke Arm als auch das linke Bein. Er flog auf, als er in den letzten Kriegstagen im Überschwang versuchte, den NS-Chefideologen Alfred Rosenberg einzuziehen und an die bröckelnde Front zu schicken. Nach der Festnahme folgte die Verurteilung zum Tode und der (dementsprechend vorläufige) Dienst in der Strafdivision 999 – mit vollzähligen Gliedmaßen, versteht sich. Wahr ist, dass Pitt nach der Kapitulation in amerikanische Gefangenschaft geriet. Dort erzählte er von seinem Coup mit Rosenberg so überzeugend, dass der Befehlshaber des Lagers ihn beförderte und zeitweilig in den Dienst der Amerikaner stellte.

Wie ungefähr 100 000 weitere Deutsche nutzte Pitt die Gelegenheit des Totalzusammenbruchs, um sich eine neue Identität zuzulegen und in der Bundesrepublik eine von der Vergangenheit unbelastete Karriere zu machen. Nur war er in dieser Beziehung besonders erfinderisch – denn seine Vita als »lebender Hauptmann von Köpenick« war ihrerseits purer Schwindel. Doch brachte er sie so gekonnt in Umlauf, dass sich die Legende über Jahrzehnte hielt. Damit dürfte er einer der wenigen, wenn nicht der einzige sein, der sich eine Legende als überführter Hochstapler zulegte. Im Jargon des heutigen Personalmanagements würde man das vermutlich als besonders originelle Form des »Personal Branding« bezeichnen. Noch im Jahr 1945 gründete Seeger eine eigene Zeitschrift – *Pitts private Künstlerpost,* in der er neben lauter Klatschgeschichten auch seine eigenen Legenden verbreitete. Nach ein paar krummen Dingern landete er mal wieder hinter Gittern, konnte aber fliehen und arbeitete unter dem Namen »Peter Bauer« als Klatschreporter für die *Badischen Neuesten Nachrichten.* Ein paar lokale Kinofürsten bequatschte er, Karlsruhe zur deutschen Filmstadt Nummer eins zu machen, zum neuen Babelsberg, denn Pitt wollte unbedingt selbst Filme drehen. Doch in der kleinen Universitätsstadt Göttingen war man schneller, so dass nun dort für einige Jahre mit der Produktion von Heinz-Erhard-Komödien Geld verdient wurde. Seeger jedoch gingen die Ideen nicht aus.

Ohne das Geringste davon zu verstehen, zog er 1946 eine Hühnerfarm auf. Mit gefälschten und ergaunerten Papieren firmierte Seeger alias Bauer jetzt als Verfolgter des Naziregimes und geflohener Geflügelzüchter aus Königsberg. Mithilfe seines guten Drahts zu einem amerikanischen Colonel zockte er diversen Bauern in Baden-Württemberg Hühner ab und war alsbald Geflügelfarmer. Schwarzmarktgeschäfte brachten ihm allerdings einige Schulden ein, aus denen er sich mit einer neuen grandiosen Idee befreien wollte. Pitt beabsichtigte nun die Gründung eines Großhotels, ein frühes »Spa-Resort«, dessen Motto niemand besser formulieren konnte als einer wie Seeger, der immer wieder seine Identität wechselte: »Ferien vom Ich«.

Bundesweit bekannt wurde Seeger, als er 1947 in Frankfurt ein Exklusivinterview mit Rita Hayworth ergatterte. Die Diva absolvierte einen Truppenbesuch und sang für die Soldaten. Mit Tricks und tropfenden Augen gelangte er in den komplett abgeriegelten Palmengarten, überredete die diensthabende amerikanische Majorin, nachdem er entdeckt worden war, und handelte sogar aus, nach dem Interview wieder als freier Mann vom Gelände zu kommen, schließlich wurde nach »General Pitt« nach wie vor gefahndet. Die Majorin hatte Sinn fürs Showbusiness und verlangte von Seeger, das Gespräch auf der Bühne zu führen. In holprigstem Englisch kam etwas zustande, das man nur sehr entfernt als Interview interpretieren konnte, doch ein kurzes Duett mit »Miss Dynamite« (»You are my Sunshine«) und ein Kuss der Hollywoodschauspielerin vor der Presse machten Seeger zum Starreporter. Nun arbeitete er eine Weile für eine Illustrierte, und eine Reportage über den »Wunderheiler« Bruno Gröning brachte ihn später auf die Idee, diesen zu managen.

Gröning finanzierte sich durch Spenden und veranstaltete in Anwesenheit von Journalisten regelrechte Massenheilungen. Das Geschäft der beiden Partner brummte, bis sich die Stimmung gegen den Wunderdoktor wendete. Als ein kleines Mädchen 1950 an Tuberkulose starb, weil dessen Eltern die Behandlung durch richtige Ärzte verweigert und stattdessen alle Hoffnungen auf Gröning gesetzt hatten, war es mit dem Spuk vorbei. Seeger landete wieder für eine Weile hinter Gittern.

Noch im Gefängnis besorgte er sich via Korrespondenz mit einer wohlhabenden Dame ein Darlehen, um direkt nach der Entlassung wieder durchzustarten – diesmal als Fotograf der Adligen, Schönen und Mächtigen. Zu seinen weiteren Geschäftsaktivitäten zählten eine bald insolvente Kneipe in München und eine Chinchilla-Farm. Obwohl er im Pelztierhandel und in der Pelztierzucht gänzlich unerfahren war – wie zuvor in der Geflügelzucht –, akquirierte er Gelder von seinen prominenten Bekannten. Die übernahmen Patenschaften für die kostspieligen Tiere, die sich durch Zucht und Verkauf amortisieren sollten. Pitt versprach ihnen jährliche Renditen von bis zu 400 Prozent. Allerdings vergab der umtriebige Geschäftsmann für jedes Tier mehrere Patenschaften. In einer monatlichen Kundenpostille prahlte er von seiner »größten und modernsten Chinchilla-Farm Europas«, doch die anfälligen Nager starben ihm weg, bevor sie sich nennenswert vermehren konnten.

Schließlich trat Seeger die Flucht nach vorn an und verfolgte in seiner irrlichternden Kreativität eine neue Geschäftsidee. Er plante, lange bevor in Ost-Berlin der Fernsehturm mit seinen stattlichen 368 Metern gebaut wurde, einen Münchner »Alpenturm« mit 325 Metern Höhe und gründete eine Projektgesellschaft. Wieder einmal ging er auf Investorenfang, mit einigem Erfolg. Die Gelder verbrauchte er allerdings zunächst einmal zur Pflege seines aufwändigen Lebensstils. Eine Pressekonferenz brachte das Projekt auf die ersten Seiten der Zeitungen, Professoren der TU München hatten bereits Modelle gebaut, selbst Oberbürgermeister Hans-Jochen Vogel (SPD) war von der Idee angetan. Vier Jahre später beschloss der Stadtrat allerdings, das Projekt selbst in die Hand zu nehmen, womit Seeger aus dem Spiel war. Nach einem rastlosen Unternehmerleben mit hunderten von Geschäftsideen und Projekten war er mit 48 Jahren ausgebrannt und wurde zum Sozialfall – nun brauchte er »Ferien vom Ich« oder eher: von seinen zahlreichen Ichs. Fast scheint es, dass der Nachkriegs-Selfmademan Seeger unser Zeitalter der permanenten Selbsterfindung und Selbstvermarktung vorweggenommen hat.

»No risk, no fun«

Heute gibt es unzählige Businessratgeber, um rasendes Entrepreneurship in mehr oder weniger kultivierte Bahnen zu lenken. Um eines zu verstehen, braucht man allerdings keinen Expertenrat: Am Anfang einer großen Unternehmer- oder Betrügerkarriere steht fast immer die Aufnahme eines Kredits. Ob es um ein IT-Unternehmen, ein Nagelstudio oder eine Dönerbude geht – alle Gründer wissen davon ein Lied zu singen. Der einst kleine Finanzmakler aus Brooklyn, Bernard Madoff, hatte seinerzeit das Glück, dass ihm sein Schwiegervater Startkapital und eine Liste potenzieller Kunden zukommen ließ.

Für alle anderen, die keine entsprechenden persönlichen Verbindungen haben, bleiben die Banken, und die sind gegenüber Neugründungen oft skeptisch, weil viele junge Unternehmen nach kurzer Zeit wieder eingehen. Vor allem gegenüber bestimmten Branchen (im Bankerjargon »BMW« = Bäcker, Metzger, Wirte bzw. Beauty, Mode, Wellness) bestehen große Vorbehalte. Nicht selten suchen verzweifelte Kreditbedürftige nach Alternativen und gehen Betrügern auf dem Leim, die sich als Versicherungsvertreter, Banker oder Finanzberater ausgeben. Ganz schnell kann dann das Gründerdasein schon zu Ende sein, bevor es überhaupt angefangen hat.

So schlimm muss es aber nicht kommen, meinen gutgelaunte Gründer-Ratgeber mit Titeln wie *No risk no fun*. Denn wenn es aus irgendwelchen Gründen mit dem Kredit hapert, kommt die persönliche Ausstrahlung ins Spiel: »Der mögliche Kreditnehmer muss seine Vision leben«, sagen die Unternehmensberater und Coaches unisono. Erstaunlicherweise darf diese Vision auch ein wenig überdreht sein. Eine gewisse Verrücktheit könne die Kreditgeber durchaus überzeugen.

Die Wirtschaftsgeschichte kennt den Typus des Business-Guerillero – der Autodidakt und Quereinsteiger als neuer Held des Unternehmertums. Immer wieder werden anfänglich belächelte Außenseiter gefeiert, die ganze Branchen revolutioniert und schließlich gewaltige Gewinne gemacht haben, so beispielsweise Jeff Bezos mit Amazon oder Mark Zuckerberg mit Facebook. Hochstapler, Spinner oder Visionär? Diese Frage ist heutzutage auch deshalb so schwer zu beantworten, weil die »Wirklichkeiten« in der modernen Industrie- und Wissensgesellschaft mitunter rasch wechseln. Traditionelle, seit langem eingeführte Produktionsprozesse oder Materialien werden durch neue Verfahren innerhalb kürzester Frist ersetzt. Unter dem Begriff »Disruptive Technology« versucht man zu fassen, dass Produktionsprozesse und ganze Branchen quasi über Nacht revolutioniert werden können. Wie kann man also sicher sein, dass es sich bei manchem patenten Jungspund oder zerstreuten Erfinder nicht doch um einen Mann der Zukunft handelt?

Überflieger

So dachte man einst auch von Lars Windhorst. Er begann sein Unternehmerdasein im zarten Alter von vierzehn Jahren, die Schule brach er mit sechzehn ab, um sich ganz dem Business zu widmen. Sein Geschäftsfeld war das Bauen und Verkaufen von Computern. Windhorst verhandelte direkt mit Herstellern in Fernost und gründete gemeinsam mit einem chinesischen Geschäftsmann die Windhorst Electronics GmbH. Dies ermöglichte es ihm, seine Produkte zu besonders günstigen Preisen anzubieten. Windhorst wurde daraufhin als junger Vorzeigeunternehmer und Junge-Union-Mitglied zum allgegenwärtigen Medienstar. Er galt als Vorbild für Selbstinitiative und jugendliche Erfindungsgabe. Bundeskanzler Helmut Kohl nahm den Kinderstar der Marktwirtschaft sogar in seiner Wirtschaftsdelegation anlässlich einer Asienreise mit. 1995 meldete die international operierende Windhorst-Gruppe einen Umsatz von 180 Millionen Mark, der Firmengründer verkehrte mit hochrangigen Personen aus Wirtschaft, Politik und Show-Business wie Michael Douglas (alias Gordon Gecko in *Wall Street*). Douglas kam sogar zu Windhorsts Büroeröffnung in Berlin, plauderte Stunden mit seinem »Freund Lars«.

Im Jahr 2001 geriet die Windhorst-Gruppe allerdings in eine dramatische Schieflage. Krisen in der IT-Branche und eine Reihe drastischer Fehlentscheidungen trieben den Jungstar mit 72 Millionen Euro in die private Insolvenz. Er bekam nun weder eine Kreditkarte noch ein Konto oder einen Mobiltelefonvertrag, stand – nach eigenem Bekunden – vor dem Nichts. Im Rückblick machte er instabile Strukturen in seinem Unternehmen dafür verantwortlich, vor allem »den Kult um meine Person«. Dieser Kult war auch nach seinem Absturz keineswegs entzaubert. Nur so lässt sich erklären, dass er seine Gläubiger mit einer lächerlichen geringen Abfindungssumme von 1,6 Millionen Euro abspeisen und bei einem seiner ehemaligen Geldgeber als Manager anheuern konnte, anschließend mit Freenet Millionen verdiente und bei Air Berlin als größter Einzelaktionär einstieg.

In den Folgejahren wechselten aufsehenerregende Erfolge und Fehlschläge einander ab, doch offensichtlich schaffte er es immer wieder, alte und neue Geschäftspartner von seinen »Qualitäten« zu überzeugen. Schließlich wurde er doch mit zahlreichen Verfahren wegen Betrugs und Insolvenzverschleppung konfrontiert, die im Dezember 2009 gegen hohe Geldauflagen eingestellt wurden. Ende 2010 wurde Windhorst dann wegen Veruntreuung von rund 930 000 Euro zu einer Bewährungsstrafe von einem Jahr verurteilt und musste 108 000 Euro Geldstrafe zahlen.

War und ist er ein allseits überschätzter Hochstapler? Oder ein hochflexibler Geschäftsmann, der in der Krise der New Economy einfach Pech gehabt hat, aber es schafft, immer wieder auf die Beine zu kommen? Genie oder Gernegroß?

Diese Frage stellte sich auch bei dem jungen Liechtensteiner Mario Ritter. Der damals 22-jährige Luftfahrtbegeisterte sorgte 2002 mit seinem Projekt einer neuen Schweizer Airline für Aufsehen. »Air Switzerland« sollte von Zürich und Bern mit Airbus-Maschinen zu Langstreckenflügen nach Asien, Afrika und Amerika abheben. Nach dem demütigenden Grounding der einst soliden Swissair und dem Konkurs der Berner Swisswings war die Schweizer Luftfahrt reif für neue Hoffnungen. Die großspurig auftretende »Mario Ritter Group« ließ auf allen Ebenen die Triebwerke warm laufen, stellte bereits vor der staatlichen Betriebsbewilligung Personal ein – 220 Techniker, Piloten und Flugbegleiterinnen, von denen manche zuvor bei der Swissair beschäftigt waren. Ein in den neuen Farben der Air Switzerland lackierter Flieger wurde zu PR-Zwecken auf dem Vorfeld des Zürcher Flughafens aufgestellt; Journalisten bekamen A340-Simulatoren mit Air-Switzerland-Logo zu sehen; für über 14000 Euro im Monat engagierte Ritter eine PR-Firma, die auf Seiten der Presse für gute Stimmung sorgen sollte. Der Haken bei der Sache: Die Betriebsbewilligung des Schweizer Bundesamtes für Zivilluftfahrt wird nur vergeben, wenn die neue Airline den Betrieb (auch ohne eigene Einnahmen) mindestens drei Monate lang gewährleisten kann. Dazu wären zusätzliche fünf Millionen Euro notwendig gewesen, die Ritter allerdings nicht auftreiben konnte.

Der Traum war geplatzt, noch bevor ein einziger Jet mit Passagieren gestartet war, und im Rückblick erscheint der junge Unternehmer wie ein Hochstapler, der lauter Pappkulissen für Investoren hatte errichten lassen. Wäre die Air Switzerland jedoch abgehoben und hätte sich am Markt behauptet, würde Ritter heute als hochdotierter Gastredner und Ehrendoktor an Business-Schools und Universitäten herumgereicht. Stattdessen läuft sein Straf- und Konkursverfahren noch immer. Ritter war zwischenzeitlich auch noch wegen Bigamie angeklagt worden. Er soll bei seiner Hochzeit im Jahr 2006 eine zwei Jahre zuvor in Dubai geschlossene Ehe verschwiegen haben – ein Vergehen, das im Fürstentum Liechtenstein mit bis zu drei Jahren Freiheitsstrafe geahndet wird. Als offiziellen Wohnort gab er »1111 Dubai, Postfach« an, was es seinen Gläubigern nicht leichter machen dürfte.

Statt Air Switzerland gibt es heute unter dem Namen Swiss eine Neuauflage der traditionsreichen Swissair – allerdings als Tochterunternehmen der deutschen Lufthansa. Von Seiten des deutschen Managements wird aber alles Erdenkliche getan, damit sich die Fluggäste aus der Schweiz bei »ihrer« Airline auch heimisch fühlen – bis hin zum Schwyzerdütsch des Bordpersonals. »Swissness« als süße Illusion: Wer möchte bestreiten, dass es auch für manch echtes Geschäft einer Maskerade bedarf?

Die Finanzmagier und ihr Betriebsgeheimnis

Seit weit mehr als hundert Jahren funktioniert der immer gleiche Trick, mit dem Bernard Madoff seine Legende als Finanzgenie etablierte. Mit dem Versprechen riesiger Zinsen werden Gelder akquiriert. Diese Investments werden jedoch nicht gewinnbringend angelegt, sondern zur Finanzierung eines luxuriösen Lebenstils (der dann weiteren Geldgebern als Beweis des eigenen Erfolgs vorgelebt wird) und zur Auszahlung der ersten Anleger verwendet. Im englischsprachigen Raum ist diese Masche als »Ponzi-Schema« geläufig, benannt nach dem aus Italien stammenden Einwanderer Charles Ponzi, der Anfang des 20. Jahrhunderts mit weniger als drei Dollar nach New York kam und mit diesem Prinzip in kurzer Zeit Millionenbeträge ergaunerte. Damals wie heute hilft die gute alte Mund-zu-Mund-Propaganda im Bekanntenkreis der Anleger, die von ihren Gewinnen schwärmen und so immer neue Geldgeber anziehen. Sie wollen auch so leben wie das »Finanzgenie« und so spielend Geld verdienen wie die bereits ausgezahlten Investoren, die ihrerseits noch größere Summen nachschieben.

Der betrügerische Finanzjongleur muss darauf achten, dass der Geldzufluss durch die zweite und die dritte Welle der Anleger stets größer ist als der Abfluss an die erste Welle, vor allem aber darauf, dass nicht zu viele Anleger zur gleichen Zeit ausbezahlt werden. Daher wird er seine Investoren stets individuell vertrösten, beschwichtigen, mit Teilauszahlungen ruhigstellen, notfalls immer neue Kredite aufnehmen, um die Balance möglichst lange zu halten.

Der Hochstapler Jürgen Harksen täuschte misstrauisch gewordene Anleger mit einem wie beiläufig im Gespräch vorgezeigten Bescheid vom Finanzamt über 200 Millionen D-Mark zu zahlende Steuern auf ein Jahreseinkommen von 450 Millionen D-Mark.[2] Um Anleger zu vertrösten, gab er außerdem an, das Geld sei in Skandinavien wegen eines Steuerrechtsstreits blockiert, das Problem würde sich aber bald lösen. Harksen erleichterte in seiner atemberaubenden Hochstaplerkarriere wohlhabende Hanseaten um gewaltige Millionenbeträge. Unter den Opfern war auch der Musikant und Diplomkaufmann Dieter Bohlen, der eigenen Angaben zufolge drei Millionen D-Mark verlor.[3] Harksen bestritt dies jedoch und bekräftigte stets, er habe Bohlen das Geld samt einer Abfindung von 600000 Mark zurückgegeben. Von einer Strafanzeige Bohlens gegen Harksen hat man auch noch nie gehört.

Harksens Höhenflug begann, als er eine Frau aus gehobenen Kreisen kennen lernte und sie als Erfolgsmensch beeindrucken wollte. Seine Sprachgewandtheit, schnelle Auffassungsgabe und Lernbereitschaft, die intuitive und spontane Nachahmungsfähigkeit der Sitten in der hanseatischen Upperclass – das war das Erfolgsrezept des einstigen Gelegenheitsarbeiters.

So wie Künstler, Autoren, Schauspieler und Dramaturgen wissen Hochstapler vom Typ Harksen, wie man beim Publikum Illusionen erzeugt und überzeugend ausschmückt. Sie erkennen ihr Zielpublikum, arbeiten mit seinen Sehnsüchten und Mentalitäten, liefern passgenau Märchen und Erbauliches. Dabei wird der Hochstapler zum Getriebenen seiner eigenen Illusion. Der Erfolg wirkt stimulierend und zwingend zugleich, denn die an ihn herangetragenen Erwartungen werden immer massiver. Die betrügerische Schneeballmethode stellte gewissermaßen die technische Grundlage für Harksens fantastische Verführungen seines Publikums dar.

Eine Anekdote gibt einen guten Einblick in die Technik des Betrügers: Auf Bitten eines seiner Anleger nahm der Hochstapler den Finanzvorstand eines der größten Versicherungskonzerne der Welt in seinem Privatflieger auf dem Weg nach Ibiza mit, bat aber darum, auf dem Flug nicht angesprochen zu werden. »Ich möchte in Ruhe meine Frikadellen essen und mein Glas Wein trinken.« Keine Stunde verging und die vermögenden Bordgäste kamen zu Harksen, um sich ihm als investitionswillige Kunden zu präsentieren. Harksen aber bestand auf dem von ihm selbst geschaffenen Rahmen der Exklusivität, winkte ab und signalisierte auf diese Art: »Ich habe einfach keine Lust. Ich möchte euer

Geld *jetzt* nicht.« Das zog die hart gekochten Geschäftsleute erst recht in den Bann des Hochstaplers. Nachdem sie noch während des Fluges mehrmals insistiert hatten, bot Harksen ihnen ein ganz exklusives Investment an. Er plane zum Jahreswechsel 1999/2000 einen Flug zum Mond und stehe diesbezüglich schon mit großen Firmen in Verhandlung. Mit den Rechten an der Berichterstattung und der Live-Übertragung von der Reise würde man über 500 Millionen Dollar Gewinn machen. Zehn Personen hätten in dem umgebauten Spaceshuttle Platz und ein Ticket koste fünf Millionen Dollar. »Wir sind auf jeden Fall dabei«, soll der Finanzvorstand nach Aussage Harksens geantwortet haben, der – wie er später behauptete – mit dieser hanebüchenen Geschichte die Interessenten eigentlich nur durch den Kakao ziehen wollte. Harksen war überrascht, dass sie selbst eine Reise zum Mond als Investmentoption schluckten. »Jeder hätte wissen müssen, das kann nichts sein. Eine Anfrage bei der NASA, und man hätte herausfinden können: Es ist Kasperletheater.«[4] Kasperl Jürgen Harksen hat seine Haftstrafe inzwischen abgesessen und suchte und fand, noch immer gut gelaunt und zu Späßen aufgelegt, den Abgang nach Mallorca. Dort firmierte er auch schon als »Sommelier«, verkündete er selbst in der deutschsprachigen *Mallorca Zeitung*.[5]

Der Aufsteiger Harksen und die gutsituierten Hanseaten: ein Beispiel für das Bündnis von Hochstapler/Künstler und Publikum/Fans. Im Theater der Illusionen brauchen beide einander. Nicht von ungefähr zeigen viele Hochstapler auch eine musische Begabung; sie dichten und schreiben, zum Teil in Haft und danach, sie verfassen Autobiografien, wie Harksen oder Postel, teilweise sogar Theaterstücke. Autor und professioneller Bluffer gehen nach dem gleichen Muster vor: Zunächst erfinden sie eine Rahmenhandlung, eine Story, dann malen sie Schritt für Schritt die Details aus – und variieren sie je nach Zuhörer und Situation. Die Eckdaten ihrer Story wiederholen sie so lange, bis sie selbst fest daran glauben. Dichter und Schauspieler besäßen gegenüber dem Hochstapler jedoch das glückliche Los, dass sie ihre Fantasien in ihrem künstlerischen Fach ausleben könnten, während der Hochstapler mit seinen Gaben unglücklicherweise ins Leben trete und dadurch zum Verbrecher werde, stellte der Zürcher Hochstaplerspezialist Georg Franz von Cleric schon in den 1920er Jahren fest. Die schauspielerische Begabung stand auch bei den Vorläufern von Madoff, Harksen und ihren Bluff-Kollegen im Vordergrund. Genauer gesagt waren es Vorläuferinnen – begabte Schwindlerinnen, die am Ende des 19. Jahrhunderts die Bühne betraten.

»Sie log, wie ein Vogel singt«

Charles Ponzi ist eigentlich zu Unrecht der Namenspate für das beliebteste Geschäftsmodell der Finanzschwindler geworden. Dieser zweifelhafte Ruhm gebührt im Grunde einer kleinen, unscheinbaren Französin, die aus einfachen Verhältnissen stammte und das Schneeballsystem bereits vor über hundert Jahren und vor Ponzi zu einer frühen Perfektion trieb. Ganz nebenbei brachte sie sogar durch ihre Geschäfte Frankreich an den Rand einer Staatskrise.

Zeitzeugen beschrieben staunend die nie versiegende Erfindungsgabe von Thérèse Humbert. Sie verband, so ihre Biografin Hilary Spurling, die psychologische Subtilität eines erfahrenen Mimen mit dem erzählerischen Überschwang eines Romanciers. Legendär ihre Fähigkeit, die Menschen zu manipulieren: »Was ihr ihre Kraft gab, war die erstaunliche, nie versiegende Erfindungsgabe [...] und vor allem ihre einmalige, unübertreffliche Dreistigkeit! Sie bat einen auf so natürliche Art um die absurdesten Gefälligkeiten, dass man sie als etwas ganz Natürliches akzeptierte.« Thérèse stellte sich als verhinderte Erbin eines Millionenvermögens, eines (nur in ihrer Fantasie existierenden) »Château de Marcotte« und einer (nicht minder fiktiven) portugiesischen Korkeichenplantage dar. Die Fantasie einer überraschenden Erbschaft war seit dem 19. Jahrhundert sehr verbreitet, der sprichwörtliche reiche Onkel aus Amerika wurde zur Wunschfigur. Thérèse heiratete den schüchternen Frédéric, Spross ihres Onkels Gustave Humbert, der wie der Sohn Jurist war und als progressiver Politiker eine steile Karriere in Paris machte. In Zusammenarbeit mit den beiden Rechtskundigen erfand Thérèse einen amerikanischen Millionär namens Robert Henry Crawford, der als Liebhaber der Mutter seine uneheliche Tochter – eben Thérèse – als Universalerbin seines immensen Vermögens eingesetzt habe. Die Rede war von 100 Millionen Francs, umgerechnet 300 Millionen Euro.

»Vor einer solchen Summe zogen die Leute den Hut wie vor der Cheops-Pyramide, und ihre Bewunderung vernebelte ihnen den Blick«, notierte eine Zeitzeugin. Der Clou der Legende aber war, dass die Erbschaft von den ebenfalls imaginären Neffen des Verstorbenen angefochten wurde und man deshalb in langen Verhandlungen um die Auszahlung ringen musste. Eine »Vereinbarung« mit den fiktiven Herren sah vor, dass die beiden das gesamte Vermögen Madame Humbert anvertrauten, allerdings unter der Bedingung, dass es bis zur Beilegung des Rechtsstreits unversehrt bleibe. Den angeblichen Schatz hütete Thérèse in einem großen Tresor.

Schließlich wurde ein reales Gerichtsverfahren um die Rechtsgültigkeit der Testamente angestrengt – wohlgemerkt von den imaginären Crawford-Neffen, die nie selbst vor Gericht erschienen, sondern durch Anwälte vertreten wurden – alles inszeniert von Thérèse und ihrem Clan. Auf dem Höhepunkt ihrer Karriere belief sich die Summe des von Thérèse geliehenen Geldes auf umgerechnet 150 Millionen Euro. Drängte einer der Gläubiger auf die Rückzahlung eines Darlehens, gelang es ihr durch die Bewilligung jedes noch so abstrusen Zinssatzes über viele Jahre, neue Gläubiger zu gewinnen.

Natürlich wies Thérèses Leben ungeachtet ihrer guten Verbindungen und des genüsslich inszenierten Pomps seine Schattenseiten auf. Nicht jeder Gläubiger wollte sich auf unbestimmte Zeit vertrösten lassen. Für diese Fälle war ihr Bruder Romain zuständig, der einen ausgeprägten Hang zu brutaler Gewaltanwendung hatte und es gut verstand, Lieferanten und Kreditgeber einzuschüchtern. Nichtsdestotrotz kam es mehr als einmal zu brenzligen Situationen. So sprach etwa die erboste Ehefrau eines ruinierten Gläubigers bei Madame vor, zückte rasend vor Wut einen Revolver und feuerte auf die Hochstaplerin.

Als eine der Hauptgläubiger der Humberts, die Banque Girard, vor dem Konkurs stand, sprach deren Präsident Paul Girard bei Thérèse vor, um den drohenden Ruin seines Hauses doch noch abzuwenden. Doch Thérèse wollte (und konnte) die Millionenkredite nicht zurückzahlen. In seiner Verzweiflung zückte der Banker eine Pistole und schoss auf Madame – allerdings zielte er in diesem Fall ebenso schlecht wie bei der Auswahl seiner Kreditnehmer und verfehlte sie. Girard flüchtete in sein Büro und gab sich schließlich selbst die Kugel. Nachdem sich der Chef der Schnapsbrennerei Schotmann et fils aus Lille nach einem gewährten Kredit von zwei Millionen Francs weigerte, der Familie Humbert einen weiteren Kredit in Höhe von sieben Millionen Francs zu gewähren, wurde die Leiche von Paul Schotmann in einem Eisenbahnwaggon zwischen Douai und Lille entdeckt. War hier Romain zum Einsatz gekommen? Vermutlich. Jean, der Bruder des Toten, gewährte den Humberts schließlich den Kredit, obwohl er – wie schon so viele vor ihm – in der festen Absicht zu Thérèse gekommen war, nicht einen einzigen Sou mehr zu zahlen.

Das Glück, das die Finanzblenderin so viele Jahre für sich gepachtet zu haben schien, verabschiedete sich, als der Chefkonstrukteur der Bluffmaschinerie, Thérèses Schwiegervater, starb. Der Prozess um den Konkurs der Banque Girard ging 1902 in die letzte Instanz und führte schließlich dazu, dass der größte Schwindel des Jahrhunderts aufflog.

Der Zusammenbruch von Thérèses Scheinimperium am 9. Mai 1902 riss zahlreiche Gläubiger in den Ruin, tausende Kleinanleger verloren ihre Lebensersparnisse, und in den hohen Ämtern der Republik kam es zu einer ganzen Reihe von Rücktritten.

Während einige Investoren angesichts ihrer verlorenen Millionen ihre irdische Existenz beendeten, zeigte sich die Regierung trotz einer heftigen Schlammschlacht im französischen Parlament aus eigenem Interesse bemüht, den Schaden zu begrenzen. Staatsanwaltschaft und Verteidigung einigten sich schon vor dem Prozessauftakt, die Akten nicht zu genau studieren zu wollen. Bettelbriefe und Dankschreiben prominenter Politiker an Thérèse blieben so unter Verschluss.

Im Prozess fiel alles Charisma von der Hochstaplerin ab, wie eine Theaterrolle legte sie ihre suggestiven Fähigkeiten ab und wirkte blass und gewöhnlich.

Im Fall von Adele Spitzeder, einer Zeitgenossin Thérèse Humberts, wurde sogar eine richtige Schauspielerin mit dem Schneeballsystem reich. Die 1832 geborene Aktrice hatte sich nach erfolglosen Wanderjahren mittellos und etwas heruntergekommen im Münchner Gasthof »Goldener Stern« einquartiert und hier die Rolle ihres Lebens gefunden. Sie lockte ihre Anleger mit unwiderstehlichen Traumrenditen: 16 Prozent Zinsen bar auf die Hand für zwei Monate in Voraus, ein dritter Monatszins wurde dem angelegten Kapital zugeschlagen. Niemand nahm Anstoß daran, dass diese Geldgeschäfte in Hotelzimmern stattfanden und dass Frau Spitzeders Herkunft und Finanzexpertise völlig unklar blieben – solange sie die angelegten Gelder plus Zinsen pünktlich zurückzahlte. Die Traumrenditen sprachen sich schnell herum, und bald zählten die wohlhabenden Bauern aus dem Dachauer Umland zu ihren Kunden. 1871 eröffnete Frau Spitzeder in der Dienerstraße die »Dachauer Bank« und bezog selbst eine Villa mit livriertem Dienstpersonal. Innerhalb von drei Jahren wurde sie zur Multimillionärin und kaufte allein in München sechzehn Häuser, bis das System auf Betreiben konkurrierender Banken zusammenbrach.

Auch in der Schweiz machte dieses Betrugsmodell bald Schule, wieder mit einer Frau an der Spitze. Lina Mack (geb. 1896) alias von Werthenstein alias Küng stammte aus einer armen Luzerner Familie. Sie heiratete einen Bankangestellten, arbeitete zeitweise selbst in einer Zürcher Bank und konnte sich so einige Grundkenntnisse in Finanzgeschäften aneignen. Obwohl mittellos, unterhielt sie eine Luxuswohnung samt Hausangestellten, denn in den Jahren 1921 bis 1924 agierte sie als vornehme »Frau Direktorin Küng« und akquirierte gewaltige Summen anlagewilliger Bürger mit fantastischen Renditeversprechungen, bis sie 1925 aufflog.

Die Zahl der Hochstapler und Finanzbetrüger wuchs in jenen Jahren in einem Ausmaß, dass auf Seiten der Behörden bereits echte Spezialisten für diese Form der Kriminalität erwuchsen, die sich mit wissenschaftlichem Eifer auf das Psychogramm des Hochstaplers stürzten. So wurde auch Lina Mack zum Anschauungsobjekt des bereits erwähnten Georg Franz von Cleric, der sich seinerzeit als Zürcher Bezirksstaatsanwalt auch einen Namen als Hochstaplerspezialist gemacht hatte: Mack habe nun ein äußerst kokettes Wesen gezeigt und sich bei jeder Gelegenheit krank gestellt. In der Haft sei sie unaufrichtig gewesen und habe Szenen im Arbeitsraum gemacht.

Der Kriminalist wurde übrigens bald selbst Gegenstand der Kriminalgeschichte. Er verschwand im Oktober 1931 spurlos, ohne Gepäck, ohne Tasche, nur mit Spazierstock und Reisepass bewehrt. Das Polizeikommando Zürich suchte ihn in allen Gasthöfen und Grenzübergängen: »Es wird vermutet, daß er infolge nervöser Überreizung und Überarbeitung planlos im Lande umherirrt. Besondere Merkmale: Schmiss an der Stirn, starker Zigarrenraucher, sieht beim Gehen immer auf den Boden.« Die Behörden scheuten nicht einmal davor zurück, einen Hellseher einzuschalten, der gerade mit seiner Show in Zürich gastierte. Dieser versenkte sich vor einem wissenschaftlichen Publikum in Trance und verkündete: »Dieser Mann ist tot. Ich sehe Wasser und Geröll. Nicht weit von hier.« Wenige Tage nach dieser ungewöhnlichen Fahndungsmethode, die man als eines Hochstaplerspezialisten durchaus würdig erachten kann, wurde von Cleric im Greifensee gefunden. Man nahm Selbstmord als Todesursache an und mutmaßte, er habe sich überarbeitet, weil er an einem umfangreichen neuen Lehrbuch für Strafrecht arbeitete. Heute würde man vermutlich diagnostizieren, dass von Cleric das letale Stadium des Burnout-Syndroms erreicht hatte.

Erfolg durch Risikoblindheit

Ob Madoff, Harksen, Humbert oder Mack – die Hochstapler mit magischer Überzeugungskraft verwandeln sich nach ihrer Enttarnung wieder in ganz andere, höchst durchschnittliche oder gar bemitleidenswerte Personen. Diese Metamorphose macht es für Außenstehende, aber auch für die Opfer kaum noch begreifbar, wie sie ihre jeweilige Rolle so glänzend spielen konnten. Die Scham der Geschädigten verstärkt sich, eine Verurteilung des Täters wird erschwert. In manchen Fällen, wie schon bei Thérèse Humbert, finden sich unter den Opfern nicht einmal Nebenkläger für den Prozess. Aber auch diese entwaffnende Mediokrität der zuvor brillierenden Verführer vor Gericht muss als Mittel zum Selbstschutz verstanden werden; eine neue Rolle, die helfen soll, das Strafmaß zu senken, um möglichst bald wieder ein neues Stück als Egoakrobat in Freiheit aufführen zu können.

Das hat natürlich Grenzen. Bekanntlich konnte das hochstapelnde »Finanzgenie« Madoff kaum darauf hoffen, dass man ihm aus Mitleid entgegenkommt – 150 Jahre Haft lassen kaum Spielraum für neue Unternehmungen außerhalb der Gefängnismauern. Doch vielleicht wartet im Knast wenigstens ein neues Tätigkeitsfeld auf ihn? »Die Beobachtungen während des Strafvollzuges und bei der Bewährungskontrolle zeigen, mit welcher Flüssigkeit und Behändigkeit die betrügerischen Persönlichkeiten von einem Gesinnungsgehäuse in das andere schlüpfen können, wie sie aus ihrer betrügerisch illuminierten Innenwelt mit Leichtigkeit in die äußere Wirklichkeit finden und von dort ebenso leicht wieder in die betrügerisch aufgemachte Lebenskulisse zurückgleiten können«, klagte das deutsche Bundeskriminalamt.[6] Der Psychologe Josef Grünberger stellte fest, dass Hochstapler auch in Haft kaum Einsicht zeigen, selbst wenn sie sich unterwürfig geben, denn: »Da die traditionellen Vollzugssysteme auf die Mitarbeit von Strafgefangenen bei der Bewältigung des administrativen Apparates praktisch nicht verzichten können, ergeben sich hier ungünstige Konstellationen.« Mit gespielter Selbstlosigkeit demonstrieren sie eine »Identifikation mit der Anstaltsführung«. Oft dienen sie sich als Gehilfen von Verwaltungsbeamten an und spielen diese gegeneinander aus, um eigene Vorteile daraus zu ziehen. Das Spiel geht für sie also immer weiter. Im Allgemeinen wird Hochstaplern eine schlechte Sozialprognose ausgestellt.

Von Cleric hatte seinerzeit Risikoblindheit als entscheidenden Grund für den Erfolg der Bluff-Spezialisten ausgemacht. Hemmungen und Bedenken entfallen, weil Hochstapler die Gefahren des eigenen Handelns ausblenden und dementsprechend zielsicher, unbefangen und mitreißend agieren. Der echte Hochstapler gibt stets Vollgas und offenbart in vielen Fällen sogar einen unbewussten Wunsch nach Bestrafung und Erlösung vom Druck der selbst gewählten Maske; ein Wunsch, der zu den manchmal unbegreiflich primitiven, aber oft ungeahndet bleibenden Fehlern ansonsten »genialer« Hochstapler führt. Ein Beispiel für diese Form der Selbstenttarnung lieferte ein Hochstapler, der sich im Weserbergland der Nachkriegszeit als »Graf Otto von Schwarzenberg« inszenierte. Eine Zeit lang führte er ein standesgemäßes Leben, bis ihm eine alte Angewohnheit zum Verhängnis wurde: Beim Dinner mit dem echten Grafen des Landstrichs ließ er en passant das Silberbesteck mitgehen. Es folgte ein Gefängnisaufenthalt. Die Zahl seiner Kinder aus der Zeit als Graf blieb unübersichtlich, seine Schulden astronomisch, so dass eine Normalexistenz als Angestellter für den beliebten »Graf Otto« nicht mehr in Frage kam. Wir lernten ihn in unserer Kindheit als schwarzarbeitenden Alleskönner kennen, der allein schon durch seine gewaltige Statur (zumindest den Kindern) Ehrfurcht einflößte, auch wenn er sich nun auf dem harten Boden der Tatsachen bewegen musste.

Es wäre ein allzu billiger Effekt, die exponierten Fälle der Finanzhochstapelei auf die Erfahrungen der jüngsten Vergangenheit zu übertragen. Der Eindruck, dass Finanzinstitute und höchstdotierte Banker nach den gleichen Prinzipien agieren wie Humbert und Co. und ähnliches Suchtverhalten nach noch mehr Rendite und noch waghalsigeren Geschäften zeigen, drängt sich natürlich dennoch auf. Ebenso unverkennbar die Parallele, dass es die betroffenen Staaten trotz negativer Sozialprognose für die Banken bei halbherzigen, aber sehr kostspieligen Domestizierungsversuchen belassen. Uns interessiert hier allerdings mehr, ob das Prinzip der Hochstapelei vom Randphänomen mit pathologisch zwanghaften Akteuren zu einem verbreiteten und unterschwellig goutierten Kodex geworden ist. Sind die spektakulären Hochstaplerfälle nur die Spitze des Eisbergs, sprichwörtlich die

Spitzenleistungen flächendeckender Egoakrobatik, die besonders im forcierten Wettbewerb des Wirtschaftslebens zum Tragen kommt? Werfen wir einmal einen Blick in die Vorstandsetagen ...

Die neuen CEOs

Während unter den Spitzenmanagern, Aufsichtsräten und Vorstandsvorsitzenden früher überwiegend Patriarchen alten Schlags und autoritäre Wirtschaftskapitäne – oftmals noch mit Kriegserfahrung in der Vita – zu finden waren, hat sich heute längst ein narzisstischer Typus im Management verbreitet. Im Gegensatz zu den Unternehmerpersönlichkeiten fällt er besonders durch Eitelkeit, Egomanie und extreme Raffgier auf. Einer, der es wissen muss, der Unternehmer und ehemalige Chef des Metro-Konzerns Erwin Conradi, führt in einem Interview viele dramatische Fehlleistungen in den Vorständen auf diese Eitelkeit und Selbstdarstellungsmanie zurück. Der Narzisst muss immerzu von sich selbst reden, er will permanent gelobt werden und umgibt sich mit einer entsprechenden Entourage.

Der Übergang zum Hochstapler ist bei diesem Typus fließend, zumal die Erwartungshaltung gegenüber den Topmanagern fast schon religiöse Züge trägt. Der einstige Telekom-Häuptling Ron Sommer ließ tief blicken, als er sinnierte: Wer lange genug Vorstandschef eines Großkonzerns ist, glaubt, zwischen ihm und Gott gebe es nichts mehr. Als seien es eher Schamanen als Betriebswirte, sollen sie in kürzester Zeit einen Neubeginn der Firma, eine Aufbaueuphorie, ein neues Vertrauen in Unternehmen und Marke entfachen. Hier zählt meist die große, dynamische Geste, die mit groben Schlägen eine neue Konzernstrategie heraufbeschwört und so die Identität des Konzerns neu erschafft. In Situationen der Umstrukturierung, Fusion oder Privatisierung schlägt Hochstaplern und windigen Managern die große Stunde. Wenn es darum geht, Budgets herunterzufahren, Stellen zu streichen und gewachsene Strukturen zu beseitigen, haben Hochstapler-Manager, die von außen kommen, durchaus Vorteile: Sie können rücksichtslos und skrupellos agieren. Ihre kühnen Entscheidungen werden von den »Stakeholdern« in der Euphorie des Neubeginns als geniale und weit im Voraus antizipierte Schachzüge gedeutet, an deren positiven Effekten man sich alsbald wird erfreuen können; selbst, wenn dieser radikalen Entschlossenheit viele Bauern zum Opfer fallen.

Die amerikanischen Wirtschaftspsychologen Paul Babiak und Robert D. Hare haben in ihrer Studie *Menschenschinder oder Manager. Psychopathen bei der Arbeit* ermittelt, unter Managern sei der Anteil der Personen mit »dissozialer Persönlichkeitsstörung« überdurchschnittlich hoch. Sind derartige, durchaus intelligent, eloquent und ehrgeizig auftretende Psychopathen erst einmal in Führungspositionen gelangt, können sie durch ihre Selbstbezogenheit und Unberechenbarkeit schnell schwere Schäden verursachen. Sie schikanieren ihre Umgebung, lassen das übrige Management über ihre Entscheidungen im Unklaren und enthalten ihm Informationen vor. Sie sind durchsetzungsstark, um nicht zu sagen skrupellos, ihre grundsätzliche Verantwortungslosigkeit und ihr Mangel an Mitgefühl erlauben es ihnen, harte und kompromisslose Entscheidungen im »Sinne der Firma« zu treffen: Fusionen, Insolvenzen oder Massenentlassungen.

Ein Teil dieser Beschreibungen trifft auch auf denjenigen zu, der von 1995 bis 2005 die Geschicke des Daimler-Konzerns lenkte: Jürgen Schrempp. Für die Position an der Spitze des Unternehmens hatte sich Schrempp mit einer harten Sanierung des Luft- und Raumfahrtkonzerns DASA, einer Daimler-Tochter, empfohlen, der 16000 Arbeitsplätze zum Opfer fielen. Weniger ins Gewicht fiel die desaströse Fokker-Akquisition – ein Abenteuer, das über fünf Milliarden DM kostete und in der Insolvenz des niederländischen Flugzeugbauers endete. Legendär wurde die »Methode Schrempp« schließlich durch die Katastrophenfusion Daimlers mit dem amerikanischen Automobilhersteller Chrysler. Schrempp verkaufte seine Vision einer »Welt AG« und krempelte den Konzern komplett um. Wieder kam es zu riskanten Beteiligungen (etwa an Mitsubishi Motors), die für hohe Verluste sorgten. Das Abenteuer der »Welt AG« wurde 2007 nach zehn Jahren durch den Verkauf von Chrysler beendet und bereitete Daimler insgesamt einen Verlust von rund 40 Milliarden Euro. Schrempp war bereits 2005, auf diesen Hinweis legt er großen Wert, »freiwillig« von seinem Amt zurückgetreten. Die Daimler-Aktie vollführte nach seiner Ankündigung wahre Kurssprünge.

Daueroptimismus und Bossing

Neben Äußerlichkeiten wie Kleidung, Statussymbolen und Aussehen bietet sich dem Hochstapler-CEO auf der sprachlichen Ebene eine Fülle von Möglichkeiten, ohne echte Kompetenz zu glänzen, besonders wenn es darum geht, Einwände und Zweifel an seiner Kompetenz zu entkräften. Wer zum Beispiel souverän über die Managersprache aus deutsch-englischen Mischbegriffen verfügt, kann Weltläufigkeit und Kompetenz simulieren. Begriffe wie »Change-Prozess« verwirren die Belegschaft, lässt sich damit doch die herkömmliche klare Ansage »Umstrukturierung« mit den Folgen Kurzarbeit, Entlassungen und anderen unschönen Dingen sprachlich vermeiden. Ebenso schönfärberisch wirkt das Schlagwort »Commitment«, das Begeisterung, Verbindlichkeit und gesteigerte Leistungsbereitschaft suggeriert. Von Seiten der Unternehmensführung wird es wegen seines Wohlklangs gern benutzt, zumal dahinter nicht unbedingt mehr stecken muss als eine unverbindliche Absichtserklärung. Die Einführung einer neuen Unternehmenskultur, der »High-Performance-Kultur« wird vehement gefordert, doch hinter dem Beschwichtigungszusatz »Kultur« verbirgt sich nichts anderes als die Selektion von »Minderleistern«. Hinzu kommt die Maske angelsächsischer Smartheit, die sich auch in Festlandeuropa wachsender Beliebtheit erfreut: eine demonstrative Lockerheit und gute Laune, die Herausforderungen sportlich angeht und Probleme stets positiv beurteilt. Mit dieser Masche täuscht man Pragmatismus und Optimismus vor, ohne eine echte Lösung der Probleme anbieten zu können.

Hilft weder das Managerkauderwelsch noch die daueroptimistische Lächelmaske, zieht die hochstapelnde Führungskraft zur Sicherung der eigenen Position andere Saiten auf und greift zum sogenannten »Bossing«, der systematischen Abwertung von Mitarbeitern. Dieser Schritt wird für den Hochstapler-Chef vor allem dann nötig, wenn er ein neues Arbeitsumfeld betritt und sich dort mit Mitarbeitern konfrontiert sieht, die wesentlich kompetenter sind als er. Da kommt man mit Einfühlung und subtiler Manipulation nicht mehr weiter, da hilft nur noch Lächeln und Grätschen. Solidarisierung zwischen Kollegen muss der hochstapelnde Chef meist nicht fürchten, am Ende kämpft auch in den nettesten Bürozusammenhängen jeder für sich. Zunächst wird der unliebsame Mitarbeiter vom Informationsstrom abgeschnitten. Was wie ein Versehen wirkt, entpuppt sich nach und nach als Methode. Dann kommen ein paar Negativmeldungen in Umlauf, die die Büroherde schon ein bisschen auf Distanz zum angeschossenen Kollegen gehen lässt (»Der hat da beim Kunden Mist gebaut. Sag es aber nicht weiter«, »Der arbeitet die letzte Zeit wohl ziemlich schluderig. Hat auch persönliche Probleme«, »Der hat keinen guten Stand beim neuen Chef«). Besonders effektiv wird ein Mitarbeiter dadurch isoliert, dass sein Aufgabengebiet nach und nach entwertet wird, er schließlich weit unter seiner Qualifikation agiert. Bei aller im Vertrauen bekundeten Solidarität wittern die anderen Mitspieler im Büro darin die Chance, ihre eigene Rolle zu sichern und zu stärken.

Solche Ausgrenzungen werden in den Unternehmen meist nicht thematisiert, und da der moderne Arbeitnehmer den offenen Streit fürchtet, weil er sich dadurch selbst als zu emotional und damit für die Arbeitswelt als inkompetent erweisen würde (wie er meint), bleiben nur zwei Möglichkeiten: Entweder er räumt das Feld und kündigt – oder er trainiert sich ein dickes Fell an und geht in die »innere Emigration«: Gleichgültig fügt er sich in die Arbeitsroutine, plant mit den persönlichen Überkapazitäten während der Arbeitszeit die nächsten Urlaube, bis sich sein Leistungsvermögen mangels Herausforderungen an das Niveau angepasst hat, und sitzt die Sache bis zur nächsten Umstrukturierung des Unternehmens aus, bei der er mit »goldenem

Handschlag«, also einer Abfindung, verabschiedet wird. Womit wir längst bei den normalen Beschäftigten angekommen sind …

So flutscht die Karriere!

Bei einer Untersuchung der finnischen Psychologin Marjaana Lindeman erwiesen sich zwei Drittel der befragten Männer als leichte bis mittlere Hochstapler. Lindeman verglich die tatsächliche Verkaufsleistung von Bankkaufleuten mit deren subjektiver Verkaufsschätzung, die zumeist weit über der Realität rangierte. Die befragten Frauen schätzten sich hingegen meist realistischer ein, was sich allerdings nicht förderlich auf ihr berufliches Fortkommen auswirkte. Vorgesetzte erwarten von ihren Untergebenen geradezu, dass sie sich selbst über Wert verkaufen. In China ist das Hochstapeln bereits zum Volkssport geworden, der alarmierende Folgen mit sich gebracht hat. Viele Berufe, Aufgabenbereiche und Positionen mussten aufgrund des rasanten ökonomischen Wandels des Landes geradezu erfunden werden, kaum jemand hatte damit Erfahrung. Im Reich der Mitte, das innerhalb kurzer Zeit den Kapitalismus einführte und an die Spitze der Weltwirtschaft drängt, wimmelt es heute nur so vor falschen Managern, Wissenschaftlern, Ärzten und Ingenieuren. Hunderte von falschen Piloten sollen bereits eingestellt worden sein, und nach einem schweren Unglück im Sommer 2010 steht die Shenzhen Airline wegen inkompetenter Piloten besonders in der Kritik. »Bei vielen Bewerbern wissen wir, dass ihre Referenzen von vorne bis hinten erfunden sind«, klagte kürzlich die Personalleiterin eines deutschen Konzerns, der in China tätig ist. Und die Betrüger kommen damit durch: »Aber am Ende bleibt uns häufig gar nichts anderes übrig, als einen solchen Schaumschläger einzustellen, weil alle anderen genauso sind.«[7]

Doch auch für westliche Hochstapler bietet China ein reiches Betätigungsfeld: Agenturen suchen englischsprachige weiße Ausländer mit Businesshabitus, um sie an chinesische Firmen zu vermieten. Technisches Wissen und Kenntnisse der chinesischen Sprache sind nicht vonnöten. Es geht allein darum, bei Meetings, Diners und Presseterminen einen westlichen CEO oder Joint-Venture-Partner zu mimen. Einen Ausländer für eine Geschäftseröffnung oder Werbeaktion zu mieten, bedeutet für Chinesen eine gute Investition in das eigene Image, gilt der westliche Businessman noch immer als Symbol für internationalen Erfolg und ökonomische Effektivität. Derartige betrügerische »Facejobs«, wie sie von Insidern genannt werden, sind ideal für gescheiterte Existenzen, eine zweite Chance für abgewrackte Manager und arbeitslose Schauspieler.

Freunde gewinnen

Wenn man diese Fälle betrachtet, drängt sich die Frage auf, ob Hochstapler heute die besseren Konkurrenten im Alltag, im Beruf, im Privatleben, in einem irre gewordenen Wettbewerb um Wohlstand und Geltung sind. Die Veränderungen der Arbeitswelt, so krass sie sich für den Einzelnen heute auch anfühlen, reichen tiefer, als es uns mit den Schlagworten Digitalisierung und Globalisierung immer suggeriert wird. Die Gleise für diese Entwicklung wurden in der Zeit der ersten Blüte der Hochstapelei gelegt, Anfang des 20. Jahrhunderts. Damals startete auch der Siegeszug der Psychologie, die sich mit großem Erfolg der Arbeitswelt bemächtigte und dort bis heute bestimmend ist für den Wandel in der Arbeitskultur.

Mit der Modernisierung der Produktionsprozesse und dem immer wichtiger werdenden Dienstleistungssektor drängten die Psychologen als Berater auf den Markt und entwickelten Konzepte, die darauf abzielten, den Konflikten zwischen Beschäftigten und Unternehmensführung die kämpferische Spitze zu nehmen und die Arbeit effizienter (produktiver) zu organisieren. Sie rückten die Arbeitsbeziehungen, die »Human Relations« in den Mittelpunkt des Interesses und machten die Auswahl der richtigen »Persönlichkeiten« für offene Stellen zum Erfolgskriterium der Betriebe. Ausgehend von den großen amerikanischen Unternehmen verbreitete sich der Wandel in allen Industriestaaten. Arbeitsbeziehungen sollten nun nicht mehr starr durch Autorität oder plumpen Zwang bestimmt werden. Man erkannte die emotionale und psychologische Dimension in den Arbeitsverhältnissen und versuchte nun mit allen zur Verfügung stehenden Mitteln, zwischen dem Unternehmen und seinen Angestellten leistungsfördernde Harmonie zu etablieren.[8] Vor allem die Qualität der Mitarbeiterführung wurde nun sprichwörtlich zur Chefsache. Wo einst geschnauzt, gebrüllt und kommandiert wurde, waren jetzt feinere Akkorde anzustimmen. Betriebssoziologen wie Elton Mayo erforschten das Feld der Arbeitsbeziehungen schon in den 1920er Jahren und formulierten bald neue Ansprüche an das Management. Diese finden sich bis heute in der Ratgeberliteratur wieder, allerdings ausgeweitet auf eine breite Zielgruppe vom Geschäftsführer über den Motivationstrainer bis hin zu Karrierestartern.

Eins der obersten Gebote: Wut hat am Arbeitsplatz nichts zu suchen. Absolute Selbstbeherrschung und emotionale Kontrolle gehören heute nicht mehr nur zu den Führungsqualitäten eines Managers, sondern zum Anforderungsprofil jedes Angestellten und sind regelmäßig Inhalt von Schulungs- und Weiterbildungsprogrammen für alle Mitarbeiter (»Konfliktmanagement«, »Teambildung« etc.). Im gleichen Zug entwickelte sich die Deutung von lauten Unmutsäußerungen und Wutausbrüchen als Folge von Persönlichkeitsproblemen oder als Altlast einer schwierigen Kindheit.[9] Aber die souveräne Selbstkontrolle, das Management des eigenen »Gefühlshaushalts« ist nicht das Einzige, was schon früh in den Anforderungskatalog ambitionierter Berufe aufgenommen wurde. Als weiterer Bestandteil des neuen Führungsstils gilt seither ein gut trainiertes Einfühlungsvermögen. Schon 1937 verrät Dale Carnegie in seinem weit verbreiteten Ratgeber *Wie man Freunde gewinnt*: »Selbst wenn Sie [nach der Lektüre des Buches] nur einen einzigen Rat befolgen – nämlich den, in Zukunft die Dinge auch vom Standpunkt des anderen zu betrachten, dürfte es leicht möglich sein, dass Sie in Ihrer Karrieren einen entscheidenden Schritt vorwärtskommen.«[10] Das heißt zwar auch, ein offenes Ohr für die Mitarbeiter, ihre Sorgen, Verbesserungsideen oder Manöverkritiken (»Danke für die wertvolle Anregung. Ich behalte das mal im Hinterkopf ...«) zu haben, aber vor allem, sich selbst mit dem Blick des anderen zu prüfen. Es geht immer darum, das Vertrauen der anderen in einen selbst zu stärken, um die eigenen Chancen auf Erfolg zu optimieren.

Heute gehört es zum Standardrepertoire der Manager, Projektleiter und »Heads of«, mit einnehmendem Optimismus, professioneller Freundlichkeit, einer gut trainierten

»Can-do«-Attitüde, einer sympathischen, keineswegs angestrengt wirkenden Selbstkontrolle und wohl dosierter Einfühlung in die Mitarbeiter (»Da bin ich ganz bei dir, aber …«) aufzutreten. Der Manager übt seine Macht dann am besten aus, wenn er sich aufgrund seiner emotionalen Kompetenz eben gar nicht erst in Machtkämpfe verstrickt. Rechthaberei, zorniges Gerangel um die Entscheidungsbefugnis und offener Schlagabtausch gehören längst ins verhaltenshistorische Museum. Jeder, der beruflich weiterkommen will, orientiert sich mittlerweile daran, strategisch zu reagieren, was eben auch heißen kann: nicht zu reagieren, wenn es der eigenen Position im Unternehmen dienlich ist. Nach einer Befragung von Führungskräften kommt die Soziologin Eva Illouz zu dem Schluss: »Von der öffentlichen Verteidigung der eigenen Ehre, verstanden als der soziale Wert, den andere dem Selbst zuschreiben, wird systematisch abgeraten. […] Menschen hingegen, die ihre Ehre über ihre Interessen stellen würden, gelten als emotional ›inkompetent‹ und daher nicht im Besitz ›wahrer‹ Macht.«[11] In einer von der Katz Business School der University of Pittsburgh durchgeführten Studie bestätigten die Personalchefs von Unternehmen mit mehr als 50000 Mitarbeitern, dass »Kommunikationsfähigkeit« das wichtigste Kriterium für die Einstellung von Managern ist. Wer in einem Arbeitsgefüge strategisch kommunizieren kann, der vermittelt für sich und für andere auch fachliche Kompetenz, was umso wichtiger ist, als die Halbwertzeit des Fachwissens heute mehr denn je durch die technologische Entwicklung immer kürzer wird. In diesen modernen Unternehmensstrukturen bewegt sich der Hochstapler wie ein Fisch im Wasser, denn seine Kernkompetenzen sind absolute Selbstbeherrschung,

Einfühlung und ständige Antizipation (wann und wo ist meine Vertrauenswürdigkeit gefährdet und wie kann ich das verhindern?). Er ist bestens ausgerüstet für die komplexe Büropsychologie, in der gewachsene, »kantige« Charaktere gegenüber softskilloptimierten Personen meist den Kürzeren ziehen und, wenn überhaupt, nur in Nischen überleben können – egal, wie kompetent sie in fachlicher Hinsicht sind.[12]

Jeder weiß, wie abstoßend demonstrative Verstandesschärfe und kalte Ratio sein können. Besonders einnehmend hingegen wirkt eine Person, die ein intuitiv kontrolliertes Spiel mit den emotionalen Signalen beherrscht, die sie aussendet. In seinem Bestseller *EQ. Emotionale Intelligenz* popularisierte der Psychologe Daniel Goleman die Idee, dass Gefühlsmanagement und die Fähigkeit zur Einfühlung Gradmesser für den Erfolg im Leben sind, ob in der Beziehung oder im Beruf. Für viele zwischenmenschliche Probleme (zum Beispiel die hohen Scheidungsraten) macht Goleman einen Mangel an emotionaler Intelligenz verantwortlich. Weitgehend unbeachtet bleibt bei der positiven Interpretation dieser menschlichen Qualität ihr manipulatives Potenzial. Wer seine Gefühle perfekt managen kann – und wer zweifelt daran, dass Hochstapler und Egoakrobaten dazugehören –, gewinnt in seinem sozialen Umfeld eine unheimliche Macht. Goleman selbst schildert, allerdings mit Blick auf die Ansteckungskraft von Stimmungen, ein so simples wie beeindruckendes Experiment. Zwei Versuchsteilnehmer füllten einen Fragebogen über ihre augenblickliche Stimmung aus, anschließend saßen sie einander wortlos gegenüber und warteten darauf, dass die Versuchsleiterin wieder ins Zimmer zurückkehrte. Nach zwei Minuten kam sie und bat, einen weiteren

Fragebogen zur eigenen Stimmung auszufüllen. Die beiden waren bewusst so ausgewählt worden, dass einer seinen Emotionen stets sehr deutlich Ausdruck verlieh, während der andere sich dabei zurückzuhalten pflegte. In dem Fall übertrug sich die Stimmung des Ausdrucksstarken auf den passiveren Partner.

Durch eine von uns selbst kaum wahrgenommene Mimikry des Gesichtsausdrucks, der Gebärden, des Tonfalls der Stimme und anderer nonverbaler Anzeichen der Emotion erzeugen wir in uns die Stimmung des anderen. Diesen Bestandteil sozialer Interaktion machen sich auch Hochstapler zunutze. Dabei greifen sie auf ihre Fähigkeit zurück, die Gefühle, Motive und Anliegen anderer zu entdecken und zu verstehen. Indem sie angemessen darauf reagieren und eine persönliche Verbindung herstellen, ziehen sie ihr Gegenüber dann in den eigenen emotionalen Bann. Die Autosuggestion – »Ich habe eine wichtige Botschaft« und »Es ist *meine* Botschaft« (selbst wenn es zum x-ten Mal um Massenentlassungen oder Leistungssteigerungen geht) – ist so wichtig wie die Aufgabe, dass das Gegenüber sich durch den Kontakt gut und durch die Begegnung vielleicht sogar geadelt fühlt.

Je abstrakter in der Arbeitssphäre das wird, was man als »Professionalität« bezeichnet, desto stärker rücken Fähigkeiten in den Vordergrund, die inszenierbar, manipulierbar und spekulativ sind. Dazu gehört, die eigene Kompetenz glaubhaft darzustellen, nicht nur im Bewerbungsgespräch, sondern auch bei der Positionierung im Unternehmen – die Soziologen fassen das mit dem schönen Wort »Kompetenzdarstellungskompetenz«. Auch das »soziale Kapital« eines Aspiranten wird für Unternehmen immer wichtiger, sofern es sich ökonomisch nutzen lässt. Damit sind marktrelevante

Netzwerke sozialer Beziehungen gemeint. Xing, Facebook und andere Internetportale für öffentliche Kontaktpflege dienen den Personalleitern längst als Schaufenster für den Profit, der in einem Bewerber stecken könnte. Dementsprechend verbreitet sich das Freundeskreis-Tuning auf Bewerberseite. Unter dem Schlagwort »Kundenorientierung« wird aber auch die Erwartung formuliert, dass Bewerber dazu bereit sind, zum Kunden »zielorientiert und zweckrational ›emotionale Bindungen‹ herzustellen und zu pflegen« – daraus muss man nicht den Schluss ziehen, dass man die Arbeit auch mit ins Bett nehmen soll. Aber die Kunst, »Kunden emotional zu binden«, unterwirft die Geschäftsbeziehung für den Mitarbeiter einem Freundschaftsdiktat, das alsbald kaum mehr Platz für echte Freunde und deren Halt, Trost und Korrektiv lässt. Früher war diese Art der Kontaktpflege der Unternehmensführung überlassen; heute sollten Bewerber, die den aktuellen Professionalitätsprofilen entsprechen wollen, sich selbst als »Arbeitskraftunternehmer« begreifen. Schon die Stellenanzeigen sind oft so formuliert, dass sie zum Hochstapeln animieren. Wer das Bewerbungsgespräch oder das Assessment-Center mit einer blendenden Schauspielleistung überstanden und den Job ergattert hat, nutzt alle Tricks und Kniffe, um seine Kompetenz glaubhaft darzustellen. Wissenslücken müssen vertuscht, Erfolge hingegen gehörig aufgebauscht werden. Zur Schlüsselqualifikation vieler Berufstätiger gehört heute die Fähigkeit, jederzeit »Präsentationen« durchführen zu können, rhetorisch zu brillieren, Chefs, Entscheider, Investoren und Kunden zu überzeugen, aber eben auch, Fehler ganz geschmeidig anderen in die Schuhe zu schieben.

Kleine weiße Lügen

Die Begünstigung hochstaplerischer Charaktere im Wirtschaftsleben beschränkt sich aber nicht nur auf »weiche« Eigenschaften. In einem interessanten Experiment erforschte die Hafenbehörde von New York und New Jersey, wie verbreitet das »Resume Doctoring«, also das Frisieren und Fälschen von Lebensläufen ist. Die Personalabteilung der Behörde schaltete Stellenanzeigen in den Tageszeitungen. Zu vergeben war eine Position mit gutem Gehalt und weiteren Leistungen für einen Elektriker mit nachweislicher Kompetenz im Umgang mit »Sontag-Konnektoren«. Obwohl dieses Gerät die freie Erfindung der Personalabteilung war, erhielt man 170 muntere Bewerbungen, in denen alle Aspiranten den vertrauten Umgang damit behaupteten. Von den Bewerbern gingen 55 noch einen Schritt weiter und behaupteten, zertifizierte »Sontag-Konnektor-Experten« zu sein. Die Hälfte dieser »Experten« wiederum nahm für sich in Anspruch, mehr als zehn Jahre Erfahrung im Umgang mit dem Gerät zu besitzen, die meisten davon gaben sogar Listen mit Bauprojekten an, auf denen es zum Einsatz gekommen sei.

In einer Studie des Wirtschaftssoziologen Mark N. Wexler ging es um das Verhalten gut verdienender Angestellter des mittleren Managements (ab umgerechnet 60 000 Euro Jahresgehalt), die von ihrem Arbeitgeber der Lebenslauffälschung überführt und deshalb (nach mindestens vier Jahren Betriebszugehörigkeit) gekündigt wurden. Die Untersuchung vertiefte nicht nur die Erkenntnis, dass diese Methode des Betrugs ein verbreitetes Phänomen darstellt, sondern dass es praktisch kein Unrechtsbewusstsein gibt. Für die Aufgeflogenen ist es schlicht das Spiel »Pimp my Vita«, das in ihren Augen alle spielen, und wer nicht mitspielt, hat schon verloren.

Die Studie gibt den Hochstaplern sogar Recht. Denn für die befragten Manager war es kein Problem, nach der Kündigung einen noch besser bezahlten Job zu bekommen. Allerdings wechselten sie meist in eine andere Branche, um möglichen Mitwissern aus dem Weg zu gehen – eine Möglichkeit, die sich erst ab einem gewissen administrativen Level bietet. Friseure, Seiltänzer oder Konzertpianisten müssen wirklich etwas können. Die Manager hingegen verharmlosten in einem ersten Interview ihr Vorgehen und beschwerten sich über die Kleinlichkeit des Unternehmens, da doch niemand zu Schaden gekommen wäre. Im abschließenden Interview (sie hatten mittlerweile einen neuen Job gefunden) redeten alle Studienteilnehmer ihr Vergehen schön und argumentierten gegen die Verlogenheit des Unternehmens: »Ich habe für die Firma echte Knochenarbeit geleistet und eine kleine weiße Lüge verursacht dann einen Riesenknall. Dabei musste ich feststellen, dass das Unternehmen viel mehr als nur kleine weiße Lügen erzählt.« (Die »weiße Lüge« steht für eine harmlose Flunkerei, die dem Belogenen eher hilft als schadet.) Oder sie stellten sich als Heroen der Arbeitswelt dar und reklamierten, dass man zu den innovativen, risikofreudigen Gewinnern gehöre, die jedes Unternehmen dringend brauche: »Wenn es hart auf hart kommt und schwierige oder wichtige Projekte anliegen, kommt man immer zu mir.« Oder: »Ich bin genau, was das Unternehmen will, braucht und gesucht hat – ein starker, risikobereiter Erneuerer, der neue Möglichkeiten schafft.«

Es ist klar, dass diese Form moralischer Abkopplung besonders schwerwiegende Folgen hat, wenn sie von erfolgreichen Aufsteigern praktiziert wird, denn diese dienen Newcomern als Rollenvorbilder für die eigene Karriere. Sorgen sie über »soziale Ansteckung« für eine Verbreitung und Verschärfung hochstaplerischer Züge? Das mag sich seltsam anhören, doch das Phänomen sozialer Epidemien ist in der Soziologie und Psychologie längst bekannt. Schon in den 1970er Jahren wies der Soziologe David Phillips nach, dass zum Beispiel die Suizidrate direkt mit den Berichterstattungen über Selbstmorde zusammenhängt. Wenn die Zeitungen entsprechende Berichte groß herausbrachten, stieg auch die Zahl der Selbstmorde. In manchen Gemeinden lösten Selbstmorde Nachahmungswellen aus. Dauerte es nach Untersuchungen der Sozialmediziner Heiner Raspe, Angelika Hüppe und Hannelore Neuhauser noch 13 Jahre (von 1990 bis 2003), bis der Osten Deutschlands nach der Wiedervereinigung genauso stark an Rückenschmerzen litt wie der Westen (vor 1989 gab es in der DDR kaum Rückenprobleme, während das Thema im Westen ein echter Dauerbrenner ist), verbreiten sich »soziale Epidemien« in Zeiten hochsensibler Netzwerke im Internet noch schneller und effektiver. Bei einer Auswertung von Netzwerkkontakten von mehr als 5 000 Menschen entdeckten die Forscher Nicholas Christakis und James Fowler, dass beispielsweise die Entwicklung des Körpergewichts eines Probanden davon abhängt, ob die drei engsten Netzwerkmitglieder zu- oder abnehmen. Sie schildern die Ausbreitung krankhaften Übergewichts in den USA entsprechend der Übertragung konventioneller Epidemien, wenn auch die Zeiträume hier großzügiger bemessen sind. Die beiden zeigen in ihrem Buch *Connected!* – eine lesenswerte Darstellung des aktuellen Stands der Netzwerkforschung –, welche Faktoren für die Weitergabe von Verhaltensweisen über soziale Netzwerke eine Rolle spielen. Sie fanden unter anderem heraus, dass der Einfluss einzelner Mitglieder des Netzes auch von ihrem Bildungsgrad abhängt. Das überrascht nicht so sehr wie die Feststellung, dass auch die Imitationsbereitschaft, also die Übernahme neuer Verhaltensmuster, mit dem Bildungsgrad steigt.[13] Wer möchte also ausschließen, dass sich eine hochstaplerische Businessmentalität auf gleichem Weg zur dominanten Kultur entwickelt? Ihrem Bann wird sich kaum jemand entziehen können, ihre psychopathischen Spitzen finden sich in den sensationellen Hochstaplerfällen – und nicht selten ernten sie dafür sogar Respekt für die tolle Leistung. Chapeau!

Der Fuß in der Tür

Dabei sind die Fähigkeiten des Hochstaplers alles andere als ein Mysterium. Sein Hauptwerkzeug ist die Lüge. Sie gehört zur menschlichen Grundausstattung. Ihre souveräne Verwendung ist – jenseits aller moralischen Bedenken – eine Frage der Intelligenz. Denn es ist »anspruchsvoller«, eine eigene Version der Realität aufzubauen, mit Details auszuschmücken und konsequent aufrechtzuerhalten, als bei einer allgemein überprüfbaren und weithin anerkannten »Wahrheit« zu bleiben. Lügen ist anstrengend, erfordert ein Denken, das Widersprüche sofort erkennt, vermeidet und im Notfall schnell und glaubwürdig improvisiert. Zudem müssen die mimischen und gestischen Reflexe, die als Indikatoren der Lüge dienen, unterdrückt werden, so zum Beispiel häufiges Zwinkern, schiefes Lächeln, ausweichender Blick, Übersprunghandlungen, erhöhte Stimmlage oder auffallende Tonhöhenwechsel. Auch inhaltlich gibt es Anzeichen für falsche Aussagen, die vermieden werden müssen: kurze Antworten, auffallend viele irrelevante Informationen, überbetonte, apodiktische Aussagen im falschen »Brustton der Überzeugung« oder zahlreiche, nicht nachprüfbare Angaben. Lernfähigkeit, schnelle Auffassungsgabe und schauspielerisches Talent lassen den Hochstapler glaubwürdig das Milieu imitieren, zu dem er gehören möchte. Die Soziologin Sonja Veelen hat einige dieser *Techniken zur Herstellung gefälschter Identität* aufgelistet.[14] Bei all dem spielt die »Fuß-in-die-Tür-Technik« eine wichtige Rolle: Der Hochstapler bringt Menschen in seinem Umfeld oder einzelne Zielpersonen (die er zum Beispiel ausnehmen will) dazu, einen kleinen Schritt in die von ihm gewünschte Richtung zu tun. Damit wächst schon die Wahrscheinlichkeit, dass sie sich, wie auf einer abschüssigen Bahn, weiterbewegen. Denn nach einer getroffenen Entscheidung neigen Menschen dazu, diese Entscheidung zu stützen und in die gleiche Richtung weiter zu gehen – offenbar aus Sorge um das eigene Image, die eigene soziale Rolle und die eigene Glaubwürdigkeit. In Krisensituationen hat der talentierte Hochstapler noch ein paar Asse im Ärmel. Er kann sich dem Zweifler gegenüber empört und persönlich beleidigt zeigen, so dass dieser vor weiteren Nachfragen zurückschreckt. Oder er startet ein emotionales Ablenkungsmanöver, fängt an zu flirten, zu weinen oder zu erkranken. Ein probates Mittel ist auch die Scheinbeichte: Dem Zweifler wird eine (eher unwichtige) Flunkerei gebeichtet, in der Hauptsache die Tarnung aber aufrechterhalten. So fühlt sich der Zweifler als »siegreicher Detektiv«, wurde aber vom triumphierenden Hochstapler mit einem Nebenschauplatz abgespeist.

Letztlich kommt dem Hochstapler aber die Tatsache zugute, dass Menschen einander von vornherein einen gewissen Vertrauensvorschuss einräumen. Niemand von uns trifft einen Menschen zum ersten Mal und geht erst mal davon aus: Der lügt bestimmt. Wir wollen Glauben schenken, denn als soziale Wesen leben wir in einer komplexen Welt aus Beziehungsgeflechten, in der wir ohne festgelegte, fast schon automatisierte Reaktionen und Interaktionsketten nicht auskämen. Diese verfügen allerdings über »fälschungsanfällige« Schlüsselmerkmale, die dafür sorgen, dass wir immer wieder auf die gleichen Tricks hereinfallen können.

Besser bluffen

Arbeite ich noch, oder bin ich schon hauptsächlich damit beschäftigt, Kompetenz und Betriebsamkeit vorzutäuschen, Vorgesetzte und Kollegen zu beeindrucken und den Arbeitsalltag zu überstehen, ohne mich zwischen die Fronten eines Bürokriegs oder an den Rand des psychischen Zusammenbruchs zu manövrieren? Wenn man sich in der heutigen Arbeitswelt umschaut und umhört, stößt man auf unzählige Tricks, die im Arbeitsleben praktiziert werden, um die Ideallinie auf dem Karriereweg zu halten. Wie kann beispielsweise ein permanenter Workflow simuliert werden, bei dem man innerlich aber ganz »laid back« bleibt? Hier eine kleine Auswahl:

- Immer mit leicht angespannter Miene und eiligem Schritt auf dem Flur, den Arm stets voller Unterlagen und Akten (selbst, wenn man nur einen Kaffee zieht oder an der Materialausgabe einen Radiergummi abholen will, weil man wichtige Dokumente gedankenverloren mit Kritzeleien bedeckt hat).

- Schreiten, nicht schleichen! Dabei helfen die richtigen Schuhe. Zeigen Sie mit den Schuhen, wo Sie noch hinwollen. Gleiches gilt für die Uhr am Handgelenk. Bei Männern gilt: Keine Pseudobusinessschuhe von Lloyd, keine Swatch.
- Sofern man nichts Schlaues zu sagen hat: jeden Unsinn, jede Binsenweisheit, jede wiedergekäute Information möglichst präsidial vortragen. Umso gravitätischer Sie sich ausdrücken, umso weniger fällt auf, dass Sie nichts zu sagen haben.
- Wohlgeordnete Aktenberge auf dem Schreibtisch anhäufen. Nicht vergessen: Regelmäßig umschichten, damit sie keinen Staub ansetzen!
- Häufige Präsenz in den Sozialräumen, in der Teeküche und an der Kaffeemaschine sichert den Empfang des »Flurfunks«, den Gerüchten im Unternehmen. Hier darf man aber keinesfalls als Klatschbase erscheinen, deshalb stets nur kurze, aber häufige Visiten. Dabei immer »im Stress« erscheinen und immer mit Arbeitsmaterial unterm Arm: »Muss gleich weiter!«
- In der Mittagspause im Büro bleiben: »Ich mach durch!«
- Leere Red-Bull-Dosen auf dem Schreibtisch.
- Akustisches Signal einstellen zur Benachrichtigung bei neuen E-Mails. Zahlreiche Newsletter abonnieren.
- Das Postfach muss stets voll sein. Fleißig Broschüren, Angebote, Preislisten und Infomaterial von Kunden und Firmen anfordern, auch per Fax. So kann man häufiger im Eilschritt zum Faxgerät hasten. Das hält den Kreislauf in Schwung. Ausländische Fachpresse/Wirtschaftsmagazine abonnieren und sich an die Firmenadresse schicken lassen.
- Immer überall Rückrufwünsche hinterlassen, so dass man ständig angerufen wird.

- Jede Möglichkeit zur betrieblichen Fortbildung/Dienstreise/Seminar/Messebesuch nutzen. Man kann ja immer noch kurzfristig krank werden und hat trotzdem Bereitschaft signalisiert.
- Kommunikationstechnisch auf dem neuesten Stand sein – Blackberry, iPhone etc.: jeweils neueste Generation!
- Auf Statussymbolen beharren: Dienstwagen, persönlicher Parkplatz, Hemdenreinigung über die Firma abwickeln lassen etc.
- Gelegentlich ein »Bitte nicht stören«-Schild an die Bürotür hängen. Das simuliert konzentriertes Arbeiten. Gelegentlich den Hörer nach einem Telefonat nicht auflegen. So wird das beendete Gespräch mit der Mutter zu einem anstrengenden Telefonat mit einem Kunden. Falls doch jemand hereinkommt: Am Schreibtisch immer mit Headset! Ins Mikro sprechen und dem Besucher mit hektischer Gestik bedeuten, dass es ein ganz wichtiges Telefonat ist.
- Kurz vor Beginn eines Meetings, zu dem alle hineilen, noch bei offener Bürotür ein Telefonat beginnen. Die Kollegen, die an der Tür vorbei zum Konferenzraum laufen, beim Telefonieren mit beschwichtigender Miene durchwinken.
- Sich Termine beim Chef noch spät nachmittags oder abends geben lassen, während die Kollegen schon die Computer herunterfahren.
- Ansonsten erst wenige Minuten nach den anderen Feierabend machen. Während die anderen schon gehen, noch schwer beschäftigt tun (»Ich mach das hier gerade noch fertig«) und fünf Minuten später dann selbst verschwinden.
- Schreibtischlampe brennen lassen, Zweitjackett über den Stuhl gehängt, angebissenes Baguette und halbvolle Kaffee-

tasse auf dem Tisch: So sieht es aus, als kämen Sie gleich wieder, obwohl Sie schon längst zuhause sind.

- Versand von E-Mails auf den späten Abend oder frühen Morgen schieben, um Überstunden und besonders engagierten Einsatz zu simulieren. Humorige Zusätze wie »Jürgen on the road« verdeutlichen, dass man in jeder Situation geistig bei der Firma ist.
- Nie ohne Laptop nach Hause, um immer den Eindruck zu erwecken, man würde dort noch weiterarbeiten.
- Beim eigenen Golf-Handicap entgegen der Gewohnheit immer tiefstapeln. Golf-Handicaps kurz vor dem Profilevel gelten mittlerweile als Warnsignal für faule Manager, die sich mental schon von ihrem Unternehmen verabschiedet haben.

Es geht natürlich noch raffinierter. Manch einer schafft es mit folgenden Methoden trotz mangelnder Kompetenz, vollzogener »innerer Kündigung« oder längst angetretenem »innerbetrieblichen Vorruhestand«, Eigeninitiative und Unverzichtbarkeit zu demonstrieren. So wird aus dem »Minderleister« oder dem berüchtigten »Deadwood« ein »Workhorse«, wenn nicht gar ein »High Performer«:

- Durch Initiativen auf sich aufmerksam machen. Man überschütte das Arbeitsumfeld mit »Verbesserungsvorschlägen« und Eigeninitiativen (die dann andere ausführen sollen bzw. die sich erst sukzessive als unpraktikabel erweisen, so dass sie dann stillschweigend beerdigt werden). Geben Sie Ihrer Initiative einen schnittigen Namen, den sich jeder gut merken kann – am besten in Kombination mit dem Namen des Unternehmens.
- Bei Meetings konstruktiv und ausdauernd mitdiskutieren. An wichtigen Punkten Bedenken äußern und gegebenen-

falls selbst Probleme konstruieren – und selbst die gedankliche »Lösung« präsentieren.

- Beim Meeting als letzter auf die Minute genau hereinkommen, damit man von allen gesehen wird. Einfluss auf die Tagesordnung nehmen, indem man Themen vorschlägt – notfalls unter dem Punkt Verschiedenes, damit der eigene Name ausdrücklich im Protokoll erwähnt wird.
- Medium des Chefs werden: Man sichert die eigene Position, indem man in Meetings dezent die Meinung der Chefs erspürt und in eigenen Worten wiedergibt (inklusive pseudokritischer Details, die eine eigene Meinung simulieren).
- Perfekte Mimikry: Niemals mit dem iPhone rumspielen, wenn der Chef spricht, aber immer, wenn der Chef mit dem iPhone spielt, das Gleiche tun. So wird der aktuelle Redebeitrag eines Mitarbeiters demonstrativ abgewertet, und der Chef erhält die Bestätigung, dass Zuhören in diesem Fall nicht lohnt.
- Wenn es im Team-Meeting persönlich wird: niemals als Schlichter zwischen die Fronten geraten! Lieber ein wichtiges Telefonat vortäuschen und das Kampfgebiet räumen. Überlassen Sie die streitenden Kollegen einfach ihrem Schicksal. So werden Sie nicht genötigt, den Streit anderen zu erläutern oder gar Partei zu ergreifen.
- Motivator und Supervisor werden. Mitarbeiter demonstrativ loben, sich bei ihnen bedanken, selbst wenn sie in der Firmenhierarchie auf der gleichen Ebene operieren. Informell kann man so Dominanz über Kollegen gewinnen. Das Lob wird gern auch mal mit der Bitte um eine kleine Gefälligkeit verbunden. So schleichen sich Hierarchiegefälle ein, obwohl sie formell gar nicht existieren.

- Wenn in der eigenen Abteilung eine exklusive Information noch nicht zum Chef getragen wurde (zum Beispiel der Verkaufserfolg einer Kollegin), schickt man dem Chef schnell eine SMS und stellt den Erfolg als Erfolg des Teams dar. Als Überbringer der Nachricht verbindet sich aber automatisch der eigene Name mit dem Erfolg. Yeah!
- Der anschließend zu Recht wütenden Kollegin ganz subtil Geltungssucht und mangelndes Teamplay unterstellen. Dabei gütig lächeln …

Blenden als Schlüsselqualifikation

Viele dieser fiesen Tricks werden Ihnen bekannt vorkommen. Und sicher wird sich der eine oder andere, der sich im Arbeitsleben eine gewisse Grundehrlichkeit bewahrt hat, schon mal fragen: »Stimmt mit mir was nicht?« Umgeben von Selbstdarstellern und Blendern fühlt man sich als gehemmter Zeitgenosse, der unfähig ist, seine »Potenziale abzurufen«. Die Arbeitswelt hat sich rasant verändert. Beschleunigung und Verdichtung von Arbeitsprozessen sowie häufige Umstrukturierungen sind dabei nur einige Stichworte. Darüber hinaus machen viele in ihrem persönlichen Arbeitsalltag die Erfahrung, dass das ständige Herausstreichen eigener Fähigkeiten und Erfolge zur bald wichtigsten Beschäftigung wird. Man muss sich fit und attraktiv halten für Beförderungen, vor allem aber für potenzielle bessere Arbeitgeber, sich einen Namen machen. Was früher als solide galt, ist heute ein Zeichen mangelnden Ehrgeizes: Wer zu lange an einem Arbeitsplatz festklebt, wirkt wenig ambitioniert und träge. Ältere Angestellte (älter sind die ab Mitte dreißig) klagen nicht selten über einen fundamentalen Generationskonflikt mit jungen, nachrückenden Arbeitskräften, die das Einmaleins der Karriereplanung besser, konsequenter verinnerlicht haben und jede Gelegenheit nutzen, sie mit freundlich-kollegialem Lächeln ins Abseits zu drängen. Andere wagen halb aus Frust, halb gezwungen den Schritt in die Selbstständigkeit und arbeiten auf eigene Rechnung – bei ihnen gilt erst recht die Devise, rund um die Uhr PR in eigener Sache zu machen.

Die ansteckenden Qualitäten der hochstaplerischen Businessmentalität verstärken sich auf vielen Ebenen noch. Da beurkundetes Wissen längst nicht mehr das entscheidende Kriterium für die Eignung als Mitarbeiter ist, hat sich eine ganze Dienstleistungsbranche für die Eignungsdiagnostik etabliert. Und das Bild, das sich hier bietet, bestätigt die traurige Diagnose: Der kultivierte Bluff ist zur Leitwährung der Arbeitswelt geworden. Auch in den Assessment-Centern, auf die größere Unternehmen beim Rekrutieren von Nachwuchskräften und der Auswahl von Beförderungskandidaten kaum noch verzichten, triumphieren oft hochstaplerisch begabte Kandidaten. Angeblich sind es mittlerweile drei von vier Unternehmen, die so an die Neuzugänge in ihre Bürowelt kommen. In ihrem Buch *Cult of Personality* spricht Annie Murphy Paul von einer 400 Millionen Dollar schweren Assessment-Industrie in den USA.[15]

Davon abgesehen, dass es auch bei den Assessoren echte Hochstaplerfirmen gibt, die ohne geschultes Personal, aber mit toll klingenden Firmennamen und selbst gebastelten Persönlichkeitstests auf die Leute losgehen, trumpfen bei den Rollenspielen jene Kandidaten auf, die souverän mit solch experimentellen Situationen umgehen können. Es werden hier diejenigen »Experten« zum Zuge kommen, die es schon zu Schulzeiten verstanden, zu schauspielern und in sogenannten Laberfächern zu punkten. Lehrer, die an der Passivität und der Stumpfheit mancher Klassen leiden, sind dankbar für jede Wortmeldung, und für eine gute Note reicht es gelegentlich schon, intelligent wirkende Fragen zu stellen, weil man so signalisiert, dass man »mitdenkt«. Manche Schüler lernen schnell, die groteske Überbewertung der mündlichen Mitarbeit auszunutzen, um mühelos zu punkten und von den eigentlichen Wissenslücken abzulenken. Bei der Beobachtung der Assessment-Kandidaten tappen auch die seriösen Prüfer oft in selbst gestellte Fallen. Im Idealfall wird ein breites Spektrum von Fähigkeiten getestet. Neben Gruppendiskussionen und der Simulation von Arbeitssituationen kommen Rollenspiele, Präsentationen, Fallstudien und Einzelinterviews sowie die Analyse der Biografie zum Einsatz, um den idealen Kandidaten zu ermitteln.

Doch oft genug verlassen sich die Prüfer auf ihre oberflächlichen Eindrücke statt auf wissenschaftliche Ergebnisse, findet der Psychologe Heinz Schuler von der Universität Hohenheim, der das Assessment-Center eines großen Unternehmens untersucht hat. Die Fähigkeit zur angepassten Selbstdarstellung, bei der ein Kandidat ganz geschmeidig Stereotype bedient und sich mit viel freundlichem Gequatsche in den Vordergrund schiebt, bleibt bei aller Wissenschaftlichkeit Trumpf. Durchsetzungskraft und Kommunikationsfähigkeit stellen gewissermaßen die Kernkompetenzen hochstaplerisch begabter Personen dar, und genau mit diesen Skills kommt ihnen in der wirtschaftlich verschlankten Eignungsdiagnostik ein entscheidender Vorteil zu. Schuler: »Es werden narzisstische Persönlichkeiten ausgesucht, Menschen mit hohem Selbstvertrauen, die andere für sich einnehmen, geschliffen formulieren können und eine hohe Risikobereitschaft haben, die weit über ihre eigenen Fähigkeiten und die ihrer Umgebung hinausreicht.«[16] Hochstapelnde Aspiranten wissen zudem das Moment der sozialen Ähnlichkeit unter Entscheidern zu nutzen: Bei der Besetzung von Toppositionen wählen Führungskräfte instinktiv ganz überwiegend Personen aus, die eine ähnliche soziale Herkunft, Ausbildung, Sprache und einen dem eigenen verwandten Habitus aufweisen. Das macht es Hochstaplern noch einmal leichter, sind sie doch bestens trainiert darin, diese sozialen Codes zu erkennen und anzunehmen.

Die Spielregeln der Selbstvermarktung

Aber es gibt nicht nur die Assessment-Center, sondern auch die Karriereberater. Gebetsmühlenartig predigen sie, Selbstmarketing sei viel wichtiger als Fachkompetenz. Manche wie Jürn F. Konitzer, Inhaber einer Managementberatung, behaupten gar, dass Fachwissen nur noch zu 10 Prozent über den beruflichen Erfolg entscheide. Wesentlich wichtiger seien mit 30 Prozent die Selbstdarstellung und zu 60 Prozent der Bekanntheitsgrad im Unternehmen.[17] Um diese gern in Umlauf gebrachten Zahlen zu belegen, wird in der massiv boomenden Branche immer wieder eine angeblich von IBM Ende der 1990er Jahre in Auftrag gegebene Studie herangezogen, von der man bei IBM selbst aber gar nichts weiß.[18] Da liegt der Verdacht nahe, dass die Personalberater mit solch drastischen und unbelegten Zahlen vor allem Werbung für ihre eigenen Dienste machen – nach dem Motto: Man muss die Botschaft nur oft und laut genug wiederholen, dann wird sie schon wahr werden. Tatsächlich forcieren sie damit eine Entwicklung, deren Auswirkungen noch nicht in vollem Ausmaß abzusehen sind.

Im Folgenden sind einige Weisheiten der Experten, die uns so dringend Selbstcoaching, Self Branding oder Selbst-PR ans Herz legen, aufgeführt. Sie kreieren ein Idealbild des Arbeitnehmers, das der klassischen Hochstaplerpersönlichkeit schon recht nahekommt. Denn Hochstapler verstehen es mit ihrer »marketing personality«, immer die passenden Verhaltensweisen an den Tag zu legen, die im jeweiligen Umfeld gerade erwartet werden. Ähnliches verlangt auch die Beratungsliteratur von ihren Lesern. Auffällig ist die Konzentration auf die »Kompetenzdarstellungskompetenz«. Zur »Selbstführung« seien Techniken der »Selbstpräsentation« notwendig, zur Entwicklung einer persönlichen Strategie der »Selbsterfindung« und »Selbstvermarktung«. Zunächst wird der Aufbau eines überzeugenden Erscheinungsbildes empfohlen: Der erste Eindruck zählt, Händedruck, Kleidung, Körpersprache. Sodann gelte es, sich in einem neuen Umfeld schnell zu orientieren: Man müsse Hierarchien erkennen, Chefs und Kollegen richtig ansprechen, kommunikativ, aber nicht zu vertraulich sein; Fraternisieren, wo es strategisch sinnvoll ist, aber niemals mit Querulanten oder dem Firmen-Fallobst, das verzweifelt auf der Suche nach Verbündeten ist. Soll der Karrieresprung durch Selbstcoaching gelingen, ist brillante Rhetorik vonnöten, so die zeitgenössischen Job-Ratgeber. Gern und oft wird das »Spiegeln« als klassischer Trick der Verkäufer ins Feld geführt. Dabei geht es darum, die Zielperson in Sprachstil, Gestik und Humor zu spiegeln, sich anzupassen, um unterschwellig Sympathie zu erzeugen. Zum einen soll das »Spiegeln« helfen, den Kommunikationsstil im neuen Arbeitsumfeld zu erlernen (jedes Unternehmen besitzt seine eigenen Sprach-Codes): erst Zuhören und Beobachten, dann Ton, Lautstärke, Sprachstil, Humor und Fachbegriffe imitieren und Sprechhierarchien unter den Teilnehmern erkennen. Zum anderen gilt das Spiegeln auch als Methode, Einfluss auszuüben, indem man vom Spiegeln zum Agieren übergeht und nun sein Gegenüber seinerseits »führt«.

Hat man sich im neuen Umfeld orientiert, sollte man sich die Frage stellen: Sind meine Auftritte effektvoll? Wie sorge ich dafür, dass man sich meinen Namen in Zusammenhang mit meinen Leistungen und Qualifikationen merkt? Keine Frage, dass jüngere Generationen, die mit Castingshows und Reality-TV aufwachsen, auch ohne teure Selbstcoaching-Seminare wissen, um was es geht. Der hochstaplerische Selbstdarsteller wird als sozial kompatibler Erfolgstyp zur Selbstverständlichkeit. Ins gleiche Horn, wenngleich nicht so vulgär wie die TV-Formate, stößt Petra Wüst, Expertin im »Self Branding«. Auf die Frage, wie man sich interessant macht, rät sie: »Überlegen Sie, wie Sie ihre Stärken und Eigenheiten in unterhaltsame Geschichten verpacken können. Setzen Sie sich in Szene. Führen Sie eine Aktion durch, die Sie bei den richtigen Leuten bekannt macht [...] kreieren Sie Ihr persönliches Markenzeichen. Informieren Sie Leute, die für Ihren beruflichen Erfolg wichtig sind, regelmäßig über Ihre Aktivitäten und Erfolge. Treten Sie dabei selbstbewusst und kompetent auf. Sprechen Sie die Sprache der Sieger!«

Ist das schon die ganze Weisheit? Sollen wir zu Spammern in eigener Sache werden? *Eigenlob stimmt! Erfolg durch Selbst-PR* verspricht ein anderer Ratgeber, der dazu folgende Schritte definiert: »Munter bei Meetings, Intelligent im Internet, Effektiv bei Events«. Während man seine Erfolge herausposaunt, sollte man aber auch nicht die Frage vernachlässigen: Kompensiere ich meine Schwächen geschickt? Hier empfehlen die professionellen Berufsberater, die eigenen Stärken so überdeutlich zu betonen, dass die Schwächen unerheblich werden; oder sich mit Leuten zusammenzutun, deren Stärken die eigenen Schwächen verdecken helfen; und schließlich: Man solle am besten Situationen vermeiden, in denen die eigenen Schwächen unverhüllt zutage treten können. Man solle sich die Diskrepanz vom realen zum idealen Selbstbild, unter der viele Menschen leiden, produktiv zu Nutze mache und sich innere Ziele im Sinne einer konsequenten Selbstführung setzen, empfiehlt ein weiterer Coach. Nichts anderes tut der klassische Hochstapler sein Leben lang. Hedwig Kellner fordert in ihren Buch *Karrieresprung durch Selbstcoaching* dazu auf: »Profilieren Sie sich als Allrounder, indem Sie Kontakte pflegen zu Experten anderer Fachgebiete. Sie müssen wissen, wer was weiß und sich deren Wissen zunutze machen, um ganzheitliche und umfassende Problemlösungen anzubieten.« Offenbar geht es nicht mehr darum, selbst umfassendes berufliches Wissen zu erwerben, sondern eher darum, wo man schnell etwas »absaugen« kann, um damit zu blenden – die Copy-and-Paste-Mentalität des Internetzeitalters ist zum Erfolgsmerkmal idealer Selbstvermarkter geworden.

In besagten Anleitungen wird zudem immer wieder betont, dass sich bei Umstrukturierungen und Neuausrichtungen im Unternehmen enorme Aufstiegschancen bieten: »Beteiligen Sie sich an Innovationen, während Projektbremsen und Bedenkenträger traditionalistisch und passiv bleiben. Vernetzen Sie sich mit erfolgreichen Mitarbeitern, um Fit for Future zu wirken!«

Wer zwischen den Zeilen dieser zum Teil grotesk-komischen Karrieretipps liest, erkennt, dass es in der Arbeitswelt einen stabilen Rahmen, in dem man *seine* Rolle finden und darin aufgehen kann, offenbar nicht mehr gibt. Stattdessen sieht man sich auf allen Ebenen in kraftraubende Konflikte verwickelt, in denen die hochgezüchteten Egos unablässig um Positionen und Ressourcen kämpfen. So wird bei jedem Karriereschritt und in jedem Job das persönliche Selbst- und Krisenmanagement unverzichtbar. Immer wieder muss man sich darüber klar werden: Wie passt die jetzige Lebenssituation ins Gesamtbild – wie kann ich sie einordnen, als »zukunftsweisend« darstellen oder, im Fall des Scheiterns, als »notwendigen Versuch« rechtfertigen?[19]

Es gibt kaum noch ein Unternehmen, das nicht beteuert, dass seine wichtigste Ressource die Mitarbeiter seien. Doch die Anpassung an den verdichteten Arbeitsalltag und der gewaltige Bedarf an Energie, um sich am Arbeitsplatz auch nur behaupten zu können, verlangt von jedem, sich mit Haut und Haaren der durchflexibilisierten Arbeitswelt anzupassen. Es reicht bei weitem nicht mehr, seinen Job gut zu machen. Man muss ihn mit Haut und Haaren *verkörpern*, koste es, was es wolle …

KAPITEL 3

Lust und Leid – die Fieberspitzen des Sozialbluffs

Sind Sex und Geld die einzigen Motive menschlichen Strebens? Das werden all diejenigen empört ablehnen, die in sozialen Berufen arbeiten, die sich ehrenamtlich karitativ oder kulturell engagieren, all diejenigen, die sich für den Schutz der Umwelt, für Bildung, Gleichberechtigung, für die Menschenrechte einsetzen, die gegen Armut und Rassismus kämpfen. Und sind selbstlose Hilfsbereitschaft, altruistisches Handeln, die Sorge um das menschliche Miteinander nicht sogar Grundbedingungen der Zivilisation? Ist es nicht das, was uns von Bestien unterscheidet? Mögen andere schnelle Autos fahren, auf glamourösen Partys von schönen Frauen (oder Männern) umgarnt werden oder ganze Heerscharen von Angestellten kommandieren – wer Schwachen hilft, leistet einen unschätzbaren und völlig außer Frage stehenden Dienst an der Gemeinschaft. Das Helfen gilt als die edelste menschliche Tätigkeit. Hier kann man sich aufopfern bis hin zur Selbstaufgabe und erntet viel Applaus und höchste Anerkennung (die meist in keinem Verhältnis zum schlechten Lohnniveau steht). Bei Umfragen, in denen es um das Ansehen einzelner Berufsgruppen in der Gesellschaft geht, rangieren

Ärzte und Pflegekräfte neben Feuerwehrleuten ganz oben (den unteren Bereich decken neben dem Schlusslicht Versicherungsvertreter die Politiker, Werber und Telekom-Mitarbeiter ab). Es ist dieses Licht der Bewunderung, in dem sich Hochstapler sonnen wollen. Ihre Egos dürsten nach Anerkennung und Sozialprestige, und um dies zu erlangen, nutzen sie das besonders hohe Vertrauen, das helfenden Menschen entgegengebracht wird. Deshalb gibt es so viele falsche Ärzte und Therapeuten, so viele Wunderheiler, dubiose Mäzene und Spender. Paradoxerweise gibt es aber auf der anderen Seite auch immer wieder falsche Patienten, eingebildete Kranke und Verbrechensopfer. Denn nicht nur das Helfen und Heilen, sondern auch das Leiden kann prestigeträchtig sein, indem es Aufmerksamkeit, Zuwendung und Mitleid hervorruft. Bevor wir dieses weite Feld betreten, tauchen wir zunächst in das »Betriebssystem Hochstapler« ein, um herauszufinden, wie »kompatibel« wir dafür sind.

Unterwegs im Betriebssystem des Hochstaplers

Was haben die Sympathien, die enttarnten Hochstaplern zufliegen, was hat die Faszination für ihre Fähigkeiten, sich und die Welt perfekt zu täuschen, zu bedeuten? Ist es die vage Ahnung, dass Hochstapler mehr mit uns gemein haben, als wir glauben? Manch einer, der bei der Beziehungsanbahnung scheiterte, weil er beim Date als Langweiler durchfiel oder im Job trotz bester Absichten als Projektbremse dastand, wird sich angesichts der schillernden Hochstaplerfälle schon mal heimlich gewünscht haben, auch so souverän bluffen zu können. Die Ahnung zumindest, dass etwas in uns enge Bande zur Hochstapelei hält, hat sich längst zu einer klinischen Diagnose gemausert, dem Hochstapler-Syndrom. Sie erfasst jene besonders leistungsorientierte Perfektionisten, die von der Angst beherrscht werden, eigentlich Hochstapler zu sein und deshalb jeden Moment aufzufliegen. Diese beruflich oft sehr erfolgreichen Menschen können sich ihre Erfolge nicht gönnen und glauben, sie seien längst nicht so kompetent, selbstsicher, intelligent, wie es ihre gesellschaftliche Position vermuten lässt. Stattdessen reden sie ihre Fähigkeiten und Erfolge klein, führen sie auf Glück, Zufall, kompensatorischen Fleiß oder oberflächliche Attraktivität und Liebenswürdigkeit zurück. Sie fühlen sich niemals ganz selbstständig, ihnen fehlt ein kohärentes Selbstgefühl, das von Psychologenseite auf eine mangelnde Lösung aus dem symbiotischen Verhältnis zur Mutter zurückgeführt wird. Eigene Leistungen und Fähigkeiten werden als unwahr erlebt, als betrügerische Irreführung der Umgebung, sie leiden daher unter Stress, Schuldgefühlen und der ständigen Angst, »enttarnt« zu werden. Für die Mutter hat das unter Umständen den schönen Nebeneffekt, dass ihr Kind, das womöglich längst als Manager an den großen Rädern dreht, täglich anruft und – versteckt hinter der Sorge um das Wohlergehen der Mutter – zumindest verbal beschmust werden will. Paradoxerweise inszenieren diese falschen Hochstapler Fehltritte, um sich selbst zu beweisen, dass sie wirklich Hochstapler sind. Durch diese Form der Selbstbestrafung gewinnen sie die Bestätigung für ihr Selbstbild. Das Hochstapler-Syndrom äußert sich zudem in so widersprüchlichen Tendenzen wie überhartem Arbeiten und permanenter Handlungs- und Entscheidungsschwäche aus Angst, Fehler zu machen.

»Echte« Hochstapler hingegen verwandeln das Drama der Selbstfindung kurzerhand in eine Heldengeschichte und eignen sich jene gesellschaftlichen Idealbilder an, die uns zeigen, wie ein selbstverwirklichtes, erfolgreiches Leben aussehen sollte. Die zeitgemäße Rede vom Lebensentwurf nehmen sie wörtlich. Ohne Rücksicht auf Verluste und Gesetze verwirklichen sie die Vision von Glück, Aufstieg und erfolgreicher Selbstverwirklichung, die als Versprechen in freiheitlichen Gesellschaften kursieren.

Trotzdem scheint zwischen uns und den spektakulären Hochstaplerfällen ein himmelweiter Unterschied zu bestehen. Aber die Grenzen zwischen der pathologisch zwanghaften Hochstapelei und der gesellschaftlich geförderten Mentalität des Bluffens verwischen bei näherer Betrachtung wissenschaftlicher Theorien, die uns zu erklären suchen, wie ein hochstapelnder Charakter überhaupt entsteht. Sie bilden ein weiteres Mosaiksteinchen, dieses Phänomen, für das es nicht einmal ein einheitliches, wissenschaftlich fundiertes Krankheitsbild gibt, zu verstehen.

Der Psychologe Josef Grünberger verortet die Entwicklung einer hochstaplerischen Persönlichkeit – kaum überraschend – schon in der frühen Kindheit. Da geht nach Meinung der Experten ja eigentlich immer etwas schief. Die persönliche Identität, so Grünberger, entwickle sich in frühkindlichen Identifikationsprozessen und halte nach ihrer Ausreifung die Spannungen aus, die sich zwischen der Realität und den Traumvorstellungen vom eigenen Leben ergeben. Doch nicht so beim Hochstapler, dem Grünberger eine massive »Ich-Schwäche« diagnostiziert. Die nämlich »erleichtert ihm das Überspringen von Realitätsgrenzen«. Natürlich träumen sich auch normale Erwachsene mal in eine Fantasiewelt oder begeistern sich für Rollenspiele. Doch der Hochstapler versucht, sein tägliches Leben damit zu bewältigen, und entwickelt darüber ein ausgeprägtes »Fantasie-Ich«, das ihn suchtartig in den Bann zieht.

Andere Psychologen, etwa Ursula Mayr, benutzen dafür das Modell eines »intermediären Raumes«, der eine Schnittmenge zwischen äußerer und innerer Realität bildet: eine Zone, in der sich das Individuum von der lebenslangen Aufgabe ausruhen darf, zwischen äußerer und innerer Realität zu trennen und sie gleichzeitig miteinander in Einklang und Verbindung bringen zu müssen. Es ist die Mischzone von Fantasie und Realität, in der Tagträume, Fantasien, Illusionen, aber auch Rituale und Symbolbildungen stattfinden; der Raum von Kunst und Religion. Nach diesem Modell sind Hochstapler offenbar fähig, ihr ganzes Leben im Intermediärraum zu verbringen.

Dieses Phänomen geht meist mit der Erfindung eines regelrechten »Familienromans« einher, in dem ein allmächtiger Vater und eine vollkommene Mutter die wichtigsten Rollen spielen. Deshalb kann der Hochstapler seine realen Erziehungsberechtigten meist auch nicht ausstehen. Er kann sie in ihren menschlichen Grenzen nicht akzeptieren. Die leiblichen Eltern werden als Betrüger imaginiert.[1] Oft entwickeln hochstaplerische Persönlichkeiten einen »persönlichen Mythos«, bei dem sich frühe Erinnerungen und Fantasien vermischen. Die mitunter ausgefeilten und komplexen Lügen dienen als Deckerinnerungen, die tatsächliche Ereignisse gleichzeitig verdecken und offenbaren. Im Laufe der Hochstaplerkarriere kommt es immer wieder zu Synthesen einer neuen Wahrheit – und damit zu Gelegenheiten, schmerzvolles psychisches Material zu verdecken und dennoch punktuell an der Wahrheit festzuhalten.

Damit sind die realen Eltern aber nach Ansicht der Experten nicht aus ihrer Verantwortung entlassen. »Eine Analyse der Eltern-Kind-Beziehung ergibt, dass es gerade die Eltern sein können, die mehr oder minder bewusst ihr Kind ›aufwerten‹ wollen und die nicht selten selbst eine Reihe hochstaplerische Züge tragen. Die Verführung besteht darin, dass die Eltern ihre Kinder zu einem Leben drängen, das sie selbst hätten gerne führen wollen. Mit erfundenen Daten aus der eigenen Vergangenheit trachten sie als Vorbilder zu fungieren.« Doch offensichtlich sind es nicht nur die Eltern, die den Grundstein für Hochstaplerkarrieren legen. Nach Grünbergers Überzeugung werden nämlich bei weitem nicht alle potenziellen Hochstapler kriminell; die meisten machen ganz normal Karriere. Wie vielen anderen psychopathischen Persönlichkeiten auch, gelingt es ihnen, ein sozial tragbares Gleichgewicht zwischen Realität und Fantasiewelt zu erreichen. Diesen nicht kriminellen Hochstaplern, deren Schwindelgeschichten keinen Schaden anrichten, vielleicht sogar auf ein amüsiertes Publikum treffen, »fehle« oft die dramatische Frühverwahrlosungssituation.

Je nach Ausprägung kann die Leichtversion eines Hochstaplers – als ein Beispiel unter vielen – seine Legende mit einer erfundenen Vergangenheit als Hochleistungs- oder gar Profisportler würzen. So lassen sich übrigens auch akute (oder ebenfalls aufgebauschte) körperliche Gebrechen gut veredeln. Das Vorkommen von einem familiären Humus, der hochstaplerische Züge begünstigt, ist weit verbreitet: Die Familie will höhere Gesellschaftsschichten erklimmen. Dabei ist der Vater oftmals weniger durch das Prinzip ›Leistung‹, sondern durch das der ›Geltung‹ vertreten. Oft durchaus berechtigte Abstiegsängste angesichts unserer unbefristeten Krisenwirklichkeit erzeugen einen unerhörten Alltagsstress, und die Pläne für ein besseres Leben werden durch mühsame Simulation aufrechterhalten.

Waren es früher vor allem Verzichtsleistungen der Eltern mit ihren langweiligen, aber sicheren Laufbahnen, die durch stattliche Erbschaften dafür sorgen wollten, dass es ihren Sprösslingen einmal besser geht, treibt heute die Existenzangst breite Bevölkerungsschichten zu den bizarrsten Aktionen, um ihre Kinder für Verteilungskämpfe der Zukunft fit zu machen. Es ist eher die Regel als die Ausnahme, dass Eltern mit zurechtgerückten oder gar erfundenen Daten aus der eigenen Vergangenheit als Vorbilder zu fungieren versuchen. Ihre Kinder benutzen sie so als Objekte neurotischer Wunscherfüllungstendenzen. Und wenn bei diesem Aufstiegstraum etwas schiefgeht, so entstehen im Kind aus Zurücksetzung und Kränkung Spannungen. Aus dieser Überforderungssituation heraus kann das Kind dann negative Verhaltensmuster entwickeln, die mit dem Rollenspiel verglichen werden können. Wie das Kind geht der Hochstapler im Moment des Spiels vollkommen in seiner Rolle auf. Doch im Gegensatz zum Kind kann er oftmals das Spiel nicht beenden und macht daraus Ernst. Wenn er eine Rolle verkörpert, denkt er nicht darüber nach, wie sich die Opfer seines Betruges zukünftig ihm gegenüber verhalten werden, und auch seine Enttarnung ist ein Ereignis in ferner Zukunft, das außerhalb seines Vorstellungsvermögens liegt.[2] Dabei ist die hochstaplerische Persönlichkeit permanent auf ein Publikum angewiesen, um ein realistisches Selbstgefühl entwickeln und eine häufig auftretende innere Leere ausfüllen zu können.

Müssen wir jetzt alle auf die Couch, weil unsere Eltern wollten, dass wir es mal besser haben als sie? Wohl kaum. In der Tat gibt es aber noch andere, vielleicht wirksamere Kräfte, die hochstaplerischen Tendenzen Vorschub leisten und die Welten, die wir zwischen den spektakulären Hochstaplerfällen und unserem Selbstbild vermuten, schrumpfen lassen. Im Zentrum dieser Kraft liegt der verbreitete Wunsch nach einem Leben im Einklang mit sich selbst. Der Kult um ein selbstbestimmtes Leben hat eine Frage überhaupt erst aufkommen lassen: Wie authentisch sind wir? Auch bei der Klärung dieser Frage spielt das berüchtigte Bild von der Couch des Analytikers eine große Rolle. Denn wir liegen längst darauf …

Das therapeutische Evangelium

Die wegen ihres jahrelangen Erfolgs längst zum Klassiker avancierte US-Fernsehserie *The Sopranos* lebt unter anderem von der Idee, den von Depressionen heimgesuchten Mafiaboss Tony eine Psychotherapie machen zu lassen. Wenn der Capo, der nach einem Zusammenbruch widerwillig die Hilfe der so attraktiven wie liberalen Dr. Jennifer Melfi in Anspruch nimmt, seine Therapie auch verheimlichen muss, um nicht noch heftiger von seiner bösartigen Verwandtschaft gegängelt zu werden: Spätestens diese Serie zeigte, dass die Psychologen zu den heimlichen Schamanen unserer Gesellschaft geworden sind. Selbst skrupellose Killer wie Tony, die früher einfach nur als böse galten, werden heute als pflegebedürftige und »heilbare« Patienten der Psychotherapeuten gehandelt. Wer früher ein schlichtweg schlecht gelaunter Mensch war, dessen Verhaltensmerkmale fallen heute unter einen »ziemlich weitgefassten und vagen Begriff der psychischen Störung«, wie die Soziologin Eva Illouz in ihrer Untersuchung zum Siegeszug der Psychoanalyse und dem einhergehenden therapeutischen Weltbild feststellt. In ihrer Vision von seelischer Gesundheit erfinden die Experten demnach immer mehr Gründe für »neurotisches Unglück«: Defekte, die wir im Laufe unseres Lebens (und am folgenschwersten im Laufe unserer Kindheit) erwerben. Diese Defekte gilt es zu überwinden, um unser »wahres Selbst« zu befreien und uns selbst zu verwirklichen.

Das Arbeitsfeld der Experten ist dabei denkbar weit abgesteckt. So stellte die Psychoanalytikerin Margaret Mahler schon in den 1970er Jahren fest: »Es scheint ein Teil der menschlichen Natur zu sein, dass noch nicht einmal das am normalsten ausgestattete Kind, das die zugänglichste Mutter hat, die sich denken lässt, dazu in der Lage ist, den Prozess der Trennung und Individuation ohne Krisen zu überstehen ...«[3] Im Lauf der letzten Jahrzehnte hat sich eine therapeutische Kultur herausgebildet, die allpräsent ist und längst jenseits des Behandlungszimmers funktioniert. Sei es nun das Coaching in der Arbeitswelt, die Paarberatung (auch in Form von Büchern wie *Wenn Frauen zu sehr lieben* oder *Liebe dich selbst und es ist egal, wen du heiratest* etc.), die weit verbreitete Selbstfindungsliteratur, die Selbsthilfegruppe, die Fernsehtalkshow oder gar der »Psychotalk« mit Freund oder Freundin: Auf vielfältigen Wegen sickert der »therapeutische Diskurs« in unser Dasein und lebt von der Behauptung, dass wir in der Überwindung unserer seelischen Leiden irgendwann zu unserem authentischen Selbst vordringen. Wir müssen nur genug und richtig darüber reden. Gesundheit und Selbstverwirklichung gehen in dieser

Vorstellung praktisch ineinander über. (Wer nicht zweimal die Woche mit seinem Partner ins Bett gehen mag, ist emotional gehemmt und irgendwie krank. Die Paar-Intimität ist »gestört«. Wer ständig Sex haben will, ist auch krank – sexsüchtig – und hat Angst vor Intimität und ein Problem mit dem Selbstbewusstsein.)

Es kann uns »äußerlich« richtig gut gehen, aber dennoch hindert uns eine Altlast, ein unüberwundenes Trauma daran, uns selbstverwirklicht zu fühlen. »Im Kern dieser Erzählung steht die Annahme, dass man Erinnerungsarbeit an vergangenem Leid leistet, um sich von ihm zu befreien«, schreibt Eva Illouz. Die berühmte amerikanischen Talkmasterin Oprah Winfrey, die ihre Erzählung vom seelischen Leid nicht nur zum zentralen Element ihrer öffentlichen Identität machte, sondern auf diesem Weg sogar zur Chef-Therapeutin der Vereinigten Staaten avancierte, gilt als Kronzeugin dieser Entwicklung. »Die Leute glauben, bloß weil du auf dem Bildschirm bist, hast du alle Fäden in der Hand. Aber ich habe mit meinem Selbstwertgefühl viele, viele Jahre zu kämpfen gehabt. Und ich komme jetzt erst langsam damit klar.« Ihr Kampf mit dem eigenen Körpergewicht (»die Pfunde standen für die Last meines Lebens«) wird ebenso Bestandteil der Erzählung vom seelischen Leid wie ihre sexuelle Aktivität (»das habe ich nicht gemacht, weil ich es toll fand, überall herumzurennen und Sex zu haben. Sondern deshalb, weil ich nicht wollte, dass die anderen Jungs böse auf mich sind, nachdem ich einmal damit angefangen hatte«) und unglücklich verlaufene Liebesbeziehungen (»ich war in einer Beziehung nach der anderen, in der ich schlecht behandelt wurde, weil ich glaubte, das zu verdienen«). Konsequenterweise inszenierte Winfrey auch das Zusammentreffen mit ihrer jüngeren Halbschwester Patricia, von deren Existenz sie zuvor nichts ahnte, im Fernsehen (»Es hat mich bis ins Mark erschüttert!«).[4] Die Spitzen solcher Seelenstrips finden sich im Fall der Bessergestellten meist zwischen zwei Buchdeckeln als »Misery Memoirs«. Die Crème der Unterprivilegierten verspricht sich Aufmerksamkeit für ihr Ego über vulgärtherapeutische Angebote im Trash-TV, seien es Psychocamps wie *Big Brother* oder entsprechende Talk- und Reality-Shows. Die starke Präsenz dieser Form der Selbstinszenierung als mit den eigenen Unzulänglichkeiten ringendes Selbst mag mit dazu beitragen, dass sich die Inszenierung als »Opfer« oder »Kranker« bei labilen Persönlichkeiten immer wieder als verheißungsvoller Weg darstellt, ernst genommen zu werden und öffentlich Anerkennung zu finden. Aber auch eine Eskalationsstufe darunter bietet der Druck des Egos zur Selbstbehauptung eine Menge dramatischen Stoffs. Und dieses beliebte Stück heißt: Wann sind wir wirklich wir selbst?

Täuschend echt

Die Wege zum »authentischen« Leben sind so verschlungen, dass sie in der Spanne einer menschlichen Existenz kaum beschritten werden können. Was heißt eigentlich »authentisch«? Und wie können wir erkennen, ob eine Person oder ob wir selbst »authentisch« sind? Hier stoßen wir auf einen dichten Nebel, der viel Raum für Spekulationen lässt. Die gängige Vorstellung von einem beständigen, gestalthaften Selbst, das man wie eine Skulptur aus grobem Gestein freilegen kann, mag betörend klingen – der alltäglichen Erfahrung indes entspricht sie nicht. Der zur Persönlichkeitsentwicklung forschende Sozialpsychologe Walter Mischel beispielsweise geht davon aus, dass menschliches Handeln weniger durch solitäre Eigenschaften des Selbst als von ständig im Fluss befindlichen Persönlichkeitsvariablen und den Gegebenheiten einer Situation bestimmt wird. Nur so können wir es als prinzipientreue Menschen mit hohen moralischen Standards mit uns vereinbaren, dass wir bei passender Gelegenheit hundsgemein sind, ohne darin einen Widerspruch zu sehen oder gar in eine Krise zu stürzen. Nur so können wir es ertragen, mit ganz unterschiedlichen Formen des Selbst zu agieren – abhängig davon, ob wir uns zum Beispiel bei der Arbeit befinden, mit alten Freunden etwas trinken gehen oder zuhause sind. Und es ist gut, dass wir uns nicht in jeder dieser Situationen fragen, ob unser Denken und Handeln dem entspricht, was wir uns als Vorstellung von unserem Selbst gebastelt haben. Allenfalls wundern wir uns regelmäßig über uns selbst.

Mit welchen Instrumentarien stochern wir im Nebel der Authentizität? Führt die Arbeit am Selbst zum Ziel der Selbstverwirklichung – wie durch das Training im Fitnessstudio lästiger Ballast abgeworfen wird und die Muskeln in gefälligen Wölbungen den Körper zieren? So einfach ist es leider nicht. Denn es bleibt stets unklar, ob der »Muskel« in unserem Kopf die Schwelle der »Selbstverwirklichung« erreicht hat, oder ob er nicht doch auf eine Inszenierung des Egos hin trainiert wird.[5] Die manchmal plump wirkende Kausalität zwischen vergangenem Leid und persönlichen Defiziten scheint unserem aktuellen Bild von der Komplexität des Hirns nicht so recht zu entsprechen und bleibt in vielen Fällen auch schlicht eine Behauptung. Eine besondere Rolle spielt dabei die Sprache. Denn die Erfahrung seelischen Leids formt sich mittels (oft schablonenhafter) Begriffe und Phrasen erst viel später zu einer »bedeutsamen« Erzählung. Hier setzen viele Hochstapler an, ihre fiktive Identität glaubhaft zu vermitteln und selbst zu glauben. Sie verstehen es meisterhaft, ihre Biografie entsprechend ihrer jeweiligen Bedürfnisse zu kreieren und zu verkaufen. Wenn die Biografie den Schlüssel zum Verständnis eines Menschen darstellt, bietet der kreative Umgang damit unendliche Möglichkeiten zu Lüge und Selbsttäuschung. Im Umkehrschluss erregt ein Individuum Verdacht, das nicht bereit ist, seine Vergangenheit zur Basis gegenseitigen Verstehens zu machen. Was hat es zu verstecken? Man kann dieser Logik schlichtweg nicht entkommen, denn für die Kommunikation wie für die Selbstvergewisserung sind wir auf Sprache angewiesen. Sie ist aber auch das stärkste Medium, sich selbst und anderen etwas vorzumachen. Wie tückisch das Bewusstmachen und »darüber reden« sein können, legen Untersuchungen der beiden amerikanischen Kognitionspsychologen Jonathan W. Schooler und T. Y. Engstler-Schooler nahe. In diversen Versuchen haben sie einen »verbalen Überlagerungseffekt« festgestellt. So erreichten Versuchspersonen, die sich Gesichter merken und sie bei einer Gegenüberstellung wiedererkennen sollten, wesentlich niedrigere Trefferquoten, wenn sie die Gesichter vorher in Worten zu beschreiben hatten, um sie dann zu identifizieren. Für das Ziel, eine authentische Persönlichkeit zu sein, sind auch die Befunde einer Forschergruppe an der Uni Köln ernüchternd. Hier haben Untersuchungen mit Studenten gezeigt, wie unbestimmt und manipulierbar die jeweilige Einschätzung der eigenen Persönlichkeit ist. Das vage Bild des Ichs in der Zukunft (das ja auf reinen Spekulationen beruht) beeinflusst die aktuelle Selbsteinschätzung offenbar genauso stark wie das Bild vom vergangenen Ich, das sich immerhin auf reale Erinnerungen stützen kann.[6] Man kann es auch so ausdrücken, dass unsere realen Erinnerungen mit größerem Abstand immer abstrakter und »fiktionaler« werden. Es ist eine Erfahrung, die wir alle kennen. Das plötzliche Stutzen, wenn wir zum x-ten Mal eine Anekdote – zum Beispiel aus unserer Kindheit – zum Besten geben; habe ich das wirklich erlebt, oder hat es sich erst durch meine Erzählungen zu dieser Erinnerung entwickelt?

Die Wellness- und Feelgood-Literatur, die uns mit wohlklingenden Worthülsen auf die (natürlich total entspannte, harmonische und ausgeglichene) Jagd nach dem authentischen Ich schickt, verschweigt beflissentlich solche Stolpersteine, die uns auf dem unendlichen Pfad der Selbstfindung im Weg liegen. Es sind die gleichen Irritationen und Hindernisse, die uns so empfänglich für jede Art des Bluffs machen.

Der nützliche Selbstbetrug

Sind wir wirklich so schlecht dafür gerüstet, uns selbst zu verstehen? Dafür sprechen nicht nur Jahrtausende des Streits in der Philosophie. Allein schon die in unserer Natur angelegte Neigung zur Selbsttäuschung entfaltet hier ihre ganze Kraft. Sie hilft uns dabei, Risse in dem Bild zu kitten, das wir von uns selbst (als moralisch integre Personen) haben. Ob in der Beziehungsanbahnung, dem Bewerbungsgespräch oder schlicht im Alltag: Wer sich in ein gutes Licht stellen möchte (Wer möchte das nicht?) und im sozialen Miteinander nicht durch gnadenlose Ehrlichkeit ins Abseits geraten will (»Schatz, du siehst ja heute wirklich furchtbar aus«, »Entschuldigung, Chef. Aber von Geschäftsführung haben Sie wirklich keine Ahnung. Soll ich das nicht besser machen?« etc.), der greift zwangsläufig zu Schönmalerei, Flunkereien und moderaten Übertreibungen. Wie aber verträgt sich das mit unserem Anspruch, ehrliche Menschen zu sein? Unsicherheiten und Unstimmigkeiten in Ausdruck, Wortwahl und Gestik wecken in dieser Situation sofort Verdacht. Um also besonders überzeugend lügen und täuschen zu können, hat uns die Natur gleich noch ein weiteres Extra ins Körbchen gelegt – die Fähigkeit, uns selbst etwas vorzumachen.

Auch hier bilden die »großen«, publik gewordenen Fälle von Bluff nur die dramatische Spitze, denn Hochstapler – und nicht nur die prominenten! – müssen für ihre wuchernden Lügengebilde besonders überzeugend wirken und die ganze Komplexität ihres Trugs im Überblick behalten. Das kann nur gelingen, wenn man sich ganz und gar in die eigene Täuschung einlebt. Einem Finanzbetrüger wie Jürgen Harksen nicht unähnlich, fahren sie tatsächlich zum Geschäftsessen, das sie gegenüber anderen frei erfunden haben, um einen Termin vorzutäuschen, und stellen dann vor Ort fest, dass sie sich selbst auf dem Leim gegangen sind. ›Die Lüge leben‹ ist das Motto. Aber selbst nach ihrer Enttarnung reden sich viele Hochstapler ihr Tun schön. Mal ist es die böse Gier in unserer Gesellschaft, die dafür verantwortlich zu machen ist, dass Menschen auf sie hereingefallen sind. Mal ist es Betrug in ganz großem Maßstab, den sie durch ihr Handeln nur entlarven wollten. So tritt zum Beispiel der bereits erwähnte Gert Postel auf. Dass der gelernte Postbote unter anderem jahrelang als Psychiater wirken konnte, begründet er selbst damit, dass eben das gesamte

Fach ein von Hochstaplern betriebener Mummenschanz sei. Übrigens stimmt Postel zur Rechtfertigung seiner Taten auch gern in den therapeutischen Tenor ein und verweist auf ein traumatisches Erlebnis aus der eigenen Vergangenheit. Mit vierzehn Jahren sei er selbst einmal ein Wochenende in der Kinder- und Jugendpsychiatrie gewesen, weil er wegen eines schlechten Schulzeugnisses von zuhause weggelaufen sei. Sein Coup in einer sächsischen Klinik machte Postel nach seiner Entlarvung zu einer Ikone der Antipsychiatriebewegung – eine Huldigung, die er mit Verweis auf die an ihm diagnostizierte »narzisstische Persönlichkeitsstörung« lustvoll entgegennimmt.

Das Selbsttäuschungsvermögen des Menschen ist zum intensiv beackerten Feld der Wissenschaften geworden. Was verständlich ist, denn so recht passt es nicht zu unserem Selbstverständnis als souveräne Individuen. Wir assoziieren mit Selbsttäuschung eher einen Defekt als einen Nutzen. Dessen ungeachtet hält man in der Verhaltensmedizin die Selbsttäuschung sogar für gesundheitsförderlich. Heilungskräfte könnten besser mobilisiert werden, wenn der Patient sich nicht in vollem Umfang klarmacht, wie schlecht es um ihn steht. Laut einer Studie litten Patienten, die Gedanken an eine bevorstehende Operation vermieden, wesentlich seltener unter postoperativen Komplikationen als Patienten, die sich im Vorfeld stark damit beschäftigten. Der amerikanische Psychologe Daniel Goleman sieht beim Verdrängen oder Verharmlosen von Krankheiten einen psychischen Vorgang am Werk, der sich mit den Schutzmechanismen des verletzten Körpers vergleichen lässt, der durch die Ausschüttung körpereigener Morphine unerträgliche Schmerzen abzublocken vermag und so – zumindest für kurze Zeit – handlungsfähig bleibt. Wie das Morphin den Schmerz stillt, kann die Selbsttäuschung Ängste dämpfen, wenngleich sich das nur durch einen entsprechenden Realitätsverlust erkaufen lässt. Die Existenzbedrohung – zum Beispiel durch eine Krankheit oder eine Verletzung – bleibt ja real bestehen. Die Frage ist, ob die körpereigene »Droge« Selbsttäuschung, die ja demnach wie ein Beruhigungsmittel funktioniert, auch entsprechendes Suchtpotenzial mit sich bringt.

Ohne Lüge kein Homo sapiens?

Auf den ersten Blick wirkt das Phänomen Selbsttäuschung widersprüchlich. Wie kann eine Person gleichzeitig Täter und Opfer in einem betrügerischen Akt werden? Das Bild, das wir von den in unserem Hirn ablaufenden Denkprozessen haben, legt doch eigentlich nahe, dass wir uns selbst nicht betrügen können. Wir glauben, ein Gedanke sei Ergebnis eines bewussten Prozesses – und dies vermittelt den trügerischen Eindruck, wir könnten uns selbst beim Bilden von Gedanken beobachten und unsere Gedanken rational beurteilen. Und doch wissen wir alle nur zu genau, dass wir uns immer wieder etwas vormachen. Im Alltag erleben wir Denkprozesse eben auch ganz anders. Statt gemächlich aufsteigende »Gedankenblasen« mit klarem Inhalt zu beobachten, tasten wir im dichten Nebel aus unartikulierten Potenzen und Optionen. Unser Bewusstsein artikuliert sich eher im nachträglichen Ergreifen einzelner Möglichkeiten aus dieser nebulösen gedanklichen Gemengelage. Es agiert also lediglich als passiver Verwerter, der die von uns selbst nicht zu kontrollierenden Hirnprozesse gewissermaßen in Schlagworte bringt. Unbewusste neuronale Aktivitäten werden dabei in ein Medium übersetzt, das wir verstehen können. In diesem Modell erregt Selbstbetrug plötzlich keinen großen Widerspruch mehr. Denn bei dem Übersetzungsprozess in unausgesprochene Satzbrocken können alle möglichen Fehler passieren: Unbewusste Zensurmechanismen verwerfen Inhalte, die Übersetzung erfolgt nach unbewussten Vorgaben.

Wir alle haben schon Beispiele wie dieses erlebt: Im Gespräch mit einem Kollegen äußern wir eine bestimmte Meinung, und eine Woche später (oder im nächsten Meeting eine Stunde später) verkauft uns der Kollege, ohne rot zu werden und mit größter Überzeugung, exakt den gleichen Gedanken als seinen eigenen. Das muss nicht unbedingt etwas mit betrügerischen Absichten zu tun haben. Vielleicht sind es einfach seine unbewussten neuronalen Ströme, die ihm, der sich hier mit fremden Federn schmückt, diese passende Konstellation anbieten, die er dann als eigenen Gedanken empfindet. Wenn wir uns über solche Frechheit empören, sollten wir das nächste Mal daran denken, dass »unser« Gedanke möglicherweise genauso entstanden ist.

Seit den 1980er Jahren nutzen manche Kognitionswissenschaftler das einprägsame Bild von den vielen Tausend Miniaturhirnen, die in unserem organischen Hirn (dem Mutterschiff sozusagen) ihre kleinen Arbeiten verrichten. Jedes dieser »geistigen Module« funktioniert als Spezialist, der dem Job, den er zu verantworten hat, perfekt genügt, aber darüber hinaus nichts zustande bringt. Für den amerikanischen Evolutionspsychologen David Livingstone Smith gleicht das Hirn somit eher »einem Komitee dienender Idioten als einem einzelnen Genius«. Und alles, was sich auf dieser Grundlage als Identität formt, muss halbwegs provisorisch bleiben. Smith ist sogar überzeugt, dass der Mensch seine geistige Potenz überhaupt dem Umstand verdankt, dass der evolutionäre Druck stetig wuchs, immer raffinierter zu schwindeln, um sich gegenüber Konkurrenten durchzusetzen. Ohne Lüge also, so seine These, kein Homo sapiens. Und die Fähigkeit, uns selbst zu täuschen, hilft uns dabei, anderen noch effektiver etwas vorzumachen.

Für Wissenschaftler, die auf der Suche nach der ursprünglichen menschlichen Natur sind, besteht eine spannende Aufgabe darin, herauszufinden, wie sich die Fähigkeit des Menschen zur Selbsttäuschung als vorteilhafter Bestandteil unserer genetischen Ausrüstung erwiesen haben könnte, denn das Gehirn unterlag den gleichen selektiven Prozessen wie alle anderen Organe auch. Besonderer Popularität erfreute sich eine Zeit lang sogar jenes radikale Modell vom evolutionären Prozess, nach dem auch wir Menschen nur Überlebensmaschinen sind, programmiert von Genen, um noch mehr Gene zu produzieren. Der prominenteste Vertreter dieser Auffassung ist der Engländer Richard Dawkins. Seiner Meinung nach befinden sich alle Lebewesen fest in der Hand ihrer Gene, deren einzige Bestimmung es sei, den Organismus zu erhalten und so oft wie möglich zu reproduzieren. Eines von Dawkins' meistgelesenen Büchern trägt programmgemäß den Titel *Das egoistische Gen* (1976). Ihre bis heute (zumindest bei Laien) anhaltende Popularität verdankt diese Theorie wahrscheinlich auch dem Umstand, dass sie auf alle schwierigen Fragen nach unserer geistigen Natur eine so einfache Antwort bietet. Selbst unsere Auflehnung gegen die Interpretation des Menschen als Container für reproduktionswütige Gene wird perfiderweise im Sinne dieser Theorie umgemünzt und mit Selbsttäuschung und dem damit einhergehenden Realitätsverlust erklärt. Anders ausgedrückt: »Was zeugt von besserer Überlebensfähigkeit: der Glauben, diese Leben sei bedeutungslos und man selbst insignifikant, oder der Glauben, man sei der Star in einem wichtigen Schauspiel?«[7]

Die Konfrontation mit dem Selbst

Das Hirn ist offensichtlich darin erprobt, falsch zu informieren oder gar zu betrügen. Das Verhältnis zwischen der Selbsteinschätzung und dem eigentlichen Verhalten einer Person kann man allenfalls als lose bezeichnen. Bei einer Umfrage unter Highschool-Absolventen waren gut 70 Prozent der Befragten der Meinung, für Führungspositionen überdurchschnittlich begabt zu sein. Nur zwei Prozent schätzten sich als unterdurchschnittlich begabt ein. Ein so simples wie einleuchtendes Beispiel ist die Selbstüberschätzung als Verkehrsteilnehmer, ob im Bett oder auf der Straße. Die meisten Menschen sind zum Beispiel der festen Überzeugung, dass sie überdurchschnittlich gut Auto fahren – eine Rechnung, die nur aufgeht, wenn man alle Leute ohne Führerschein mit einbezieht.

Um dem Mechanismus der Selbsttäuschung auf die Schliche zu kommen, spielten die amerikanischen Psychologen Ruben Gur und Harold Sackeim ihren Versuchspersonen, die sie im Unklaren über den eigentlichen Hintergrund der Experimente ließen, Stimmen vom Tonband vor. Unter die dreißig Stimmproben mischten sie auch fünfmal die Stimme des jeweiligen Probanden und schickten diese mit ganz unterschiedlichen Ansagen in das Experiment. Bei den einen hieß es, die eigene Stimme sei gar nicht zu hören, bei anderen, dass sie manchmal oder gar häufig zu hören sei. Nun sollte die Versuchsperson immer dann einen Knopf drücken, wenn sie meinte, die eigene Stimme zu hören, und einen anderen Knopf, wenn sie eine fremde Stimme zu hören glaubten. Wie bei einem Lügendetektor wurden die körperlichen Reaktionen an zwei Fingern der anderen Hand gemessen: Neben Reaktionszeiten, Herzströmen, Atemfrequenz und Blutdruck wurde auch der sogenannte »psychogalvanische Hautwiderstand« gemessen, wodurch das Gerät die Erregung erfasst, die beim Lügen auftreten kann. Erhöhter Blutdruck und schnelle Atemfrequenz gehen dabei mit einem sinkenden elektrischen Hautwiderstand einher. Die Forscher stellten zunächst fest, dass der Hautwiderstand schon beim Hören der eigenen Stimme steigt. Und besonders hoch war er in dem Fall, dass die eigene Stimme korrekt identifiziert wurde; niedrig hingegen, wenn eine fremde Stimme korrekt identifiziert wurde. Spannend stellte sich das Ergebnis hinsichtlich der falschen Zuordnung dar. Wenn die eigene Stimme fälschlicherweise als fremd eingeordnet wurde, war der Hautwiderstand trotzdem hoch. Und wenn eine fremde Stimme für die eigene gehalten wurde, blieb der Hautwiderstand trotzdem niedrig. Die Haut gab also die richtige Antwort, während das Hirn sich anders entschied.

Aber welchen Grund hatten die Versuchspersonen für ihre Selbsttäuschung? Auch dafür fanden die Forscher eine Erklärung. Denn für jede Person wurde mittels eines Fragebogens (mit Fragen wie »Machen Sie sich oft Sorgen über Dinge, die Sie nicht getan oder gesagt haben sollten?«) die persönliche Diskrepanz zwischen dem, was sie zu sein glaubt, und dem, was sie sein möchte ermittelt – also der Unterschied zwischen Wunsch und Wirklichkeit. Besonders hoch fiel die Diskrepanz bei den »Selbstverleugnern« aus, also denjenigen Versuchspersonen, die im Versuch die eigene Stimme besonders oft nicht erkannten, die offenbar die Auseinandersetzung mit sich selbst scheuten. Diejenigen, die fremde Stimmen hingegen oft als die eigene identifizierten, fielen bei der Befragung durch eine recht hohe Zufriedenheit auf. Diese Selbstsicherheit interpretierten die Wissenschaftler als narzisstische Selbsterweiterung.

Die Konfrontation mit sich selbst ist eine heikle Sache, und offensichtlich hängt die jeweilige Reaktion stark vom eigenen Selbstwertgefühl ab, egal ob man der eigenen Stimme oder dem müden Gesicht im Spiegel begegnet. In einem anderen Experiment ließen die Forscher ihre Versuchspersonen einen Intelligenztest machen. Dabei hatte die Hälfte besonders schwere Aufgaben zu absolvieren, so dass sie glauben musste, eher dumm zu sein und den Anforderungen nicht zu genügen. Die andere Hälfte bekam lächerlich einfache Fragen gestellt und ging mit dem guten Gefühl aus dem Test, echte Intelligenzbolzen zu sein. Dann kam der eigentliche Test – ein Fragebogen, auf dem sich die negativ manipulierten Testpersonen gegenüber den positiv manipulierten besonders oft mit Kategorien wie »Ängstlichkeit«, »Depression« und »Feindseligkeit« in Beziehung setzten. Obendrauf kam dann noch das Stimmerkennungsexperiment, bei dem die Verlierer besonders oft die eigene Stimme nicht erkannten, also »verleugneten«. Die Gewinner hingegen hörten sich selbst häufiger, als es tatsächlich der Fall war, und neigten also zur »Selbsterweiterung«.[8]

Das bemerkenswerte Ergebnis des Experiments ist, dass die Wirkung der Selbsttäuschung offenbar stark von äußeren Einflüssen abhängt. Vermeintliche psychische »Defekte« wie Depressionen lassen sich demnach auch als plausible

Reaktionen auf problematische Situationen oder Lebenskrisen interpretieren (selbst wenn sie wie im zweiten Teil des Versuchs nur simuliert werden). Tatsächlich gibt es Forscher, die einen Nutzen in der Depression suchen, die gegenüber anderen mentalen Störungen wesentlich stärker verbreitet ist. Um die sieben Prozent der Bevölkerung leiden zeitweise darunter. Depressive bewerten ihre eigene Lebenssituation – anders als die »normalen Selbsttäuscher« – meist realistischer und ohne Illusionen. Aber wie kann der selbstquälerische Prozess, negative Gedanken ständig wiederzukäuen, sich selbst schonungslos zu demontieren und sich das Hirn mit Fragen nach dem Sinn zu zermartern, nützlich sein? In ihrer Theorie über den Nutzen der Depression heben die Psychiater Paul Andrews und Anderson Thomson hervor, dass diese mit einem analytischen Grübeln zur Bewältigung von Lebenskrisen einhergeht. »Es schien uns nicht logisch, dass das Gehirn ausgerechnet dann versagt, wenn es am meisten gebraucht wird. Vielleicht«, so Andrews, »sucht es nur besonders konsequent nach einem Ausweg.«[9] Die beiden Wissenschaftler schränken ihre Theorie immerhin selbst so weit ein, dass sie für schwerste Depressionen, die zum Teil auch organisch bedingt sind, kaum gelten kann. Aber sie sind davon überzeugt, dass zeitweise mildere Formen der Depression wichtiger Bestandteil davon sind, Lebenskrisen zu meistern. So figuriert die Depression als Gegenstück zu unserer Neigung, uns selbst und anderen etwas vorzumachen – zum Bluff.

Wir haben gesehen: So wichtig in unserer heutigen Zeit Schlagworte wie Selbstverwirklichung und Authentizität geworden sind, so nebulös bleibt ihre Gestalt. Es liegt ja auch ein grundsätzlicher Widerspruch darin, dass wir unser wahres Selbst finden und doch stets veränderbar, experimentierfähig bleiben sollen. Nichts weniger verlangt eine hochdynamische, aber orientierungslose Gesellschaft von ihren Mitgliedern.

Vielleicht ist der Kult um das »authentische Ego« ja gerade angesichts permanenter Flexibilisierung und dem Spagat zwischen Optionen und Existenzängsten der effizienteste Weg, um die Alarmbereitschaft gegen unvermeidliche Ermüdungserscheinungen aufrechtzuerhalten. Wenn es dann doch nicht mehr gelingt, im Spiel zu bleiben und der Körper nicht mehr mitmacht, kommt es zu eben jenen Erschöpfungsdepressionen, von denen immer mehr Menschen betroffen sind.

Bezeichnenderweise wird das Kind jedoch nicht beim Namen genannt, denn die Depression hat ein denkbar schlechtes Image. Sie gilt als Diagnose für Verlierer, für Alte, Arme und Außenseiter. (Noch bis Ende des 19. Jahrhunderts war dies anders, denn bis dahin wurden diese Zustände unter dem Begriff der Melancholie gefasst, der durchaus auch positive und produktive Eigenschaften zugeschrieben wurden.) Zeitgemäß wird statt von Depression lieber von »Burnout« gesprochen. Burnout ist kein Scheitern an den Ansprüchen oder am eigenen Ich, Burnout ist ein Boxenstopp im Arbeitsleben auf der Überholspur. Es figuriert in dieser Logik wie ein mentaler Wadenkrampf des Hochleisters und signalisiert, dass jemand alles gegeben hat, um Globalisierung und die x-te Umstrukturierung zu bewältigen. Manche wie die Kommunikationswissenschaftlerin Miriam Meckel behaupten gar, Burnout »wird oft wie ein Leistungsausweis eingesetzt. Ein beruflich erfolgreicher Mensch, hat irgendwann sein Burnout, so wie er seine Familie, sein Haus und seine Ferienwohnung hat.«

Meckel litt selbst an einer Erschöpfungsdepression und schrieb ein Buch darüber. Die Lebenspartnerin der TV-Moderatorin Anne Will lehrt an der Universität St. Gallen Kommunikationsmanagement und verstand es als solche auch, sich ins Gespräch zu bringen. Ihre Talkshowauftritte wurden von ausführlichen Berichten in allen deutschsprachigen Feuilletons flankiert. Wegen des enormen Erfolgs ihrer »Krankheitsbeichte« musste sich Meckel den Vorwurf gefallen lassen, dass sie sogar ihren psychischen Zusammenbruch ausbeute und »selbst aus ihrer größten Krise noch Kapital« schlage.

Kranksein mit Passion

Nicht jedem ist es vergönnt, mit sensationellen Leidensgeschichten öffentliche Aufmerksamkeit und Zuwendung zu gewinnen. Dessen ungeachtet macht zum Beispiel der Soziologe Manfred Prisching breite Tendenzen aus, eine Opferrolle anzunehmen. »Im politisch umkämpften und staatlich regulierten Verteilungskampf gehört das Opfer-Bild zu den stärksten Waffen; denn Opfern muss geholfen werden. [...] Wenn man merkt, dass man nicht ganz vorne dabei sein kann [...], bleibt nur die Umkehr zum anderen Extrem auf der emotionalen Skala, zum Opfer-Paradigma.« Der »Gewinn« wird in diesen Fällen in der Währung Zuwendung, Aufmerksamkeit, Mitleid ausgezahlt. Es überrascht daher wenig, dass im Alltag viele verschiedene – harmlose und weniger harmlose – Strategien zum Einsatz kommen, um diese

Aufmerksamkeit zu erzwingen. Aber wie weit kann diese Form des Sozialbluffs wirklich gehen? Fangen wir bei den harmloseren an. Dazu gehört die Simulation von Leiden (am besten solche, die ebenfalls mit Stress und hohem Leistungsanspruch in Verbindung stehen wie Migräne oder Tinnitus) beziehungsweise die Übertreibung und Dramatisierung tatsächlich vorhandener Symptome. Schon Kleinkinder bestehen mitunter darauf, sich einfach mit Pflastern zu schmücken, um besorgte Aufmerksamkeit auf sich zu ziehen. Und jeder kennt es von sich selbst: In manchen Situationen kann es von Vorteil sein, physische oder psychische Schwächen zu betonen, um Rücksichtnahme, Schonung und allgemeine Aufmerksamkeit für eigene Bedürfnisse zu erheischen. Diese Praxis setzt sich natürlich fort, wenn sich wirklich ernsthafte Krankheiten einstellen. In einer alternden Gesellschaft wie unserer gehören »Krankheitswettbewerbe«, bei denen sich Gespräche und sogar ganze Freundschaften ausufernd um die jeweiligen Leidenserzählungen drehen, zum lebenslang kultivierten Leistungsethos einfach dazu. Sie lösen die Statusvergleiche (Finca gekauft, wieder mal eine Beförderung, Kinder kommen auf die Privatschule) im Lebensabschnitt der beruflichen Etablierung ganz allmählich ab und lassen jene Senioren den größten Unterhaltungswert für sich verbuchen, die mit den seltensten oder kompliziertesten Krankheiten aufwarten können (aber noch in der Lage sind, davon zu erzählen).

Inzwischen bietet sich eine Heerschar von Experten, Privatkliniken und Therapeuten an, gemeinsam mit sensibilisierten Patienten jede Befindlichkeitsstörung in den Kategorien behandlungsbedürftiger Krankheiten zu erfassen. Sie sind bereit, auf diese Menschen, die sich »durch übertriebene Selbstbeobachtung in eine psychische Störung hineingrübeln«, einzugehen, wie der Arzt und Theologe Manfred Lütz feststellt. Ein Geschäft auf Gegenseitigkeit: Der Patient erhält Aufmerksamkeit, der Therapeut stärkt sein Ego durch die Anwendung seiner Kompetenz, und die Privatklinik macht Umsatz. So kommt es zur Inflation der Diagnosen von Burnout und posttraumatischen Belastungs- und Borderlinestörungen – eine Entwicklung, so Lütz, die am Ende dazu führt, dass Hochstaplerpatienten oder auch eingebildete Kranke den schweren Fällen die Therapieplätze wegnehmen und die Aufmerksamkeit von Ärzten und Psychiatern absorbieren. Allerdings definiert selbst die Weltgesundheitsorganisation (WHO) einen Begriff von Gesundheit, der denkbar weit gefasst ist und sich nicht mit dem Fehlen von Krankheit und Gebrechen begnügt. Gesundheit rückt bei der WHO in den seltenen Zustand vollkommenen körperlichen, geistigen und sozialen Wohlbefindens. Die Phasen im Leben, in denen man also wirklich, wirklich gesund ist, kann man gewissermaßen mit der Stoppuhr erfassen.

Es ist symptomatisch für unsere Zeit, dass zum Thema vorgetäuschten Krankseins ausgerechnet die falschen Hypochonder, also die, die mit dem Kranksein nur wortreich kokettieren, die größte Beachtung finden. TV-Prominente wie Harald Schmidt sorgten mit ihrer inszenierten Hypochondrie dafür, dass dieses Leiden in gewisser Weise schick wurde und manche Zeitgenossen damit hausieren gehen, um sensibel und kultiviert zu wirken. Für Schmidt diente sie schlicht als Bestandteil eines zeitgemäßen Showmasterprofils und verhalf dem unausgelasteten und latent von seinem eigenen Altherrenhumor gelangweilten Promi zu ein paar netten Nebeneinkünften als Werbeträger für Pharmaprodukte. Diese falschen Hypochonder gleichen überzüchteten Pudeln, die auf schwächlichen Beinen zitternd durch die Komfortzonen der Wohlstandsgesellschaft staksen, ihren Unterhaltungswert dem Mitleid verdanken und den Eindruck erwecken, jeden Moment tot umzufallen, dann aber doch hundert Hundejahre alt werden.

Beim echten Hypochonder dagegen wird Kranksein zum wichtigsten Anker der Identität und prägt seinen Lebensstil. Das Hochstapeln gefühlter Krankheitssymptome hat sich hier verselbstständigt und fällt nicht mehr in die Kategorie vorsätzlicher Wichtigtuerei. Der echte Hypochonder hat sein pathologisches Krankfühlen nicht im Griff und kann es deshalb auch nicht inszenieren. Sein ganzes Leben ist von der krankhaften Krankheitsangst bestimmt. Als hauptberuflicher Patient findet er Beachtung und Zuwendung, letztlich aber nie genug davon, so dass er von Arzt zu Arzt hetzt. Harmlose körperliche Symptome werden von Hypochondern als gefährlich fehlinterpretiert und erlebt. Häufige Arztkontakte und -wechsel folgen. Hypochondrie gehört zur Gruppe der »somatoformen« Störungen. Das bedeutet, die Symptome wirken wie organisch bedingt; umfangreiche medizinische Untersuchungen erbringen aber keinen oder nur einen unerheblichen organischen Befund. Mit diesem Ergebnis können die Patienten aber nicht zufrieden sein und glauben, man habe die Ursache für ihre körperlichen Symptome, wie etwa undefinierbare Bauch- oder Unterleibsschmerzen, Herzrasen, übermäßige Druckempfindlichkeit oder Sensibilisierungsstörungen der Haut, nicht erkannt. Hypochonder sind keine Simulanten, sondern leben in einer Wahnwelt von Krankheitsphobien, die tatsächliches Leid verursacht.

Die Eskalationsstufen falscher Krankheit

Vor der Wiedervereinigung – die Wehrpflicht war noch ein ernst zu nehmender Einschnitt im Leben junger Männer – war es eine beliebte Strategie, sich bei der Musterung als psychisch labil darzustellen, um nicht zur Bundeswehr gehen zu müssen. Anders als die braven Verweigerer, die für die Reinheit ihres Gewissens einen längeren Zivildienst antreten mussten, setzten die Simulanten alles auf eine überzeugende Gaga-Performance im Kreiswehrersatzamt. Als Lohn erhielten sie das heiß ersehnte T4 im Musterungsbescheid, was so viel bedeutete, wie für die Bundeswehr »vorübergehend« nicht verwendungsfähig zu sein. Den Wehrpflichtigen und Zivildienstleistenden blieb hingegen nichts anderes üblich, als gelegentlich eine »Sehnenscheidenentzündung« vorzutäuschen, um ein paar Tage krankgeschrieben zu werden. Kurz vor der Abschaffung der Wehrpflicht reichte es wegen des geringen Frischfleischbedarfs der Bundeswehr dann aus, wenn man eine »Sellerieallergie« oder Karies vorweisen konnte, um nicht »gezogen« zu werden.

Auch im zivilen Leben kommen simulierte Erkrankungen regelmäßig vor. Schwere Lebenskrisen und scheinbar ausweglose Situationen können den Wunsch hervorrufen, sich in eine gesellschaftlich definierte Rolle zu ergeben, die durch Hilfsbedürftigkeit und Freiheit von jeglichen Leistungsansprüchen gekennzeichnet ist. Dauerpatient zu sein bedeutet in dieser Vorstellung kein Stigma, sondern einen geradezu verlockenden Ausweg mit allen Vorzügen, die eine umfassende Gesundheitsversorgung in den westlichen Industriestaaten zu bieten hat. Ein vorgetäuschter Gedächtnisverlust (etwa nach einem Unfall) bietet zum Beispiel nicht nur den womöglich Jahre währenden Status als Patient; er ermöglicht unter Umständen auch eine komplette Ablösung vom bisherigen Leben samt Verwandtschaft.

Der in Deutschland lebende Amerikaner Rick Minnich hat einen Film über seinen Vater gedreht *(Forgetting Dad)*, in dem er diesem Phänomen auf der Spur ist. Richard Minnich hatte 1990 einen eigentlich harmlosen Verkehrsunfall, der neben ein paar leichten Prellungen dazu führte, dass er – eigenartigerweise erst eine Woche darauf – sein Gedächtnis verlor. Der damals 45-jährige IT-Experte wusste nicht mehr, was er bis dahin in seinem Leben gemacht hatte, und erkannte seine Frau, Rick und weitere vier Kinder nicht wieder. Oder er tat zumindest so. Totale Amnesie als radikale Exitstrategie aus einem als unerträglich empfundenen Leben? Im Interview mit seinem Sohn gibt Richard zu Protokoll: »Ich bin jetzt der ›Neue Richard‹. Nicht ›Dad‹, wie du mich immer nennst.« Richard verließ seine Familie und lebte fortan als Patient ohne Erinnerung an sein früheres Leben. Die Ärzte, auf der Suche nach einer halbwegs tauglichen Diagnose, notierten in die Krankenakte eine »posttraumatische Belastungsstörung«, obwohl dieses Krankenbild ursprünglich Kriegsopfern vorbehalten war und eine allmähliche Rückkehr des Gedächtnisses als wahrscheinlich gilt. (Erkrankte Veteranen des Vietnamkriegs litten unter dem Vorwurf der US-Behörden, Simulanten zu sein.) In Richard Minnichs Fall, so eine Vermutung seines Sohns, waren es womöglich massive Geldprobleme, die Richard dazu brachten, für immer krank und ohne Gedächtnis zu bleiben.

Manchem »Wunschpatienten« reicht vielleicht die Lektüre der *Apotheken-Umschau*, um sich entsprechend inspirieren zu lassen und vielleicht sogar schon ein Zwicken zu verspüren. Mancher hilft vielleicht mit drei, vier Tassen Espresso und ein paar Red Bulls nach, um sich mit Herzrasen in die Obhut eines Arztes zu begeben. Als Ursache für dieses Phänomen wird gemeinhin die wachsende »Vergletscherung« zwischen den Menschen, also soziale Isolation bei zunehmender Arbeitsverdichtung und mangelnde Ansprache, genannt. Selbst bei nüchterner Betrachtung des Gesundheitswesens kommt jeder, der die Stichworte »Kur« oder »Frührente« hört, zu dem Schluss, dass man besser heute als morgen krank wird.

Aber nicht nur rein simulierte, auch absichtlich herbeigeführte Krankheiten und Behinderungen dienen immer wieder als Mittel, um Versicherungssummen oder andere Vorteile zu kassieren. Mustergültig ist der Fall eines Arztes, der sich mit einem glatten Schnitt seines Zeigefingers an der »Nichtgebrauchshand« entledigte und behauptete, es sei ein Unfall beim Holzhacken gewesen. Häufig sind es Geldprobleme oder aber der Wunsch, ohne große finanzielle Einbußen aus dem anstrengenden Berufsleben auszusteigen. Natürlich kennen die Versicherungen solche Verhaltensmuster. Wenn ein paar Indizien zusammenkommen (Ungereimtheiten bei der Unfallschilderung, Hinweise auf eine »Exekutionshaltung« des Fingers, »Probierverletzungen« etc.) und der Versicherte – wie der erwähnte Arzt – auch noch über eine Unfallversicherung mit verbesserter »Gliedertaxe« verfügt, gehen beim Versicherer die Alarmlichter für einen Betrugsfall an. Manche Schätzungen gehen so weit, dass bei bis zu fünf Prozent der Patienten eine künstliche Form der Erkrankung vorliegt – ob nun rein vorgetäuscht oder in betrügerischer Absicht manipuliert.

Vollkommen bizarr hingegen erscheint die Motivation mancher Menschen, die sich selbst beschädigen, um eine Krankenrolle zu erzwingen. Der Unterschied zur Simulation besteht hier darin, dass kein einleuchtendes Motiv vorliegt, das die Patienten dazu treibt, sich als Opfer einer ernsten Krankheit zu stilisieren. Dazu gehört das nach dem »Lügenbaron« Münchhausen benannte Syndrom.

Die Inszenierung der Krankheit beginnt oft mit der dramatischen Einlieferung als Notfall. Dem folgt die extrem überzeugende Präsentation eines Leidensbildes, das durch Methoden der Selbstmanipulation zustande kommt, die selbst für das Fachpersonal äußerst trickreich, grausam und unverständlich sind. Wer beschädigt sich schon durch das Aufbringen von Säuren, Laugen oder anderen schädigenden Substanzen? Wer spritzt sich infizierte Lösungen, Speichel, Spülwasser oder Milch unter die Haut, bis sich alles entzündet und eitert? Noch schwerer zu fassen sind die artifiziellen internistischen Erkrankungen: künstliches Fieber durch Einnahme schädigender Substanzen oder künstliche Blutarmut durch ständiges Blutabzapfen. Nicht selten bringen es Münchhausen-Patienten auf dicke Krankenakten, wenn man die Dokumente sämtlicher Kliniken zusammenträgt. Selbst dort, wo man meinen würde, es lässt sich nichts manipulieren, sind sie besonders erfinderisch: Heftige und »unerklärliche« Blutungen werden durch die Einnahme von Medikamenten provoziert, die die Blutgerinnung stark verringern; eine künstliche Überfunktion der Schilddrüse wird durch Schilddrüsenhormone, eine Unterzuckerung durch die Injektion von Insulin erzeugt. Hartnäckig spuckte eine Sechzehnjährige Blut, doch die Lunge und andere innere Organe waren ohne Befund. Immer wieder tauchte sie in der Klinik auf. Schließlich ergab die Laboranalyse ihres Auswurfs, dass das Blut aus der Gebärmutter stammte. Wie konnte es in die Lunge gelangen? Die Jugendliche muss ihr eigenes Menstruationsblut verschluckt haben, bevor sie im Krankenhaus einen »Hustenanfall« bekam.[10]

Was aber geht in diesen Menschen vor? Ist es ihre Art von »Karriere«, sich als »Opfer« in diesen negativen Narzissmusexzess zu versteigen? Der Münchhausen-Patient ist in einem Paradox aus Lust und Schmerz gefangen. Denn um weiter die medizinische Aufmerksamkeit zu bekommen, muss er sich fortlaufend Schaden zufügen. Ihm geht es um die Erzeugung physischer Symptome, denen der Arzt schon aus rechtlichen Gründen nachgehen muss. Der erfolglosen Behandlung folgt die Überweisung an Spezialisten. Auch sie täuscht der Patient mit seinen selbstzerstörerischen Aktionen und gerät schließlich an die Koryphäen des Fachs. Der Patient wird unter Umständen als »seltener, komplexer Fall« im Studentenunterricht vorgeführt oder zum Gegenstand wissenschaftlicher Publikationen und Konferenzbeiträge. Für den Hochstaplerpatienten ist das der süße Lohn für all die Schmerzen und Verletzungen, die er sich zufügt. Kranksein ist hier zur Identität geworden, das Krankenhaus mit seinem Personal ersetzt das soziale Umfeld. Irgendwann mehren sich womöglich die Verdachtsmomente, die wahre Ursache für die starken körperlichen Symptome könnte doch ein psychisches Leiden sein. Doch diese Diagnose würden Münchhausen-Patienten nie akzeptieren. Zweifel an ihrer vorgetäuschten Krankheit werden für sie zum Anlass, die Behandlung abzubrechen und zu einem anderen Mediziner zu wechseln. Zurück bleibt dann ein Arzt, der »im Allgemeinen erleichtert ist, wenn dieser Patient ›gegen ärztlichen Rat‹ auscheckt«.[11]

So hat diese Krankheit also noch eine andere Seite. Denn das Münchhausen-Syndrom untergräbt das Machtverhältnis zwischen Arzt und Patient auf besonders tückische Weise. Nicht nur, weil die Symptome einerseits künstlich sind, aber andererseits ja »echte« Hinweise auf eine andere – psychische – Krankheit darstellen – und damit die Fähigkeit des Arztes auf eine harte Probe stellen. Das Münchhausen-Syndrom beeinflusst auch das Selbstverständnis des Mediziners, der sich in seiner Diagnosefähigkeit verletzt sieht. Der Patient wird mit einer Mischung aus Verwirrung, Fassungslosigkeit, Verachtung und Wut behandelt. Sein Erfolg im Unterlaufen und in der Sabotage der wohlmeinenden Anstrengungen des Arztes wird für diesen zur Quelle von Scham und Peinlichkeit. Ob diese Gefühle nun zugegeben werden oder nicht – Münchhausen-Patienten gehören zu den wenigen, die bei Ärzten massive Aversionen, Angst, Verzweiflung oder gar regelrechte Bosheit entfachen können.

Bei ihrer Diagnose dieser Störung schwingt für die Mediziner stets ein gewisses Unbehagen mit, beruht sie doch nur auf einer Reihe schwer bestimmbarer Symptome und Verhaltensweisen der Patienten. Es wundert nicht, dass die Klassifizierung als »Münchhausen-Syndrom« samt zugehörigem Krankheitsbild – 1951 durch den Internisten Richard Asher in einer renommierten Fachzeitschrift – bald in der Fachwelt begeistert angenommen wurde. Die Etablierung als Krankheit half den Patienten zwar nicht, stellte dafür aber die erschütterte ärztliche Autorität wieder her: Nun gab es eine echte Diagnose für etwas, was vorher schlicht ein demütigender Schwindel war.[12]

Diese haarsträubenden Formen von Opferidentitäten werden die meisten von uns als grausame Exzesse vereinzelter

Egoakrobaten weit von sich weisen. Allerdings stellen diese Fälle Erscheinungen aus der Mitte der Gesellschaft dar und haben keinesfalls etwas mit Bildungsferne oder Verwahrlosung zu tun. Man muss sich Entgleisungen dieser Art als schleichende Prozesse vorstellen, die sich langsam, aber sicher der Kontrolle der Akteure entziehen. Wie vielseitig diese sprichwörtlich aus Leidenschaft betriebene Form der Hochstapelei sein kann, zeigen die folgenden Fälle.

Opfer ohne Täter

Ein Supermarkt in der ostdeutschen Provinz. Auf dem Vorplatz lungern einige Skinheads herum. Ein kleines Mädchen, dunkelhaarig, etwa sechs Jahre alt, kommt aus dem Eingang und überquert den Platz. Die angetrunkenen Kerle verstellen ihr den Weg, ziehen an ihren Haaren und schubsen das weinende Kind herum. Niemand schreitet ein, keiner der Anwohner verlässt seinen Logenplatz am Fensterbrett. Nur die 17-jährige Rebecca K. erhebt die Stimme. Die Pressemitteilung der Polizei vom 23. November 2007 lautete so: »Polizei sucht Zeugen zu rechtsextremistischem Übergriff – eine Jugendliche habe vor einem Supermarkt in Mittweida vier junge Männer bemerkt, die ein ausländisches Kind herumschubsten. Die Zeugin habe sich eingemischt, »daraufhin ließen sie von dem Kind ab, griffen die Jugendliche an und rissen sie zu Boden. Drei der Tatverdächtigen hielten sie fest, während der vierte ihr mit einem skalpellartigen Gegenstand ein fünf Zentimeter großes Hakenkreuz in die Haut im Hüftbereich ritzte. Anschließend ließen die Täter von der Jugendlichen ab, so dass sie flüchten konnte.« Das Kind sei davongerannt, doch die Kriminalpolizei habe seine Identität herausgefunden: ein sechsjähriges Spätaussiedlermädchen, das den Tathergang bestätigte, heißt es in dem Bericht weiter. Der Vorfall sorgte auch deshalb für besonderes Aufsehen, weil nach Angaben Rebeccas, die sich heldenhaft vor das Mädchen gestellt hatte, mehrere Menschen den Übergriff verfolgt und nicht eingegriffen haben. In der Kleinstadt Mittweida herrschte blankes Entsetzen über die brutale Tat der Neonazis, die in der Region sehr aktiv sind. Bald finden sich mehr als 400 Menschen mit Kerzen ein, im stillen Protest gegen rechte Gewalt und für Zivilcourage. Es gibt Demos, offene Briefe, Mahnwachen und Friedensgebete.

Wenige Wochen später hat sich die Lage dramatisch geändert, denn nun ermittelt die Polizei gegen das angebliche Opfer wegen des Vortäuschens einer Straftat. Das kleine Mädchen, dem die Jugendliche zu Hilfe geeilt sei, war nachweislich gar nicht vor Ort gewesen. Möglicherweise hat die Sechsjährige auf Suggestivfragen entsprechend geantwortet, obwohl bei der Befragung eine Psychologin anwesend war. Eine besondere Dimension bekommt der Fall schließlich, als ein bundesweites »Bündnis für Demokratie und Toleranz« Rebecca K. im Februar 2008 mit einem »Ehrenpreis für Zivilcourage« auszeichnet, obwohl schon Ermittlungen gegen die junge Frau laufen. Die Laudatio auf Rebecca im Mittweidaer Rathaus hält die Beiratsvorsitzende des Bündnisses, Cornelie Sonntag-Wolgast. Trotz aller öffentlich vorgebrachten Zweifel sagt die SPD-Politikerin: »Wir haben keine belastbaren Hinweise dafür, dass sie nicht glaubwürdig ist.« Gemeinsam mit der Grünen-MdB Monika Lazar zog Sonntag-Wolgast die Preisverleihung durch – eine solch glänzende Gelegenheit für bundesweite PR lässt man in der Politik schließlich nicht aufgrund irgendwelcher böswilliger Gerüchte sausen. Im Herbst 2008 wird Rebecca K. wegen Vortäuschens einer Straftat zu 40 Stunden gemeinnütziger Arbeit verurteilt. Den Preis für Zivilcourage gibt sie still und heimlich wieder zurück.

Zwei Jahre später, in der Schweiz: Es ist früher Abend im winterlich kühlen Zürich, die junge brasilianische Anwältin Paula O. ist in der Nähe des S-Bahnhofs Stettbach unterwegs. Paula, im dritten Monat mit Zwillingen schwanger, kennt sich in der Gegend nicht so gut aus und hat sich ein wenig verlaufen. Plötzlich stellen sich ihr drei klobige Gestalten in den Weg und pöbeln sie an. Niemand ist in der Nähe, und sie kann den aggressiven Glatzköpfen nicht ausweichen. Schon packen sie zwei der Männer und ziehen ihr die Kleidung vom Leib. Paula schreit, doch keiner hört sie oder will sie hören. Der dritte, der eine Hakenkreuztätowierung auf dem Hinterkopf trägt, schneidet der jungen Frau die Buchstaben »SVP« in die Haut. Nach fünf qualvollen Minuten lassen die Täter von ihr ab. Völlig geschockt, begibt sich die Misshandelte zur Bahnhofstoilette, wo es zum Spontanabort kommt. Fassungslos ruft sie von dort ihren Freund an, der zu Hilfe eilt.

In Brasilien schlägt die Nachricht von diesem grauenhaften Vorfall wie eine Bombe ein. Neonazis seien am Werk gewesen, Sympathisanten der populistischen Schweizerischen Volkspartei (SVP), die in den letzten Jahren zur stärksten Partei geworden war und die für einen strengeren Kurs in der Ausländerpolitik steht. Noch am gleichen Abend findet eine erste ausführliche Befragung des Opfers durch die Polizei statt. Die gefasst wirkende junge Anwältin fragt die Polizisten zum Schluss, wie sie sich gegenüber den Medien zu verhalten habe. Die Beamten bitten darum, vorläufig keine Angaben zu machen, weil dadurch die Fahndung behindert werden könnte. Eine scheinheilige Frage Paulas: Zu diesem Zeitpunkt ist der skandalöse Vorfall über die brasilianische News-Kette *O Globo* längst in Umlauf. In den brasilianischen Medien braut sich bereits eine gewaltige Kampagne zusammen – mit Bildern und Informationen, die von Paula oder aus ihrem engsten Umfeld stammen müssen. Paulas Vater, der als hoher Regierungsbeamter über beste Beziehungen verfügt, berichtet in den folgenden Tagen auf allen Kanälen über das schreckliche Schicksal seiner Tochter und über das Wesen der SVP. Auch die brasilianische Generalkonsulin Vitória Cleaver, die bei allen Vernehmungen dabei ist, gibt gerne Auskunft. Nun schaltet sich selbst Staatspräsident Lula ein und fordert die Schweiz zum Handeln auf. Einige Schweizer Medien übernehmen diese Position und klagen über den »alltäglichen Rassismus«. Wieder mal sitzt die Alpenrepublik auf der Anklagebank der Weltöffentlichkeit.

Doch es dauert nicht lange, da regen sich ernste Zweifel an der Geschichte. Die Schilderung des Vorfalls entspricht einfach zu sehr einem Klischee, um wahr zu sein: Da sind einmal die Neonazis, die mit großflächigen Hakenkreuztätowierungen durch Zürich spazieren und ihrem Opfer ausgerechnet das Kürzel der SVP in die Haut ritzen. Programmatisch ist die rechtsbürgerliche Partei in etwa mit der bayrischen CSU vergleichbar – für Neonazis sicher nicht radikal genug. Bei der nächsten Vernehmung erzählt Paula von zwei Fehlgeburten, die sie bereits früher erlitten habe. Um die Weihnachtszeit sei sie erneut schwanger geworden, Anfang Januar habe sie im Supermarkt einen Test gekauft, der positiv ausgefallen sei. Eine mit ihr befreundete brasilianische Ärztin habe in der Folge in einem Zürcher Hotel, an dessen Name sie sich nicht erinnern könne, ambulant eine Ultraschalluntersuchung vorgenommen und dabei ihre Zwillinge fotografiert. Die Aufnahmen habe sie leider nicht mehr zur Hand, auch die Telefonnummer der Ärztin bleibt unauffindbar. Das Opfer verwickelt sich jetzt zunehmend in Widersprüche. Nun trifft der medizinische Befund des Krankenhauses ein, den ihr eine Polizistin gemäß Protokoll »schonend beizubringen versucht«: Er besagt eindeutig, dass Paula O. in jüngster Zeit nicht schwanger war …

Wenig später legt die Brasilianerin ein Geständnis ab – es gab in ihrem Leben weder Skinheads noch ungeborene Zwillinge. Die Ritzwunden, die Gerichtsexperten inzwischen eindeutig als Selbstverletzungen identifiziert haben, hatte sie sich auf der Bahnhofstoilette zugefügt – mit einem Küchenmesser, das sie am Morgen vor der Tat eingepackt hatte. Die Tat war also nicht spontan erfolgt, sondern Stunden, wenn nicht Tage zuvor geplant worden. Die Medien in Brasilien reagierten zum Teil mit Selbstkritik. Die Zeitschrift *Epoca* wusste nun zu berichten, Paula sei im Kollegenkreis schon früher als Lügnerin aufgefallen. So habe sie einmal einen fiktiven Gatten bei einem realen Flugzeugabsturz sterben lassen, um Mitleid zu erregen. Die vermeintlichen Ultraschallbilder von ihren Zwillingen, die sie vor ihrer Tat im Freundeskreis herumgeschickt hatte, soll die Anwältin im Internet aufgestöbert und heruntergeladen haben. Möglicherweise gab es für Paula O. auch ein finanzielles Motiv: Opfer von Gewalttaten erhalten in der Schweiz Genugtuungs- und Schadensersatzzahlungen aus der Staatskasse. Wäre sie mit ihrer Geschichte durchgekommen, hätte Paula in Anbetracht der politischen Implikationen für den Verlust von zwei Kindern und den damit verbundenen schweren psychischen Schaden ohne weiteres zwischen umgerechnet 35 000 und 75 000 Euro beanspruchen können. Als Anwältin dürfte ihr diese Besonderheit der Schweizer Rechtspflege bekannt gewesen sein.

Im Dezember 2009 wurde Paula O. zu einer Geldstrafe verurteilt, ihre Aufenthaltsbewilligung nicht verlängert – obwohl die Betrügerin nach eigenem Bekunden gerne geblieben wäre, trotz SVP. Möglicherweise wurde die Anwältin durch den Fall im sächsischen Mittweida inspiriert. Mit der Überfallgeschichte habe sie aus einer anderen Lügengeschichte herauskommen wollen: Ihrem Freund habe sie vorgemacht, sie sei schwanger. Als ein Termin beim Frauenarzt die Lüge hätte auffliegen lassen, fiel ihr der Naziüberfall mit anschließendem Spontanabort ein.

Dass Politik und Ermittler üblicherweise sehr vorsichtig bei derartigen Fällen geworden sind, liegt an Erfahrungen aus der Vergangenheit. So hatten sich immer wieder angebliche Hakenkreuz-Ritzereien, die vermeintliche Opfer bei der Polizei anzeigten, als Selbstverletzungen herausgestellt.[13] In den meisten Fällen geht es den Schwindlern um einen sozialen Gewinn durch den erworbenen »Opferstatus«. »An der Wurzel solchen Handelns«, erklärt der Psychologe Stefan Schmalbach, »steht oft krankhafter Geltungsdrang oder das Bestreben, auf diesem Weg von einem tieferliegenden, größeren persönlichen Problem abzulenken.« Man wird umsorgt, beachtet, steht im Mittelpunkt der Aufmerksamkeit. Als angebliches Opfer von Rassisten und Neonazis erzeugt man in einer dafür sensibilisierten Öffentlichkeit starke Resonanz.

Besonders in den USA wird »hate crime« streng geahndet. Zwischen 1990 und 1997 gab es dort etwa einhundert Fälle von vorgetäuschter Hasskriminalität, die überregional bekannt geworden sind. Da die Medien über Opfer von Hasskriminalität stets wohlwollend berichten und zudem besondere Entschädigungsleistungen von Staat und Versicherungen winken, ist diese Art von Opfersimulation für Betrüger und Hochstapler nicht unattraktiv.

Ähnliche Motive liegen auch Fällen zugrunde, in denen Menschen vorgeben, belästigt und verfolgt zu werden. Semi-Prominente erfinden manchmal Stalker, um die Medienaufmerksamkeit zu gewinnen und den eigenen Status als vermeintlicher Star zu demonstrieren. So behauptete die australische Entertainerin Fairlie Arrow, von einem durchgedrehten Fan verfolgt zu werden, und verbreitete die Story in den Medien. Die Geschichte gipfelte schließlich in ihrer angeblichen Entführung durch den Stalker. Die Sache flog auf und Frau Arrow wurde zu einer Geldstrafe von umgerechnet 16000 Euro verurteilt – eine Summe, die sie durch Nacktaufnahmen für das Männermagazin *Penthouse* locker aufbrachte. Auch so kann man im Gespräch bleiben …

Anteilnahme als Lebenselixier

Weniger belustigend als solche und ähnliche Schwindeleien der C-Promis sind allerdings Fälle, in denen sich Hochstapler als Opfer eines Jahrhundertverbrechens, als traumatisierte Überlebende der Schoah inszenieren. Das mag im Fall von Rudi Dutschke, einem der Wortführer der deutschen Studentenbewegung von 1968, noch in der Kategorie einer pikanten Fußnote rangieren. Er glaubte, er sei ein von Deutschen aufgezogenes jüdisches Waisenkind, dessen Eltern im Holocaust ermordet wurden. Drastischere Fälle einer solchen Selbstinszenierung erlangen aber weit größere Ausmaße – mit entsprechend fatalen Nebenwirkungen. So dienen falsche Holocaustopfer Neonazis und Leugnern des Völkermords als Belege für ihr Hirngespinst, dass der Holocaust insgesamt eine einzige große Legende sei. Die Belgierin Misha D. behauptete in den 1990er Jahren, als Kind den Holocaust überlebt zu haben, weil sie von einem Rudel Wölfe in den polnischen Wäldern behütet worden sei. Sie sei als Sechsjährige im Jahr 1940 zu Fuß und alleine von Belgien nach Polen gelaufen, um ihre deportierten Eltern zu suchen. Unter den Titel *Misha: A Mémoire of the Holocaust Years* erschien die Geschichte als Buch und wurde sogar verfilmt, entpuppte sich dann aber als reines Fantasiegebilde.

1995 wurden im Jüdischen Verlag bei Suhrkamp Binjamins Wilkomirskis Memoiren *Bruchstücke. Aus einer Kindheit 1939–1948* veröffentlicht, in denen der Autor seinen Überlebenskampf als jüdisches Kind in den polnischen Konzentrationslagern während der deutschen Besatzung beschreibt. Nach dem Krieg war er als Waisenkind in die Schweiz gekommen und dort adoptiert worden. In der Öffentlichkeit stieß seine Geschichte auf großes Interesse, sein Buch wurde als eines der besten und eindrücklichsten Beispiele jüdischer Erinnerungsliteratur gewürdigt. Die internationale Presse rezensierte *Bruchstücke* begeistert, Wilkomirski wurde zum gefragten Interviewpartner und Zeitzeugen des Holocaust. Im Fernsehen und in Dokumentarfilmen war er zu sehen, vor Schulklassen berichtete er eindringlich über seine Erlebnisse. Seine wachsende Bekanntheit führte dazu, dass ihn sein hochbetagter, in Israel lebender Vater, ein orthodoxer Jude namens Yakow Maroko, wiedererkannte. Er hatte den Verlust seines Sohnes Binjamin im KZ Majdanek nie verwunden. Vor laufenden Kameras traf der Vater mit dem tot geglaubten Sohn auf dem Flughafen Tel Aviv zusammen, die Bilder gingen um die Welt. Auch andere Verwandte Wilkomirskis in den USA, die ihren Namen in Wilbur geändert hatten, meldeten sich. Mitüberlebende aus Majdanek und Auschwitz-Birkenau erkannten ihn jetzt wieder. Ergreifend war auch das Wiedersehen mit Laura Grabowski in einer Synagoge in Beverly Hills. Vor über fünfzig Jahren hatten beide einander aus den Augen verloren, nachdem sie zusammen die Hölle von Auschwitz-Birkenau überlebt hatten.

Drei Jahre später stürzte Wilkomirski aus ruhmreicher Höhe ins Bodenlose. Ein Presseartikel des Autors Daniel Ganzfried hatte ihn als Schwindler entlarvt. Binjamin Wilkomirski heißt eigentlich Bruno Dössekker, wurde 1941 als uneheliches Kind Bruno Grosjean in der Schweiz geboren und von Amts wegen zur Adoption freigegeben. Über Umwege kam er zu dem wohlhabenden Ärztepaar Dössekker und wuchs in einer Villa in Zürich auf – ein bilderbuchmäßiges Glück für das Adoptivkind. Nach dem Gymnasium studierte Dössekker Geschichte, ohne zu einem Abschluss zu kommen. Stattdessen wechselte er zur Musik und arbeitete als Klarinettenlehrer. Einstige Mitschüler berichteten, Dössekker habe schon damals mit geflunkerten Geschichten aufgewartet, zum Beispiel als Flüchtlingskind aus dem Baltikum zu stammen.

Mit Mitte zwanzig gab er sich erstmals als Jude aus, trug eine Halskette mit Davidstern und eine Kippa. Schritt für Schritt wuchs seine Legende, machte Dössekker eine regelrechte Metamorphose durch. Ende der 1960er Jahre behauptete er, aus einer polnischen Musikerfamilie zu stammen und fuhr mehrmals nach Krakau und Auschwitz. Bei einem seiner Besuche hörte er ein Konzert der Violinistin Wanda Wilkomirska und wurde auf seine Ähnlichkeit mit der Künstlerin angesprochen. Als Wilkomirski kehrte er 1972 in die Schweiz zurück. 1980 simulierte er die Beherrschung des Jiddischen, veranstaltete Sabbatfeiern und beeindruckte mit Kenntnissen jüdischer Rituale. 1982 behauptete er, ein Agent des israelischen Geheimdienstes Mossad zu sein – ein Erzählmotiv übrigens, das bei Hochstaplern besonders beliebt ist. Mit dem Surfbrett sei er als Spion nach Ägypten eingedrungen und habe sich am Krieg gegen die Palästinenser beteiligt. Er absolvierte tatsächlich eine Pilotenausbildung, erfand die Einsätze für die israelische Luftwaffe aber hinzu. Gleichzeitig erzählte er seiner Umgebung von einer Krebserkrankung. Bei seinen Reisen in die polnischen KZ-Gedenkstätten agierte Wilkomirski wie in Trance; Experten sprechen von intuitiven Körpererinnerungen, die mit dem erlittenen Trauma zusammenhängen. In Gesprächen mit jüdischen Gesprächspartnern bekam seine Sprache plötzlich einen jiddischen Beiklang. Er wirkte dabei erregt, stotterte, fiel in eine Art Kindersprache. Er reiste nach Israel, um dort im Ghettokämpfer-Museum seine Geschichte zu erzählen, und trat bald darauf in einer Dokumentationssendung des israelischen Fernsehens über Kinder-Überlebende auf.

Schließlich regte ihn 1992 die Psychotherapeutin Monika Matta, bei der er sich in Therapie befand, dazu an, seine bewegende Lebensgeschichte aufzuschreiben. Eine Literaturagentin, selbst Holocaustüberlebende, bot das Manuskript an, mehrere renommierte Verlage zeigten sich interessiert.

Suhrkamp bekam den Zuschlag und beeilte sich mit der Veröffentlichung des Werkes. Frühe Warnungen, es könnte sich um eine fiktive Geschichte statt um einen authentisches Dokument handeln, wurden ignoriert. Der Journalist Hanno Helbling schrieb dem Verleger Siegfried Unseld über das geplante »Auschwitz-Erinnerungsbuch« eines ihm bekannten Zürcher Musikers. Dieses Werk werde »wohl früher oder später als fiktiv erkannt werden«, es sei lediglich als eine »psychologische Rarität« zu bezeichnen, »die für die mythenbildende Ausstrahlung des Holocaust zeugen kann«. Trotzdem erschien *Bruchstücke* in insgesamt neun Sprachen und machte den unscheinbaren, unbekannten Klarinettenlehrer zum weltweit bekannten NS-Opfer, zum Sprecher der Holocaustüberlebenden, zum Medienstar Binjamin Wilkomirski. In den Folgejahren erhielt Dössekker alias Wilkomirski zahlreiche Preise, einen davon erstaunlicherweise noch nach seiner Enttarnung: Die American Orthopsychiatric Association verlieh ihm im April 1999 den Hayman Award for Holocaust and Genocide Studies, weil er das »Verstehen von Holocaust und Völkermord« gefördert habe.

Schematische Erinnerung

Was hatte Dössekker dazu bewogen, sich als Holocaustopfer zu inszenieren? Als Anregung und Mahnung zugleich mag ihm der Fall Jerzy Kosinski gedient haben. Kosinski schrieb in den 1960er Jahren den autobiografischen Roman *Der bemalte Vogel,* in dem er seine schrecklichen Kindheitserinnerungen im von den Nazis besetzten Polen wiedergibt. Sicherlich hat Dössekker das Werk gekannt. Das Buch war voller grauenhafter Ereignisse und Gewaltszenen. Die amerikanische Originalausgabe erhielt 1965 begeisterte Kritiken. Man verglich den Roman mit dem *Tagebuch der Anne Frank*, und der Autor wurde zeitweise sogar als Anwärter für den Literaturnobelpreis gehandelt. Doch in den 1980er Jahren geriet er immer mehr in Verdacht, ein Lügner zu sein. Schließlich stellte sich heraus, dass Kosinski zwar ein Überlebender der Schoah war, seine Horrorgeschichte allerdings nicht stimmte. Seine jüdische Familie konnte mithilfe ihres Vermögens und einer Namensänderung die Besatzungszeit überstehen, bevor sie nach Amerika auswanderte. Kosinskis Glaubwürdigkeit war erschüttert, er nahm sich Anfang der 1990er Jahre das Leben.

Im Fall Dössekker/Wilkomirski fällt auf, dass seine Legende ganz allmählich wuchs und mit zahlreichen Widersprüchen und Fehlern ständiger »Nachbesserungen« bedurfte. Das spricht gegen eine systematische und kühl konzipierte Betrugsplanung. So musste er zwischenzeitlich das eigene Geburtsdatum von 1941 auf 1938 korrigieren, weil seine detaillierten KZ-Erinnerungen für das Lebensalter von drei Jahren unglaubwürdig wirkten. Auch legte er sein offizielles Einreisedatum in die Schweiz ins Jahr 1948, wo doch in seinen Zeugnissen, die er selbst besaß, 1947 als Jahr des Schuleintritts vermerkt war. Dössekkers erfundene Biografie ergriff in ihrer fragmentarischen Widersprüchlichkeit nach und nach Besitz von ihm, bis er zur exklusiven Gemeinschaft der Juden und speziell der Schoahüberlebenden gehörte und mit den Marokos in Israel und den Wilburs in Amerika eine neue Familie besaß. Mit therapeutischer Betreuung wuchs Dössekker in seine neue Identität hinein.

Zur Rolle seines Therapeuten Elitsur Bernstein bemerkte Daniel Ganzfried, der den Fall aufgedeckt hat: »Bruno Dösseker war nicht alleine, als er sich […] sein neues Leben ausdachte. Jeder seiner Schritte war moderiert von seinem Psychotherapeuten [… er] hat die Erfindung und Konfektionierung der Figur Wilkomirski überwacht.«[14] Dössekker verschlang Unmengen von historischen Büchern, Dokumenten und Erinnerungsliteratur und verinnerlichte Fakten wie Erinnerungen anderer als wären es seine eigenen. So konnte er Gesprächs- und Interviewpartner, die mit ihrer Erwartungshaltung, ihrer Ehrfurcht und hochgradig suggestiven Fragen einen vitalisierenden Rahmen für die Legende boten, passgenau beliefern. Nur wenige wie etwa Gary Mokotoff vom Jewish Book Council erkannten dieses Schema: »Wenn Sie sich die Ereignisse, die er [Wilkomirski] beschreibt, im Einzelnen anschauen, dann erscheinen sie als die Summe der Erfahrungen aller Überlebenden.«[15]

Nach seiner Enttarnung hält Dössekker noch einige Jahre an seiner jüdischen Identität fest, vollzieht dann im Jahr 2001 eine radikale Wende und nimmt im israelisch-palästinensischen Konflikt aggressiv Stellung gegen Israel. In Briefen versammelt er eine ganze Reihe antisemitischer Klischees und behauptet, die Juden seien selbst Schuld am Antisemitismus, sie betrieben einen finanziell lukrativen Opferkult und erpressten Länder wie die Schweiz fortwährend. Wieder bekommen die Therapeuten zu tun …

Ein ungleiches Paar? Selbstlosigkeit und Eigennutz

Wo Leid ist, sollte in Solidargemeinschaften die Hilfe nicht weit sein. Dass der Starke dem Schwachen hilft, ist ein menschliches Gebot, das zurecht höchstes Ansehen genießt – denn mehr gibt es dafür oft nicht. Wie eingangs bereits erwähnt, wollen wir auch auf diesem schwierigen Terrain die Einfallstore aufspüren, durch die sich Hochstapler Anerkennung und Sozialprestige erschleichen. Die Schwierigkeit besteht darin, dass sich jede Kritik an sozialem Engagement dem Vorwurf aussetzt, die guten Effekte kleinzureden und verdienstvollen Mitmenschen Böses anhängen zu wollen. Wem können wir noch vertrauen, wenn nicht denen, die Gutes tun?

Auch hier spielt uns unsere Natur einen Streich und stattete uns mit Eigenschaften aus, die sich – sagen wir – vielseitig einsetzen lassen.

Eine wesentliche Rolle spielt dabei unsere Fähigkeit zur Einfühlung. Denn sich in andere hineinversetzen zu können, versorgt nicht nur Solidarität und Nächstenliebe mit verlässlichen Energieschüben. Einfühlung ist auch die Voraussetzung für die arglistige Täuschung, den egoistischen Bluff. Diese Erkenntnis bleibt allerdings nicht auf den Menschen beschränkt, sondern wird beispielsweise vom Verhalten vermeintlich primitiver Lebensformen wie den Putzerfischen widergespiegelt. Ihnen gelingt die geniale Synthese aus Selbstlosigkeit und Eigennutz. Die Fische haben sich auf die Körperpflege größerer Meeresbewohner spezialisiert, tun also – oberflächlich betrachtet – Gutes. Sie befreien ihre »Kunden« von Parasiten, was für die Putzerfische aber gar nicht so befriedigend ist, denn eigentlich mögen sie viel lieber die Schleimschicht aus dem Gewebe ihrer Kundschaft. Ab und zu mutieren die eifrigen Reinigungskräfte zu regelrechten »Putzteufeln« und genehmigen sich einen Happen von ihren Kunden. Dabei dürfen sie es aber nicht übertreiben, sonst verlieren sie ihr Gewerbe.

Besonders beliebt sind diese Putzerfisch-Reinigungssalons, wenn sie von Paaren betrieben werden. Warum das? Hier kommt die Moral ins Spiel, die so moralisch gar nicht ist. Denn wenn sich das kleinere Weibchen einen zu großen Happen Fisch genehmigt, wird es von seinem männlichen Partner bestraft. Daraufhin reißt sich das Weibchen zusammen und begnügt sich eine ganze Weile wieder mit der Parasitenvertilgung. Im Windschatten dieser aufrichtigen Dienstleistung kann sich nun das Männchen bei den nächsten Kunden einen Happen mehr genehmigen und die gerupfte Kundschaft erfreut sich besonders gründlicher Pflege durch zwei Dienstleister. Die Verhaltensbiologen Nichola Raihani und Redouan Bshary ziehen aus ihren Untersuchungen Schlüsse, die ihnen ohne weiteres auch auf Menschen übertragbar erscheinen: »Unsere Experimente mit den Putzerfischen zeigen, dass der scheinbar selbstlose Retter durchaus aus egoistischen Gründen handeln kann.«[16] Nun wird niemand ernsthaft behaupten wollen, dass der Putzerfisch über die Fähigkeit verfügt, seine Kundschaft (und seine Frau) bewusst zu täuschen. Es handelt sich schlicht um ein ausgeklügeltes Verhaltensprogramm, das sich dem Überleben der Spezies Putzerfisch als besonders zuträglich erwiesen hat.

Bei Primaten die Fähigkeit zum bewussten Täuschungsmanöver zu leugnen, fällt schon schwerer, weil sie, so entsprechende Beobachtungen von Verhaltensbiologen, sogar Tricks anwenden, bei denen sie kalkulieren müssen, was derjenige, den sie täuschen wollen, gerade denkt oder wahrnimmt. Beliebtes Beispiel hierfür ist das Mantelpavian-Weibchen, das ihren »Geliebten« unter den Augen des Haremsführers laust. Dabei hält sich der Geliebte hinter einem Felsbrocken kauernd versteckt, während das Weibchen sich wie zufällig dem Stein nähert und dann nur teilweise verdeckt sitzen bleibt. Ihre Hände sind für den Haremsführer nicht sichtbar, so dass der verbotene Liebesdienst der mit Unschuldsmiene dreinblickenden Paviandame unerkannt bleibt. Das Weibchen muss also kalkulieren, was der »Chef« wahrnimmt und welche Schlüsse er daraus zieht – was er denkt.[17] Mit solch trickreicher Selbstlosigkeit wäre schon so mancher Mensch überfordert. Das facettenreiche Zusammenspiel von Hilfsbereitschaft und Täuschung hat nicht nur in der Natur einen festen Platz. Auch kulturhistorisch und ideengeschichtlich ist blanker Egoismus im Gewand der Selbstlosigkeit eine Konstante. So sind diese so gegensätzlichen menschlichen Züge natürlich auch Gegenstand diverser heiliger Schriften und heiliger Aktivitäten. Hier beginnt das weite Feld der Wanderprediger, Wunderheiler, echten und falschen Propheten, dessen ausführliche Erörterung aber ein weiteres Buch füllen würde.

»Edel sei der Mensch, hilfreich und gut!«

Für alle, die beim Helfen nicht selbst Hand anlegen können (oder wollen), nicht durch Handauflegen oder beherztes Beten als Wohltäter erscheinen können, gibt es eine Vielzahl anderer Möglichkeiten, das eigene Image in bestes Licht zu setzen. Benefiz- und Spendengalas, Charity-Veranstaltungen, Aktionstage und TV-Shows für einen »guten« Zweck – es hat sich in den letzten Jahren eine regelrechte Wohltätigkeitsbranche entwickelt. »Stars schaffen Aufmerksamkeit, und wir nutzen diese konzentrierte mediale Öffentlichkeit, um auf einen sozialen Missstand hinzuweisen und dabei ganz gezielte Hilfe zu leisten«, erläutert Burda-Vorstand Philipp Welte etwas treuherzig das Prinzip »Attention based charity«.[18] Wenn man die Schönen und Reichen zur Gala lädt und werbewirksam Spendenrekorde verkündet, dann geht es um den Nachrichtenwert schöner Bilder und die Imagepflege aller Beteiligten. Models, Schauspieler, Prominente drehen sich vor Sponsorentafeln im Blitzlicht der Klatschreporter, um sich kurz darauf in der Hofberichterstattung der Hochglanzmagazine wiederzufinden. Der gute Zweck ist hier eigentlich nur PR in eigener Sache. Um welche Katastrophe oder Hilfsorganisation es auch immer gehen mag, es gewinnen auf jeden Fall die Promis und Sponsoren. Und die Agenturen, die solche Veranstaltungen organisieren, müssen sich immer neue Gimmicks einfallen lassen, damit die A-Promis auch kommen und für entsprechende Spendenergebnisse sorgen.

Manchmal kann die Atmosphäre zwischen den Initiatoren und ihren Zugpferden auch ganz schön giftig werden. So kochte TV-Maître Tim Mälzer vor Wut, nachdem er auf einer von der Düsseldorfer Investmentbankergattin und »Charity-Queen« Ute-Henriette Ohoven organisierten Gala zugunsten der Unesco-Aktion »Bildung für Kinder in Not« eine Luxusuhr für über 50 000 Euro ersteigert hatte. Er erkundigte sich anschließend bei der Unesco, wie viel von den gesamten Einnahmen der Gala in Höhe von 67 800 Euro dem wohltätigen Zweck zugekommen war. Es handelte sich um gerade einmal 11 000 Euro. Flucht nach vorn, hieß darauf Ohovens Devise: Man überlege, rechtlich gegen den Veranstalter vorzugehen. Der verantwortliche Party-Manager aber entgegnete, die Feier sei auf Reinerlösbasis abgewickelt worden. Von den Spenden, so sei es vereinbart gewesen, müssten deshalb vorher die Partykosten abgezogen werden. So spendierte Mälzer in seiner Absicht, Gutes zu tun, schlicht und unwissentlich eine schöne Party.

Wohltätigkeitsshows nehmen zwar unbestreitbar Notleidende in den Fokus, doch helfen sie auch anderen Bedürftigen. Es gibt Berühmtheiten wie den Schauspieler Ralf Möller, deren Prominenz sich praktisch nur noch auf die Anwesenheit bei entsprechenden Galas, Premieren und ähnliche Veranstaltungen stützt. So wurde der einstige Bodybuilder 2006 sogar zum Aushängeschild der Initiative »Starke Typen«, die Jugendlichen aus sozialen Brennpunkten eine positive und soziale Lebenseinstellung vermitteln soll – unter Schirmherrschaft der damaligen Familienministerin Ursula von der Leyen (CDU). Ein toller Imagegewinn für den Darsteller, dessen beste Rolle als starker, gutmütiger »Hagen« an der Seite von *Gladiator*-Star Russell Crowe noch im 20. Jahrhundert datiert. Aber zwischendurch musste Möller auch mal wieder Geld verdienen und spielte bei der Verfilmung des in Deutschland wegen seiner überdurchschnittlichen Gewaltverherrlichung indizierten Computer-Games *Postal* mit – eine Nebenrolle, die einen Missklang in Möllers soziales Engagement mischte.

Durch Charity-Veranstaltungen können auch kleinere soziale Initiativen dringend benötigte finanzielle Unterstützung einwerben. Wer das Charity-Business kritisiert, setzt sich deshalb dem Vorwurf aus, dessen Werbeeffekt zu unterschätzen. Dabei liegen die grotesken Widersprüche auf der Hand: Das Bekenntnis zur »selbstlosen Hilfeleistung« für Arme, Kranke oder Hungernde geht mit verschwenderischem Aufwand und Prunk einher. Die Kosten für die Veranstaltung werden meist durch Sponsoringverträge gedeckt, die für die beteiligten Firmen geldwerte Vorteile bringen: In den Glamourzeitschriften prangen ihre Logos direkt hinter den Prominenten. Champagner (Faustregel: eine Flasche pro Gast), Feinkost und Beautyprodukte gehen eine markenbildende Allianz mit den Namen der Stars ein. Ein schöner Nebeneffekt für die Firmen: Sponsoring besitzt gegenüber Spenden einen erheblichen steuerlichen Vorteil. Die Kosten lassen sich komplett und unbegrenzt als Betriebsausgaben absetzen, wodurch die Steuerlast der Unternehmen entsprechend sinkt. *Die Zeit* resümiert: »Jeder vierte Partydrink geht aufs Finanzamt. Wahrscheinlich wird der Staat auf diese Weise zum größten Einzelsponsor jeder Prominentenparty.«

Manche schmücken sich mit dem Label »Charity« und scheuen nicht einmal vor Bluff und kriminellen Mitteln zurück, um ihr privilegiertes Dasein auch noch mit der Nobilität des Wohltätigen zu veredeln. In diesen Verdacht geriet Ende 2009 die Frankfurter Managergattin Prinzessin Odette Maniema Krempin, die eigenen Angaben zufolge einem alten kongolesischen Adelsgeschlecht entstammt. Die Honorarkonsulin der Demokratischen Republik Kongo (früher Zaire) drängte als Newcomerin in den funkelnden Kreis der wohltätigen Damen, ließ sich für ihr Engagement von der deutschen Presse in ausführlichen Porträts und Homestorys feiern – genauso wie von den Einwohnern von Bukavu in ihrer Heimat. In »Odette«-T-Shirts gekleidet tanzten sie zur Begrüßung der mit allerlei Bling Bling herausgeputzten Charity-Lady, die aus der Finanzmetropole am Main für eine Reportage über sich selbst eingeschwebt war. Für ihre Sicherheit sorgten schwer bewaffnete Militärs. Odettes Drang, über ihre Wohltätigkeit zu reden, war ebenso weitschweifig wie ihre Aktivitäten: Kinder, Kranke und Gorillas lagen ihr besonders am Herzen. Auf einer Spendengala zugunsten des von ihr gegründeten »Deutsch-Afrikanischen Jugendwerkes e.V.« sammelte sie 80000 Euro ein. Nebenbei betrieb Krempin auch noch ein Krankenhaus in Kamituga. »Ich bin realistisch. Ich suche nach Lösungen und möchte meine Zeit nicht mit Fantasien verschwenden«, ließ die Unesco-Botschafterin wissen. »Ein Traum ohne Vision ist wertlos.«[19]

Doch Ende 2009 erwies sich ihre Rolle als Wohltäterin selbst als Fantasie einer Hochstaplerin. Denn ein kritischer TV-Bericht brachte ans Licht, dass sie weder Unesco-Botschafterin ist – sie kann nur ein plump gefälschtes Zertifikat vorweisen –, noch das Krankenhaus in ihrer Heimat betreibt. Es ist ein Projekt der Hilfsorganisation Cap Anamur. Bei ihren Spendengalas warb sie mit falschen Referenzen auf der Sponsorentafel, und beim Deutschen Zentralinstitut für soziale Fragen, eine Art TÜV für Wohltätigkeitsorganisationen, ist Krempins Verein völlig unbekannt. Unverzüglich folgten Ermittlungen der Staatsanwaltschaft wegen Spendenbetrugs und beendeten die Charity-Karriere von Prinzessin Odette.

Ist Selbstlosigkeit nur Egoismus 2.0?

Gibt es denn gar kein selbstloses Handeln ohne Hintergedanken? Für uns ist die Frage interessant, ob Hochstapler, die sich als Wohltäter maskieren und sich so einen Vorteil erschleichen, quasi »im Einklang mit der Natur« handeln und eben nur versuchen, ein besonders gutes Preis-Leistungsverhältnis zu erlangen. Jeder PR-Praktikant brüstet sich schon in der ersten Arbeitswoche mit der alten Branchenweisheit »Tue Gutes und rede darüber«. Der hochstapelnde Wohltäter beherzigt im Zweifelsfall eine Variante davon: Tu so, als tätest du Gutes und rede darüber. [20]

Trotzdem: Für viele Menschen gilt die gute, selbstlose Tat als Selbstverständlichkeit und als kostbare kulturelle Errungenschaft. Für Evolutionsbiologen gilt das nicht, weil Selbstlosigkeit ohne Hintergedanken keinen Vorteil im Wettbewerb um die eigenen Fortpflanzungschancen bringt. Echte Selbstlosigkeit figuriert hier als seltene menschliche Spezialität. Deshalb bringen Beobachtungen wie die einer Forschergruppe um den Primatologen Christophe Boesch immer wieder Unruhe in das biologische Weltbild. Seine Untersuchungen im Taï-Nationalpark der Elfenbeinküste legen nahe, dass es Selbstlosigkeit ohne direkte oder indirekte Gegenleistung bereits bei Primaten gibt; zum Beispiel bei Schimpansen, die in Verbänden von maximal achtzig Tieren leben. In der beobachteten Gruppe zeigten Schimpansenmännchen, dass sie dazu in der Lage sind, verwaiste Jungtiere zu adoptieren, obwohl zwischen den Tieren keinerlei Verwandtschaftsbezug besteht.[21]

Da für blanke Selbstlosigkeit in der Welt der Naturwissenschaftler aber kein Platz ist, wird in der Regel von einer Art Dienstverhältnis zwischen Hilfsbereitschaft und Eigennutz ausgegangen. Der Anthropologe Volker Sommer resümiert das selbstlose Verhalten zum Beispiel als einen von mehreren psychischen Mechanismen, die »kurzsichtige Kosten-Nutzen-Indikatoren von Schmerz und Lust mental zu überblenden« helfen. Mit anderen Worten: Das menschliche Gewissen, das Empfinden für Gut und Böse, unsere ganze Moral sei gewissermaßen nur ein Trick der Evolution, um das Leben in großen (nicht auf verwandtschaftliche Beziehungen beschränkten) Gemeinschaften zu gewährleisten. Durch selbstloses Handeln erarbeiten sich Individuen einen überdurchschnittlichen Ruf, der ihnen entsprechende Vorteile in ihrer Gruppe bzw. Gesellschaft verschafft. Dieses Prinzip ist natürlich ziemlich störungsanfällig. Finanzhochstapler Madoff nutzte es auf seine Weise. Denn auch er trat gemeinsam mit seiner Frau als großzügiger Stifter in Erscheinung. Zeitweilig ließ die Madoff Family Foundation Millionen von Dollar an Krankenhäuser und soziale Einrichtungen fließen, auch die Krebsforschung wurde unterstützt. Diese Spendentätigkeit nobilitierte Madoffs Ruf und öffnete ihm zahlreiche Türen, gemeinnützige Stiftungen vertrauten ihm aus Dankbarkeit für seine Unterstützung ihr Vermögen an. Die Reputation wächst und somit die Wahrscheinlichkeit, stabile Partnerschaften für gegenseitige Hilfeleistungen aufbauen zu können. Der gleiche Gedanke trägt die heute wieder so populäre Netzwerkidee. Man hilft sich gegenseitig im Fortkommen und gewinnt verlässliche Partner. So kann der Erfolg eines Partners den eigenen Erfolg verstärken oder gar erst ermöglichen. Voraussetzung ist natürlich, dass man die gleichen Vorstellungen von Wohltätigkeit hat und die anderen von den Wohltaten auch erfahren. Sogar den Menschen, die wahrscheinlich niemals eine Gegenleistung für die Wohltaten erbringen könnten, wird Gutes zuteil. »Das muss nicht einmal sonderlich verwundern«, erklärt Sommer, »da Mitglieder solcher Gruppen mit den Wohltätern nicht um dieselben Ressourcen konkurrieren.«

Die Mitglieder der Gesellschaft müssen sich also auf ein recht kompliziertes System der Wohltaten einlassen und haben natürlich immer Angst (oder erliegen dem Trugschluss), dass es sich am Ende doch nicht für sie auszahlt. In der Verarbeitung entsprechender Erfahrungen gelangen viele zu dem Fazit, dass sie »zu sozial«, »zu nett«, »zu selbstlos« sind und deshalb ständig ausgenutzt werden. Die Evolutionsbiologen deuten auch dieses Verhalten. Sie interpretieren es als Gegenstrategie zu der Möglichkeit, von anderen in ihrem eigenen Interesse manipuliert zu werden. Wir stellen uns also vorsorglich immer besser und hilfreicher dar, als wir sind. Andere sollen glauben, sie hätten bereits mehr Wohltaten empfangen, als es tatsächlich der Fall ist. Auch diese Tendenz hat sich unter den aktuellen Bedingungen verselbstständigt.

Der Evolutionsbiologe Richard Alexander geht sogar so weit zu behaupten, dass unser Selbstbewusstsein vor allem dazu diene, »unser soziales Verhalten so unvorhersehbar zu gestalten, dass wir andere ausmanövrieren und täuschen können. Denn unser Selbstbewusstsein hilft, uns so sehen zu können, wie andere uns sehen, »so dass wir sie veranlassen können, uns so zu sehen, wie wir es gerne hätten«.[22] Aber welche Rolle spielt dann die Moral in der Geschichte? Sie erscheint in dieser Logik schlicht als Ergebnis sozialer Kostenkalkulation. Kostet es mich mehr, die Regeln zu befolgen oder sie zu brechen oder zu versuchen, neue Regeln zu etablieren? Natürlich ist es eine kraftzehrende Angelegenheit, sich ständig diese Frage zu stellen. Deshalb neigt nach Meinung Sommers der Mensch dazu, grundlegende moralische Normen unserer Gesellschaft zu verinnerlichen. »Wenn wir solchen Hauptregeln wie ›Du sollst nicht lügen‹ oder ›Du sollst nicht töten‹ quasi automatisch folgen und selbst an ihre Richtigkeit glauben, kassieren wir weitaus mehr soziale Belohnungen, als wenn wir das Prinzip des ungeschminkten Egoismus verbal explizit machten durch Feststellungen wie ›Ich werde lügen und sogar töten, wenn das Risiko klein und der Nutzen groß ist‹.« Einige haarsträubende Fälle der jüngeren Vergangenheit zeigen, wie störanfällig das Prinzip der kalkulierten Wohltätigkeit ist.

»Big Spender«

Einfach unglaublich! Eine sensationelle Meldung elektrisiert im April 2009 die Schweizer Fußballwelt: Ein arabischer Investor erwägt, den Grasshopper Club Zürich mit umgerechnet über 220 Millionen Euro zu unterstützen. Damit würde die Fußballprovinz Schweiz mit einem Schlag einen Klub bekommen, der alljährlich um die Krone der Champions League spielen könnte. Dort wiederum winken Einnahmen, die jedem zahlenaffinen Sportfunktionär einen wohligen Schauer über den Rücken jagen. Endlich könnten die Grasshoppers mit den großen englischen Vereinen mithalten, wo arabische und russische Investoren bereits das Sagen haben. Im Beisein von Journalisten unterschreiben Volker Eckel als Vertreter der Dubai Staatsholding und der Sportchef der Grasshoppers, Erich Vogel, den Vertrag. Ein großer Tag für den Schweizer Fußball. Eckel beruhigt die Skeptiker, die eine feindliche Übernahme der Grasshoppers durch den Großinvestor befürchten. Das Engagement sei langfristig konzipiert – »wie bei einer Ehe«.

Eckel, laut eidesstattlicher Erklärung »geboren als Mohammed Al Faisal am 8. 10. 1965«, ist ein schwerreicher Zuzügler, der sich 2008 in der Schweiz niedergelassen hat. Nicht nur den Fußball der Eidgenossen will er flottmachen, auch wirtschaftlich bietet er Verbindungen zum Nahen Osten an. Eine Schweizer Vertretung der gigantischen Dubai Staatsholding wird möglicherweise bald gegründet, bekannte Treuhänder werden beauftragt, für Eckel einen repräsentativen Wohnsitz zu suchen, Schlösser und Villen werden besichtigt. Ein fotokopiertes Bankdokument weist ihn als Besitzer eines Vermögens von 700 Milliarden Dollar aus, damit ist er mehr als zehnmal so reich wie Bill Gates. Eckel bekommt in der Rekordzeit von zwei Wochen die unbefristete Aufenthaltsbewilligung »C« zugesprochen – solche Zuwanderer nehmen die Schweizer gern.

Seine abenteuerliche Biografie mag erstaunen, doch bei diesen Vermögensverhältnissen stellt man keine Fragen: Als unehelicher Sohn des irakischen Ex-Diktators Saddam Hussein und einer saudischen Prinzessin musste seine Existenz streng geheim gehalten werden, so Eckel. In frühen Jahren, erinnert er sich, habe er noch mit Saddams Söhnen gespielt, dann drohte ihm von dessen Schergen Gefahr. Er wurde nach Deutschland gebracht, zu seiner Sicherheit unter dem Namen »Volker Eckel« von einer schwäbischen Familie adoptiert und christlich erzogen.[23] Nun hätten sich aber die Zeiten geändert, und er könne darauf hoffen, in Saudi-Arabien auch politisch eine größere Rolle zu spielen. Wer daran zweifelt, dem zeigt Eckel die kalte Schulter und ein in der Schweiz notariell beglaubigtes Schriftstück, aus dem hervorgeht, dass er bereit ist, »das Amt des Staatsoberhauptes von Saudi-Arabien ab dem Zeitpunkt des Ablebens des bisherigen Herrschers Abdullah Al Saud zu übernehmen«, wie der *Tages-Anzeiger* am 2.10.2009 meldete. Dazu genieße er »die uneingeschränkte und bedingungslose Unterstützung aller saudischen Parteien«. Doch dann platzt der Traum vom

Wohltäter aus dem Morgenland. Das Boulevardblatt *Blick* titelt: »GC-Investor pleite!« Für einen Augenblick kann Eckel noch weiterträumen: Im Fernsehinterview bedauert er, dass die Grasshoppers-Funktionäre nicht akzeptiert hätten, dass er den Vertrag mit seinem arabischen Namen unterzeichne. Der Deal sei vorerst auf Eis, man behalte sich aber zukünftige Investments vor.

Tatsächlich aber wurde bekannt, dass der Schwabenscheich Eckel überhaupt keine arabischen Connections besitzt. Er ist ein mehrfach vorbestrafter Hochstapler (u. a. 55-facher Kreditkartenmissbrauch) und steckt zudem in einem privaten Insolvenzverfahren. Sein starkes Geltungsbedürfnis kam schon in jungen Jahren auf kreativsten Wegen zum Vorschein. Mitte der 1980er Jahre bezichtigte er sich selbst des Mordes an einem zwölfjährigen Kind und saß über ein Jahr in Untersuchungshaft, bis eine DNA-Analyse seine Unschuld bewies. Bei versuchten Immobilienkäufen gab sich Eckel als »Dr. med.« aus und fälschte mit der Hilfe einer Komplizin Bankdokumente. Dabei stellte sich Eckel, der angeblich Analphabet ist, nicht so geschickt an wie Jürgen Schneider. Die Geschichten hinsichtlich seiner Vermögensverhältnisse waren einfach zu haarsträubend.

Schon 2008 leimte er mit seinem saudischen Märchen den 1. FC Köln. Dem gebeutelten Verein stellte Eckel 50 Millionen Euro in Aussicht, um ihn in der Bundesligatabelle endlich mal aus dem Tal der Tränen zu hieven. Trainer Christoph Daum traf sich mit dem »Investor« und erläuterte ihm seine sportliche Vision. Doch in Köln roch man den Braten rechtzeitig und so machte sich Eckel auf nach Zürich …

Im September 2009 schließlich stand Eckel wegen Betrugs, Anstiftung zur Urkundenfälschung und Titelmissbrauch im baden-württembergischen Marbach vor Gericht. Er fuhr mit Luxuslimo und Chauffeurin in Netzstrümpfen vor – den berichtenden Presseleuten war sofort klar: Dem Mann ist von einem Gericht kaum zu helfen. Doch dort glaubte man an eine »gute Sozialprognose« und verurteilte den bereits vorbestraften Eckel zu einer milden Bewährungsstrafe von zwei Jahren und 250 Stunden Sozialarbeit. Angeblich begann er im Herbst eine Ausbildung als Krankenpfleger, doch im November 2009 meldete seine »Privatsekretärin« Sabine M., ihr Chef sei »irgendwo in Norddeutschland« mit dem Auto tödlich verunglückt. Mehr könne sie nicht sagen, sie sei »völlig durch den Wind« und darüber hinaus im dritten Monat von Volker schwanger. Die Polizei konnte keinen Unfall mit Eckels Beteiligung bestätigen, auch habe es in ganz Norddeutschland zum fraglichen Zeitpunkt nicht geschneit. Doch seitdem hat man nichts mehr von ihm gehört. Eine in Ludwigsburg angekündigte Beerdigung fand nie statt. Seine Auferstehung als morgenländischer Prinz, als »Dr. med.« oder spendabler Investor ist also nur eine Frage der Zeit.

Mäzenatische Ruhmsucht

Der große Spender aus dem Morgenland ist die zeitgenössische Version des »reichen Onkels aus Amerika«, der schon im ausgehenden 19. Jahrhundert als rettende Wunschfigur die Fantasie der wirtschaftlich darbenden Europäer besiedelte (wie das Beispiel von Therese Humbert zeigte). Ob als rettender Investor, Sport- oder Kulturmäzen – der sagenhafte Ölreichtum der Araber wie auch der russischen Magnaten übt auf Hochstapler einen starken Reiz aus, diese Rolle anzunehmen.[24]

Im Fall des Fondsmanagers Alberto Vilar verselbstständigte sich seine Rolle als Wohltäter von einer wohl kalkulierten Nebentätigkeit im Leben eines erfolgreichen Investors zur regelrechten Manie: Ursprünglich aus einer kubanischen Großgrundbesitzerfamilie stammend, machte er als Vermögensverwalter sein Glück. Vilar verwaltete zeitweilig acht Milliarden Dollar, doch in die Geschichte eingehen wollte er als Großmäzen. Orchestern, Universitäten und Opernhäusern rund um den Erdball (darunter auch die Bayreuther und Salzburger Festspiele sowie das Festivalhaus Baden-Baden) versprach er gewaltige Spenden, die Zusagen beliefen sich insgesamt auf 300 Millionen Dollar. Nachdem erste Zahlungen geflossen waren, verlangte Vilar, als Spender ausdrücklich gewürdigt zu werden. Die Salzburger Festspiele druckten im Programmheft ganzseitige Farbfotos von ihm, das Londoner Royal Opera House brachte er dazu, seinen Namen in die Fassade meißeln zu lassen und das Foyer nach ihm zu benennen, die New Yorker Met taufte ihren Gastronomiebetrieb »Vilar Restaurant«. In den Verhandlungen mit dem New Yorker Opernhaus stellte Vilar immer bizarrere Forderungen, unter anderem wollte er seinen Namenszug in den Aufzügen oder auf den Untertiteldisplays sehen. Schließlich bestand er darauf, nach der Premiere zusammen mit den Sängern auf die Bühne zu treten, um den Applaus entgegenzunehmen. Obwohl sie Vilar weit entgegenkam, ging die Met leer aus. Nach dem Platzen der Nasdaq-Blase im März 2000 geriet Vilars Gesellschaft Amerindo ins Schlingern. Doch der große Spender reiste weiterhin durch die USA und nach Europa, versprach Opernintendanten riesige Summen, während seine Kreditkarten bereits gesperrt waren. Anleger, die nun ihr Geld aus Vilars Fond zurückziehen wollten, warteten ebenso vergeblich auf eine Antwort wie die Kultureinrichtungen auf die versprochenen Spenden. Im Jahr 2005 wurde Vilar wegen Wertpapierbetruges angeklagt. Seine Identität fiel in sich zusammen, laut Pass heißt er nicht Alberto, sondern Albert. Und er stammte auch nicht aus Kuba, sondern aus New Jersey. Im Februar 2010 wurde Vilar in New York wegen der Veruntreuung von Investorengeldern zu neun Jahren Haft verurteilt.

Wie irreführend und fragwürdig die Zeichensprache der Wohltätigkeit ist, zeigt abschließend ein Beispiel aus Berlin. Auf der einen Seite ernten Wohltäter aus Finanz- und Showbusiness trotz zur Schau gestellten Prunks und Protz' großen Respekt. Wenn Milliardäre am Ende des Berufslebens einen Teil ihres Vermögens in gemeinnützige Stiftungen überführen, ernten sie trotz fragwürdiger langjähriger Geschäftspraktiken großen Beifall. Auf der anderen Seite sind der Gesellschaft Menschen suspekt, die ihr Leben lang in sozialen Berufen arbeiten und Gutes tun, aber nicht bereit sind, unauffällig zu bleiben. Seit den späten 1980er Jahren hatte der Sozialarbeiter Harald Ehlert die Treberhilfe Berlin, eine gemeinnützige Gesellschaft, aufgebaut und damit viel Erfolg gehabt. In 28 Notunterkünften fanden 2009 fast 4000 Menschen in den Einrichtungen Hilfe, egal, ob von ihren Männern verprügelte Frauen, Junkies oder Obdachlose. Zugute kam Ehlerts Geschäftsmodell die Tatsache, dass sich staatliche Institutionen ihrer Verantwortung entzogen und die Verwaltung von Armut und Elend mit der Festlegung von Tagessätzen in die Hände privatwirtschaftlicher Unternehmen legten. Ehlert war im Fürsorge-Management offensichtlich sehr erfolgreich – wie man es von einem Manager eben erwartet. Warum sollte er dann nicht auch wie einer leben?, mag er gedacht haben. So inszenierte sich Ehlert mit Designer-Sonnenbrille, Seidenschal und eben jenem Firmen-Maserati, mit dem er sich »auf Augenhöhe« mit den Wirtschaftsbossen sah. Die Öffentlichkeit aber sah das anders. Mittlerweile hat die Treberhilfe den Status der Gemeinnützigkeit verloren und einen neuen Geschäftsführer.

Ganz in Weiß ...

Geben als Stifter ist eine tolle Sache. Ein Höchstmaß an Sozialprestige lässt sich allerdings nach wie vor als Arzt ernten. Ob Praxisgebühr, Verschlankung des Leistungskatalogs oder sonstige Querelen um das Gesundheitswesen – am Mythos der »Halbgötter in Weiß« ist nicht zu rütteln. Der Arzt, der sich nach langem Studium und fachlicher Spezialisierung in einer 60- bis 70-Stunden-Woche seinen Patienten widmet, der Nachtschichten und Hausbesuche absolviert, ist eine Ikone zeitgemäßen Altruismus. Welcher Beruf könnte schöner sein, als Kranke zu heilen, Schmerzen und Behinderungen zu lindern, Menschen in der Not beizustehen? Niemand käme auf die Idee, die Redlichkeit seiner Berufswahl in Zweifel zu ziehen. Das Gute liegt hier so klar auf der Hand wie der Ärztekittel blütenweiß erstrahlt.

Der »falsche Arzt« ist sicherlich der beliebteste Beruf für den klassischen Hochstapler, dem es eher um soziale Anerkennung als um rein finanzielle Bereicherung geht. Denn nur in wenigen Berufen lassen sich seine narzisstischen Motive auf so perfekte Weise befriedigen. Der Hochstapler genießt es, quasi parasitär teilzuhaben am Ansehen und Vertrauen, das die Patienten dem Arzt entgegenbringen. In einer Welt des Egoismus scheint der engagierte Arzt zu den Wenigen zu gehören, die ihren Mitmenschen noch uneigennützig zu helfen bereit sind. Das dachte sich auch schon Karl May. Der Schöpfer von Winnetou und Old Shatterhand gab sich vor seiner Karriere als Autor von Wildwestgeschichten mit 22 Jahren als Augenarzt Dr. Heilig aus und ließ sich, obwohl völlig mittellos, von einem Schneider standesgemäß einkleiden. Später wurde er für diese und drei weitere Taten zu vier Jahren und einem Monat Arbeitshaus verurteilt.

Sicherer scheint für den Hochstapler die Position als Militärarzt. Traditionell werden Wehwehchen hier kleingeredet, und der Arzt kann sich in der Rolle eines Detektivs einrichten, der mutmaßliche »Drückeberger« unter den Patienten ausfindig macht. Zu einiger Prominenz gelangte hier der Kanadier Ferdinand Waldo Demara, der sich im Lauf seiner medizinischen Karriere sogar eine gewisse Expertise im »operativen Geschäft« erarbeitete. Nachdem er sich in mehreren anderen Rollen versucht hatte, konnte er schließlich während des Koreakrieges auf einem Zerstörer der kanadischen Marine arbeiten. Als »Dr. Joseph Cyr« führte er zahlreiche erfolgreich verlaufende chirurgische Eingriffe durch, ohne entdeckt zu werden – seine Kenntnisse hatte er sich mithilfe von Schnelllesetechniken unmittelbar vor den Operationen aus einem Handbuch angeeignet. Seine Geschichte wurde 1961 unter dem Titel *The Great Impostor* verfilmt. Hollywoodstar Tony Curtis, unter seinem bürgerlichen Namen Bernard Schwartz während des Zweiten Weltkriegs selbst in der US-Navy, spielte den »charmanten Hochstapler«, so der deutsche Filmtitel.

Auch der erste Chefpsychologe der Bundeswehr entpuppte sich als Hochstapler. In der Kriegs- und Nachkriegszeit boten sich viele Möglichkeiten, seine Qualifikationen aufzubessern – Dokumente waren häufig verloren gegangen, Lebensläufe nicht nachprüfbar. So tat es auch der Wiener Medizinstudent Robert Schneider. Er erschwindelte sich die Zulassung als Arzt und arbeitete in mehreren Klinken, bis er in Wien zum gerichtlichen Gutachter avancierte. Doch Schneider musste auf seinem Weg nach oben einen Rückschlag hinnehmen. Denn seine unstete Hochstaplernatur ließ ihn parallel zu seiner Psychiaterkarriere weitere Aktivitäten starten. So schaltete er als »Diplomingenieur Karl Brandstätter« Anzeigen, um angeblich Mitarbeiter zu gewinnen. Den etwa neunzig Bewerbern verlangte er als Einstellungsvoraussetzung ein psychologisches Gutachten ab und verwies sie in dieser Angelegenheit an »Dr. Schneider«, also an sich selbst. Er flog auf, wurde verurteilt und ging nach Verbüßen der Strafe nach Goslar, um dort eine Praxis als »Kinderarzt und Psychologe« zu eröffnen. Damit nicht genug. Schneider renommierte auch als Träger hoher Tapferkeitsorden der deutschen Wehrmacht und wurde – derart glänzend qualifiziert – im Mai 1956 von der im Aufbau befindlichen Bundeswehr zum Chefpsychologen berufen. Dort hatte man auch nach seiner abermaligen Enttarnung noch eine hohe Meinung von ihm. So hieß es bei der Bundeswehr: »Der beste Beweis für seine psychologischen Kenntnisse und Talente ist, dass er seine Umwelt jahrelang an der Nase herumgeführt hat. [...] was Dr. Schneider erarbeitet hat, war gut und brauchbar und dient noch immer als Grundlage für die Arbeit der Annahmestellen.«

Mehrjähriges Praktizieren falscher Ärzte ist keine Seltenheit, nimmt doch die Wahrscheinlichkeit, entdeckt zu werden, im Laufe der Zeit immer mehr ab. Oft stellen sich die

Hochstapler durch ihren Übereifer selbst ein Bein; dann nämlich, wenn die Befriedigung, Arzt zu sein, nicht mehr ausreicht und sie zu Höherem streben, Fortbildungen für Kollegen anbieten, als Spezialisten auf Kongressen auftreten oder sich als bahnbrechende Forscher oder gar Wunderheiler inszenieren. In den USA hatte sich ein besonders hartnäckiger Betrüger trotz mehrmaliger Enttarnung und folgender Verurteilung immer wieder in einem anderen Bundesstaat niedergelassen und so fast dreißig Jahre lang diverse Arztpositionen innegehabt.

Auch Klaus D. konnte als Mediziner eine rasante Bilderbuchkarriere hinlegen. 1982 wurde er Assistenzarzt an einer Klinik in Bayern. Der Einstieg in die Laufbahn als Mediziner scheint nicht allzu schwer, denn »um einen Job in einem Krankenhaus zu bekommen, genügen im Grunde Approbationsurkunde und Identitätsfeststellung«, äußerte sich Andreas Priefler von der Deutschen Krankenhausgesellschaft, als Klaus D. fast zwanzig Jahre später aufflog. Zwischen 1983 und 1994 betrieb Klaus D. eine Praxis als Kassenarzt in einem oberbayerischen Kurort, 1995 verkaufte er die Praxis für 270000 D-Mark und wurde Chefarzt einer Rehaklinik. Zwei Jahre später eröffnete er dann am noblen Tegernsee eine Praxis ausschließlich für Privatpatienten. Nebenher arbeitete er noch an einer Krebsklinik eines Prominentenarztes. Doch am 5. März 2001 stürmte die Polizei die Praxis und nahm den Mann im weißen Kittel fest.

Was war passiert? Der Arzt war in Wirklichkeit Friseur und hatte sich ohne Abitur, geschweige denn ein Studium, den Doktortitel und die Zulassung als Arzt durch falsche Dokumente erschlichen und daraufhin beinahe zwei Dekaden praktiziert. Auf ihn fielen nicht nur Tausende von gutgläubigen Patienten herein, auch zwei bayerische Ministerien und mehrere Ärzte verließen sich blind auf ihn. Im Prozess interessieren sich die Richter der 2. Strafkammer des Traunsteiner Landgerichts vor allem für jene Fälle, bei denen der Angeklagte seinen Patienten ein geheimnisvolles Hühnereiweiß-Präparat spritzte, das er selbst entwickelt hatte. Auch Kinder mit Pseudo-Krupp behandelte der falsche Arzt mit seiner »Spritzen-Kur«, selbst wenn die kleinen Patienten sich vor Schmerzen krümmten. Ein Erwachsener klagte nach Infusionen über Atemnot und Herzrasen. »Er sagte, das ist der beste Cocktail, den es gibt«, erinnerte sich der Zeuge an die Behandlung des selbst ernannten Mediziners mit Ambitionen als Wunderheiler. In Wirklichkeit mischte der falsche Arzt Kortison, das Entzündungen und Allergien rasch abklingen lässt, mit anderen Medikamenten – ein Gebräu, das wegen seiner teils gefährlichen Nebenwirkungen auf den Knochenbau ohne klar definierte Indikation praktisch einer Körperverletzung gleichkommt. Das sah auch das Gericht in 41 Fällen als erwiesen an – ebenso wie 119 Fälle von Titelmissbrauch. Der geständige Friseur wurde zu drei Jahren Haft verurteilt.

Die soziale Kompetenz der Wunderheiler

Fast immer hinterlassen Hochstapler in Weiß ein breites Medienecho – ebenso wie verbrannte Erde bei einstigen Kollegen, deren eigene Kompetenz durch die Tatsache, dass sie sich haben täuschen lassen, in Zweifel gezogen wird. Arbeitet jemand jahrelang unerkannt als falscher Arzt, wird in den Medien oftmals gleich die ganze Zunft infrage gestellt. Insbesondere die bei Patienten beliebten Hochstapler-Ärzte werfen ja die Frage auf, ob soziale Kompetenz am Ende gar wichtiger für eine Medizinerkarriere ist als solides medizinisches Wissen und Können. Die Häme, die aufkommt, wenn mal wieder ein falscher Arzt nach jahrelanger Praxis – und oft durch einen dummen Zufall – enttarnt wird, lässt leicht vergessen, dass falsche Ärzte in vielen Fällen durch Inkompetenz die Gesundheit oder gar das Leben von Patienten ruiniert haben. Falsche Mediziner als Risiko für Leib und Leben? In Zeiten, in denen sich viele Patienten an einen (im Weltmaßstab) hohen medizinischen Standard gewöhnt haben, aber eine gute Behandlung wegen des Missmanagements im Gesundheitswesen als Glückssache ansehen, relativiert sich selbst das.

Frank Abagnale – dessen schillernde Hochstaplerkarriere als Pilot, Universitätsdozent, Anwalt und Arzt von Regisseur Steven Spielberg mit Leonardo DiCaprio in der Hauptrolle und Abagnale in einer kleinen Gastrolle verfilmt wurde (*Catch Me If You Can*) – wäre fast ein Baby erstickt, weil er in seiner fast einjährigen Tätigkeit als falscher Oberarzt der Pädiatrie mit dem Ausdruck »Blue Baby« (ein Terminus für lebensbedrohlichen Sauerstoffmangel beim Säugling) nichts anzufangen wusste. Hochgefährlich gestaltete sich auch die Kurpfuscherei des Österreichers Norbert Rahsl, der in den 1990er Jahren jahrelang als Arzt praktizierte, obwohl er nicht mehr als einen Hauptschulabschluss vorzuweisen hatte. Im Raum Hollabrunn betrieb Rahsl gleich drei »Arztpraxen«. Dort ließ er zahlreichen Patienten seine ganz eigene Form der »Homöopathie« und »Akupunktur gegen Krankheiten aller Art und auch nach Operationen« angedeihen. Bei einer Frau soll Rahsl eine schwere Krebserkrankung als »kurzfristige Verkühlung« dargestellt haben, die man mit seiner Hilfe heilen könne.

Nichtsdestotrotz zeigen viele Hochstaplerfälle, wie wichtig die soziale Kompetenz im Arztberuf ist. Die Patienten dürsten nach persönlicher Anteilnahme, nach Beratung, nach einem geduldigen Zuhörer. Im Klinik- und Hausarztalltag kommt dies oft zu kurz. Hochstapler füllen die Lücke und werden als »gute Ärzte« von den getäuschten Patienten geliebt. Schließt sich hier der Kreis zu Schamanismus, Handauflegen und Hokuspokus? Den Trend unter den Patienten hin zu alternativen Heilungsmethoden und weg von der Schulmedizin können sich Hochstapler immer wieder leicht zu Nutze machen. Zweifelnde oder verzweifelte Patienten und ihre Angehörigen suchen nach spirituellen Mitteln; chronisch Kranke oder Krebspatienten wollen alle Möglichkeiten ausschöpfen, die ihnen die irdische Existenz bietet. Und immer, wenn die Schulmedizin an ihre Grenzen stößt, schlägt selbst ernannten Wunderheilern die große Stunde.

Schon die Krisenjahre nach dem Ersten Weltkrieg waren auch Krisenjahre für Wissenschaft und Medizin. Zivilisationskritik und Aufarbeitung des Kriegserlebnisses trafen auf die Sehnsucht nach einer Erneuerung des Menschen durch Natur und Spiritualität. Die Lebensreformbewegung der Kaiserzeit aufgreifend, kam es in den 1920er Jahren zu einem Aufschwung von Laienmedizin und Naturheilkunde. Wunderheiler und Kurpfuscher nutzten ihre Chance. Unter ihnen war Martin Olpe eine besonders schillernde Persönlichkeit. Als Prof. Dr. Olpe, geheimer Hofrat und Fürst von Cantacuzene machte er verschiedene Karrieren. Erfolgreich schaffte er es, Patienten und der Ärzteschaft sein »Olpenapneu-Inhalationsverfahren« als revolutionäre Behandlungsmethode von Asthma zu präsentieren. Die von ihm gewonnenen Mitstreiter und Geldgeber werden vor allem die immensen Verdienstmöglichkeiten im Gesundheitswesen vor Augen gehabt haben: Olpe suchte per Inserat Investoren und Mediziner, um Lizenzen für sein Verfahren zu vergeben. Zeitweise gab es in Deutschland 28 Ambulatorien, die Olpes Inhalationsmethode praktizierten.

Bisher wurden in Asthmatherapien häufig Morphinzusätze verwendet, um die Atmung zu beruhigen – als Nebeneffekt stellte sich Abhängigkeit ein. Um dieses Problem zu umgehen, suchte man nach neuen Behandlungswegen. Hier setzte Olpe an. Das Revolutionäre seiner Methode war das verwendete Präparat: hochwirksame Naturalgen. Die Patienten fühlten sich nach der Behandlung wunderbar erholt und gekräftigt. Tatsächlich ließ Olpe konventionelles Jodkali verwenden, und der spürbare Heilungseffekt wurde nur durch Beigaben von Morphin und Kokain erzielt, wodurch sich bei den Patienten wieder eine Abhängigkeit einstellte. Nur, dass sie diesmal buchstäblich süchtig nach Olpes kostspieliger Behandlung wurden – ein äußerst lukratives Geschäft. So lukrativ, dass es selbst nach Olpes Verurteilung im Betrugsprozess weiterlief. Die Marke war inzwischen so gut eingeführt, dass ehemalige Lizenznehmer seine Behandlungsmethode fortführten – nun allerdings ohne Drogenzusätze. Olpe tauchte unter und ließ sich von einem Münchner Adligen, der von Wohlfahrtsunterstützung lebte, adoptieren. So wurde er Fürst Cantacuzene und startete jenseits der »Medizin« eine neue Hochstaplerkarriere.

Die Sucht nach Sozialprestige

Süchtig können allerdings auch die hochstapelnden Ärzte selbst werden. Denn bei jeder Begegnung mit einem Patienten, der dem Arzt Vertrauen schenkt und voller Dankbarkeit das Behandlungszimmer verlässt, erlebt der nach Anerkennung dürstende Hochstapler einen rauschhaften Höhepunkt. Jeder Patientenkontakt füttert das Ego des Narzissten. Der Betrüger Hans-Peter B. hatte sich in den 1990er Jahren in Viersen als Arzt ausgegeben und Krebskranke behandelt. Zuvor war er von Medizinern, mit denen er schriftlichen Kontakt aufgenommen hatte, als »Kollege« bezeichnet und so in seiner Rolle bestätigt worden. Fortan glaubte B., er sei »ein Untergrundarzt, der den Armen hilft«. Sein Ziel, die Menschen als Arzt zu behandeln und ihnen damit Gutes zu tun, lies ihn nicht mehr los. Als sich 2001 immer mehr Patienten von ihm abwendeten, weil sie Angst vor ihm bekamen, wollte er nicht aufgeben. Immer wieder versuchte er sie zu überzeugen, sich weiterhin von ihm behandeln zu lassen. Dieser Übereifer wurde ihm zum Verhängnis; die Patienten wurden misstrauisch und zeigten ihn schließlich an.

Das Ansehen, das Heilberufen zukommt, übt quer durch die sozialen Schichten eine starke Anziehungskraft aus. Ausgerechnet einem verurteilten Drogendealer gelang es Ende 2007, ohne jede Fachausbildung zum therapeutischen Leiter einer Suchtklinik im niederrheinischen Rees aufzusteigen. Der damals 55-jährige Hochstapler figurierte als Diplompsychologe, Psychotherapeut und obendrein als Doktor der Philosophie, er wurde als Führungskraft und für Fortbildungsveranstaltungen eingesetzt. Seine Karriere startete buchstäblich im Keller: In einer Klinik arbeitete der Ex-Junkie als Hilfskraft, beim Aufräumen fand er eine Kiste mit alten Bewerbungsunterlagen von Ärzten und Therapeuten. Aus diesem Material komponierte er sich in den folgenden Jahren eine glänzende Vita, mit ganz einfachen Mitteln: Schere, Kleber, Tipp-Ex und Kopierer. Aus seiner Zauberkiste wählte er aus: Ein Psychologiediplom der Ludwig-Maximilians-Universität München, eine Approbationsurkunde der bayrischen Staatsministeriums für Arbeit, Zeugnisse diverser Arbeitgeber und eine philosophische Dissertation der Friedrich-Alexander-Universität Erlangen mit dem Titel *Das Leben feiern*. Ein einfaches Verkehrsdelikt brachte sein Lügengebäude zum Einsturz: Er hatte vergessen, sich einen Führerschein zu fälschen.

Das Sozialprestige steht bei den meisten Hochstapler-Ärzten an erster Stelle, danach kommen erst finanzielle Motive. Doch manchmal sind es auch schnöde Betrüger, Diebe und Sexualverbrecher, die sich unter dem Vorwand, behandelnder Arzt zu sein, ihren Opfern nähern. Der eine verkauft Rentnern auf Kaffeefahrten überteuerte Wundermittel, der andere vermittelt für gigantische Summen Patienten an Fachkliniken. Auf Verkaufsveranstaltungen für ältere Leute trat Thomas P. bis vor kurzem mal als smarter Sportarzt, mal als Apotheker oder als erfahrener Physiotherapeut auf. Zu unverschämten Preisen verkaufte er Senioren das Nahrungsergänzungsmittel »Glusochon Spezial«. Als Wundermittel angepriesen, sollte das Vitaminpräparat gegen Rheuma, Arthritis, hohen Blutdruck, bei Schlafstörungen und bei Muskelverspannung wirken. Tatsächlich hat das Präparat so gut wie keine Wirkung. Über ein Call-Center mit teilweise zehn Mitarbeitern drehte P. den Leuten seinen Mix an. Die Kontaktdaten der Senioren hatte er von Kaffeefahrt-Veranstaltern gekauft. Ein lohnendes Geschäft blieb es allemal, denn

Thomas P. kaufte die Flasche für 11,23 Euro ein und verkaufte sie als »Glusochon Spezial« teilweise für Preise bis zu 750 Euro weiter.

Einen ganz besonderen Service bot »Prof. Dr. Wolfgang B.« an. Die selbst ernannte Koryphäe ging in den Münchner Spitälern ein und aus und führte Erstversorgungen durch. Er verfügte über ein ausgedehntes Netz von Kontakten, solides medizinisches Wissen und genoss die Achtung der Kollegen. Für die Vermittlung an Spezialisten – natürlich nur die besten – nahm er Patienten teilweise gewaltige Summen ab. Schließlich gelang es ihm, einem Tessiner Ehepaar Millionen für seine medizinischen »Gentechnik-Forschungen« zu entlocken. Der gelernte Anlagenelektroniker gab sich im Prozess unzurechnungsfähig, während seine Komplizin die Hauptschuld stemmen musste.[25]

Im Sommer 2009 war es wieder einmal so weit: Ein junger Arzt, der bereits bei 196 Operationen in der Gefäßchirurgie des Uniklinikums Erlangen assistiert hatte, war als Hochstapler aufgeflogen (manche Medien behaupteten fälschlicherweise, er habe eigenhändig operiert). Christian Ehret hatte keinen Doktortitel, noch nicht einmal das Abitur. Der Leiter des Instituts für Ärztegesundheit, Bernhard Mäulen, gibt Hinweise, wie es Hochstaplern immer wieder gelingen kann, so lange in einem hoch spezialisierten Umfeld zu bestehen: »Bemerken wir bei einem Kollegen mangelnde Fertigkeiten oder Sachkenntnis, denken wir eher ›Na der weiß auch nicht alles‹ als ›der kann auch gar nichts‹, d.h. wir nehmen an, hier handele es sich um eine punktuelle Schwäche, wie sie keineswegs ungewöhnlich ist. Wollten wir jeden in Frage stellen, bei dem wir Lücken erkennen, könnte die Medizin – wie jeder andere qualifizierte Beruf – schwerlich bestehen. […] Meine Devise als leitender Arzt einer Klinik war: man bekommt nicht immer die Mitarbeiter, von denen man träumt, sondern muss die nehmen, die verfügbar sind.«

Bei Christian Ehret waren fachliches Interesse und praktische Kompetenz durchaus vorhanden: Er hatte mehrere Semester Medizin studiert, wenn auch mithilfe eines gefälschten Abiturzeugnisses, war zwanzigmal beim Malteser Hilfsdienst als Arzt eingesetzt worden, Zeugen beschrieben ihn als »manuell geschickt«, er machte auf sie »einen überzeugenden Eindruck«. Außerdem arbeiten Hochstapler meist in einem Team, das heißt, sie profitieren von den Kenntnissen der Fachleute um sie herum. »Um nichts falsch zu machen«, erklärte Ehret später, »habe ich jeden Handgriff doppelt und dreifach kontrolliert. Ich wollte mir nichts zuschulden kommen lassen. Schlimm war auch, wenn mir Studenten, mit denen ich ein paar Wochen zuvor noch im Hörsaal saß, auf dem Flur begegneten. Da habe ich sofort das Revers meines Kittels umgeschlagen, damit niemand auf meinem Namensschild sehen konnte, dass ich schon Arzt war.« Nach vierzehn Monaten als Assistenzarzt war das Spiel aus. »Mein Funker piepste während der Visite – der leitende Oberarzt. In seinem Büro meinte er, es gebe gewisse Ungereimtheiten. Er hielt ein Schreiben der Ärztekammer in der Hand und sagte, er wisse zwar noch nichts Genaueres, aber ich sei erst mal beurlaubt.«[26] Offenbar hatte ihn ein ehemaliger Kommilitone mit einem anonymen Hinweis bei der Polizei denunziert.

In der Haft will der falsche Arzt Abitur und Medizinstudium in Angriff nehmen, um irgendwann ein echter Mediziner zu werden …

Kränkung auf Rezept

Nach der Behandlung eines Klassikers der Hochstapelei, dem falschen Arzt, ist es an der Zeit, eine erste Bilanz zu ziehen. Hochstapelei und Maskeraden, ob in der Liebe, der Arbeitswelt oder dem sozialen Leben: Der Trend zu Narzissmus und Geltungssucht scheint auf eine Ader in uns zu treffen, die diese Entwicklung auch noch bedient. Unsere Fähigkeit, zu täuschen und uns selbst zu betrügen müssen wir wohl (oder übel) als Bestandteil der menschlichen Natur betrachten. Es handelt sich, soweit dürfen wir den Interpretationen der Evolutionsbiologen folgen, um ein offenes, hochflexibles Instrumentarium mit durchaus nützlichen Effekten – zum Beispiel, um Ängste zu bewältigen. Aber diese »Gaben« bilden auch einen fruchtbaren Boden für jede Form eskalierender Egoakrobatik.

Die täglichen Anstrengungen der Selbsterfindung und Selbstbehauptung im immer weiter forcierten Konkurrenzkampf der Egos kosten viel Energie und Kreativität. So schön die Tatsache ist, dass unser Lebensweg kaum mehr, wie es bis vor nicht allzu langer Zeit noch häufig der Fall war, durch äußere Faktoren wie die Herkunft bestimmt wird, sondern dass wir viele Entscheidungen in unserem Leben jetzt selbst treffen können: Die Leidenschaft für das Selbst, so die Diagnose des Soziologen Jean-Claude Kaufmann, ist schwer zu kontrollieren und kann jederzeit zu einem Verlust des Realitätssinns führen. »Denn, verärgert über die Diskrepanz zwischen Selbst- und Fremdwahrnehmung, zieht es das Ego bisweilen vor, sich in seine Geschichte einzuschließen und die Zeichen zu ignorieren, die es zu mehr Maß zurückführen sollten.«

Das Dilemma liegt aber nicht darin, dass wir uns einer wahren, unverfälschten Natur des Menschen »entfremden« – dieses Trugbild ist oft genug Leitidee von (politischen wie wissenschaftlichen) Utopien gewesen. Vielmehr könnten neben den sinnlos verpuffenden individuellen Energien auch die kollektiven Kosten noch zu größeren Problemen führen. Neben der Zunahme narzisstischer Störungen und Depressionen werden uns vor allem die Aggressionen derjenigen beschäftigen, die mit aller Macht zu den Siegern gehören wollen und bereit sind, dafür alles zu tun. Hochgezüchtete Egos mit monströsen Ansprüchen vertragen nun mal keine Kränkung, und sei es die Kränkung, nicht zu den Siegern zu gehören. »Nicht dass der Mensch von Natur aus böse ist. Aber im Zeitalter der Identitäten ist der Mensch in etwas gefangen, was stark einer Falle ähnelt ...«, so Kaufmann in seinem Buch *Die Erfindung des Ich*. Die Währung, nach der alle streben, heißt Aufmerksamkeit. Und nur derjenige, der (vorläufig) obenauf bleibt, bekommt in unserer Siegerkultur die volle Aufmerksamkeit und Achtung. Aufstieg und Karriere sind allein schon deshalb wichtig, um überhaupt noch zu spüren, dass man existiert. Der gekränkte Verlierer hingegen versucht, seine Selbstachtung mit allen Mitteln wiederherzustellen, und holt sich seine Aufmerksamkeit dort, wo er sie noch kriegen kann.

In den Seminaren für Führungskräfte antwortet kaum jemand auf die Frage, warum er nach oben will: »Weil ich weiß, wie man es besser macht« oder »Ich brauche einfach noch mehr Geld«. Für die meisten ist das Motiv Selbstverwirklichung: »*Ich* will sagen, wo es langgeht.« Egal, ob man weiß, wo das ist. Den Mächtigen hört man zu, sie dienen als Vorbild. Sie können etwas bewegen. Hier muss der Anspruch sein zu wissen (oder so zu tun, als wüsste man es), wie die Probleme menschlicher Gemeinschaft zu meistern sind. In der Moderne führen zwei Hauptwege dorthin: Über die Wissenschaft (früher war es die Religion) und über die Politik (früher Adel und Militär). Im 20. Jahrhundert und in der Gegenwart sind beide Bereiche eng miteinander verflochten – ein ideales Betätigungsfeld für Hochstapler und betrügerische Karrieristen, für Demagogen und Visionäre aller Art.

KAPITEL 4

Egoakrobatik für Visionäre in Wissenschaft und Politik

Wir haben uns bisher auf zahlreiche wissenschaftliche Studien gestützt, um die Grundlagen der Hochstapelei zu beleuchten. Aber können wir die Wissenschaft überhaupt als Garant für verlässliche Wahrheit ansehen? Schließlich gibt es ja immer wissenschaftliche Debatten, Streit um Theorien, verschiedene Modelle von Wahrheiten – wie in der Politik. Dabei wird der Wettstreit der Ideen von dem Traum befeuert, eine neue, bessere Welt zu erschaffen oder dabei zumindest ein Wörtchen mitzureden. Mit starken Allianzen kann ein solcher Traum zu einer greifbaren Möglichkeit werden. Und umso größer die augenscheinliche Diskrepanz zwischen einer zunächst vielleicht belächelten Vision (wie zum Beispiel die Kontaktaufnahme mit außerirdischen Lebensformen, die Steuererklärung auf dem Bierdeckel etc.) und ihrer erfolgreichen Realisierung ist, desto größer ist der Ruhm.

Absurde Experimente und verrückte Visionen von egozentrischen Wissenschaftlern, Alchemisten und Scharlatanen bilden so in der Geschichte von Forschung und Wissenschaft keine Seltenheit. Doch ohne Investoren und Fürsprecher in der Politik bleiben die Visionen unbemerkt und bedeutungslos, und ohne technischen Fortschritt und wirtschaftliche Innovationen fällt auch die Bilanz eines Regenten mager aus.

Ehrgeizige Politiker und Wissenschaftler gehen deshalb gern Symbiosen ein. Der Wissenschaftler gelangt auf diese Weise an Ressourcen, der Politiker kann mit der Förderung »bahnbrechender Forschung« und »Zukunftstechnologie« glänzen. Es liegt auf der Hand, dass auch diese Sphären eine starke Anziehungskraft auf hochstaplerische Persönlichkeiten ausüben. Nicht nur in den geschlossenen politischen Milieus und abgeschotteten Geheimlaboren der Diktaturen gedeiht die Allianz von Macht und Wissenschaft – auch in den pluralistischen Gesellschaften existiert ein Zusammenhang zwischen populistischer Politik, Mittelverteilung und Forschungssteuerung. Doch blicken wir zunächst auf das Argentinien der Nachkriegszeit, wo sich eine Geschichte abspielte, deren Auswirkungen bis heute reichen …

Nur Visionäre holen die Sonne vom Himmel

Der damals starke Mann Argentiniens Juan Perón hatte stets einen vollen Terminkalender, doch wenn Prof. Dr. Pedro Matthies mit ihm sprechen wollte, mussten alle anderen warten. Der Professor hieß eigentlich Kurt Tank und war im »Dritten Reich« neben Willy Messerschmitt zu einem der führenden Flugzeugkonstrukteure aufgestiegen. Vor dem Krieg wurde von ihm die Focke-Wulf Fw 200 »Condor« entwickelt, ein Flugzeug, das die Lufthansa für Linienflüge, die Wehrmacht als Langstreckenbomber und Hitler persönlich als »Führermaschine« nutzte. Für den Kriegseinsatz hatte

Tank außerdem diverse Jagdflugzeuge konstruiert, deren Leistungen bei Militaria- und Flugzeugbegeisterten bis heute warme Gefühle hervorrufen. Die Krönung in Tanks Schaffen, ein düsengetriebenes Kampfflugzeug, sollte im Frühsommer 1945 zu seinem Jungfernflug abheben. Doch dann kam der Untergang Nazideutschlands dazwischen. Wegen eines von den Alliierten gegen ihn verhängten Berufsverbots langweilte sich Tank nach dem Krieg mit der Konstruktion von Werkstattbauten, bis er 1947 nach Argentinien auswanderte, wo viele NS-Funktionäre und Ingenieure mit offenen Armen empfangen wurden. Tank kam mit Plänen und dem Traum, das unvollendete Projekt für einen Düsenjäger nun endlich zu verwirklichen. Das traf sich gut, denn Perón konnte jeden gebrauchen, der seiner Vision von Argentinien als Großmacht Flügel zu verleihen versprach.

Zwar hatte die Militärjunta, der Perón als Vizepräsident angehörte, Ende März 1945 der Achse Berlin-Rom-Tokio rasch noch den Krieg erklärt und konnte sich so zur siegreichen Anti-Hitler-Koalition zählen. Die Sympathien des Generals für Hitler indes waren kein Geheimnis. In einem Memorandum des argentinischen Generalstabs von 1943 hieß es: »Wir werden rüsten, nochmals rüsten, kämpfen [...] Hitlers Kampf soll uns als Vorbild dienen.«[1] Argentinien sollte die stärkste Macht in Südamerika werden. Aus dem Überangebot an Waffen aus dem Zweiten Weltkrieg hatte sich Perón zwar schon kräftig eingedeckt, doch das reichte ihm nicht. So entwarf Tank mit anderen deutschen und argentinischen Konstrukteuren in einer Militärflugzeugfabrik in Córdoba den Düsenjäger »Pulqui II«. Das Projekt entpuppte sich später zwar als Flop, denn bevor das Gerät in Serie gehen konnte, wurde Perón gestürzt, aber für Tank waren die acht Jahre als argentinischer »Daniel Düsentrieb« wohl die beste Zeit seines Lebens. Wenn er einen geschäftlichen Termin im 650 Kilometer entfernten Buenos Aires hatte, flog Tank einfach mit seinem persönlichen Prototyp des Pulqui, um anschließend dank Überschallgeschwindigkeit pünktlich wieder daheim zum Essen zu sein.

Die argentinische Bombe ...

Keine Frage, Perón hatte ein großes Herz für seine getreuen Diener aus dem Deutschen Reich und war deshalb auch entzückt, als Tank ihn im Spätsommer 1948 mit dem aus Österreich stammenden Physiker und selbst ernannten Atomexperten Ronald Richter bekanntmachte. Richter war zuvor beim britischen Atomenergiedirektorat abgeblitzt. Obwohl Forscher aus Deutschland international gefragt waren, erschien Richter den Briten zu unseriös. Doch während seines Aufenthalts in London lernte er Tank kennen. Beide hatten den gleichen Traum: nuklear angetriebene Flugzeuge. Das öffnete Richter die Tür zu Perón. Hier waren seine Visionen herzlich willkommen, denn der Physiker bot nichts Geringeres als die kontrollierte Kernfusion an. Das ließ die Hoffnung aufkeimen, dass auch die militärische Nutzung der Kerntechnologie in greifbare Nähe rücken könnte. Die amerikanische Kernwaffenentwicklung und die verheerende Wirkung der Atombombenabwürfe auf die japanischen Städte Hiroshima und Nagasaki beeindruckten die Welt. Viele Staaten wollten nun ebenfalls Atommächte werden. Doch das Entwicklungsprogramm der Vereinigten Staaten hatte bereits einige Milliarden US-Dollar verschlungen und lag damit für Argentinien jenseits des Machbaren. Da kam ein

Mann wie Richter gerade recht, versprach sein »thermonukleares Fusionsverfahren« doch nicht nur, die Technologie der Amerikaner auszustechen, sondern zudem weit billiger zu sein.

Der Präsident vertraute dem selbstbewusst auftretenden Wissenschaftler blind, Warnrufe aus seiner Gefolgschaft verhallten ungehört. Wer, so glaubte Perón, könnte eine solche Vision verwirklichen, wenn nicht ein Wissenschaftler aus dem Deutschen Reich? Der Traum von der Atommacht Argentinien wollte geträumt werden. Während im besiegten Deutschland Richters Altersgenossen, die als Akteure in die Gewalt- und Vernichtungspolitik des NS-Regimes verstrickt waren, ihre Biografien schönfärbten und die Karrieren fortsetzten, drängte es den Forscher fernab der Heimat zu großen Taten.

1949 überließ Perón seinem Schützling die in einem prächtigen Andensee gelegene Insel Huemul, wo mit großem Aufwand eine Versuchsanlage gebaut wurde. Hier, in der Argentinischen Schweiz im Süden des Landes, ließ es sich forschen und leben, zumal die begehrte Touristenregion nun wegen des streng geheimen Forschungsprojekts zum Sperrgebiet erklärt wurde. In guter Gesellschaft diverser Nazigrößen genoss Richter seinen Sonderstatus als Liebling des Diktators. Im nahe gelegenen Luxuskurort Bariloche sollen sich er und seine Gattin wie ein kleines Herrscherpaar aufgeführt haben, erst recht, nachdem Perón eine Vollmacht ausgestellt hatte, die Richter zu seinem einzigen legitimen Vertreter vor Ort ernannte. Unter den Kollegen verbreitete sich allerdings bald die Erkenntnis, dass es sich bei Richter um einen Sonderling handelte. Ständig fühlte er sich verfolgt und glaubte, ausspioniert zu werden. Sogar Tank verdächtigte er. Engste

Mitarbeiter ließ er über viele Details seiner Versuchsanordnungen im Unklaren.

Im Februar 1951 war es dann so weit: Richter meldete seinem Dienstherrn das Gelingen des entscheidenden Experiments. Prompt verkündete Perón der Weltöffentlichkeit, dass es im Atomlabor auf Huemul gelungen sei, eine kontrollierte thermonukleare Reaktion herbeizuführen und dass die so entstandene Energie bald der Bevölkerung zur Verfügung stünde – »frei Haus geliefert, so wie täglich die Milchflaschen ausgetragen werden«.[2] Das ließ Atomexperten aller Länder aufhorchen, zuvorderst in den USA, wo man noch fieberhaft an der unkontrollierten Fusionsbombe (Wasserstoffbombe) arbeitete und erst Anfang November 1952 einen ersten Test durchführte. Zweifel von amerikanischer Seite an Richters Fusions-Projekt wischte Perón drohend beiseite. Einige Zeit später, im Vorfeld der vierten Panamerikanischen Konferenz, bei der er seinen Führungsanspruch in Südamerika unterstreichen wollte, ließ Perón wissen, dass Argentinien nun auf dem Sprung in den Kreis der Atommächte sei. Richter sekundierte: »Argentinien kennt schon seit geraumer Zeit das Geheimnis der Wasserstoffbombe. Doch bisher hat mich der Präsident nicht ersucht, sie herzustellen.« Zur Zündung im Labor erklärte Richter, dass die Einwohner von Bariloche deshalb nichts hätten hören oder sehen können, weil es gelungen sei, »die Energie sofort zu kontrollieren, wie sie bei Explosion einer Wasserstoffbombe ungehindert frei werden würde«.

Auf Nachfragen der verblüfften Journalisten bezüglich des Ausgangsmaterials trumpfte Richter dann richtig auf: »Keinesfalls verwenden wir teures Uran 235. Ich kann Atomenergie ohne Uran erzeugen!« Seriöse Fachleute zweifelten nicht nur an diesen Neuigkeiten, sondern auch an Richters Verstand. Die Militärs in Moskau waren angesichts der Mitteilungen aus Buenos Aires jedoch immerhin so beunruhigt, dass sie einen ehemaligen Arbeitgeber Richters, den an der sowjetischen Atombombe arbeitenden Physiker Manfred von Ardenne, nach Moskau zitierten. Richter hatte nach seinem Physikstudium, das er 1935 mit einer Promotion abschloss, an der TH Darmstadt am Lehrstuhl für Luftfahrzeugbau gearbeitet. 1943 war er an Ardennes kernphysikalisches Institut in Berlin gekommen. Dort entwickelte Richter aber keinerlei Expertise auf dem Feld der nuklearen Forschung. Vielmehr musste Ardenne seinen Mitarbeiter nach nur drei Monaten wieder entlassen, da sich bei ihm Fantasie und wissenschaftliche Wirklichkeit permanent miteinander vermischten. Ardenne empfahl den sowjetischen Generälen deshalb, die ganze Angelegenheit nicht ernst zu nehmen.

Auch in Argentinien hätte man nach einigen wenigen Recherchen wissen können, dass Richter ein Hochstapler war, den es ins Rampenlicht der Weltöffentlichkeit zog. Im August 1951 ließ er dann plötzlich seinen Reaktor nach nur achtmonatiger Nutzung abreißen, um an gleicher Stelle einen noch größeren »Prozessdaten-Reaktor« aufbauen zu lassen. War das Richters Flucht nach vorn? So lässt sich jedenfalls interpretieren, dass Richter – als der neue Reaktor in Bau war – mit Perón sprach und ihm die Zusammenarbeit mit Großbritannien oder den USA vorschlug. Perón autorisierte Richter, die Verhandlungen zu führen. Doch ein Gespräch mit dem amerikanischen Generalkonsul verlief ohne Ergebnis. Nun verließ Richter das Glück. Mitarbeiter des Nationalen Ausschusses für Atomenergie, der eigentlich zur Unterstützung von Peróns Atomgenie eingerichtet worden war, bekamen erhebliche Zweifel an Richters Behauptungen. Eine Untersuchung vor Ort führte schließlich zu der Erkenntnis, dass es unter Verwendung seiner Apparaturen nicht möglich sei, »irgendeines der Phänomene hervorzurufen, wie sie von Dr. Richter behauptet werden«.[3] Richter hingegen identifizierte sich derart mit seinem Selbstbild als »Atomwunderkind«, dass er in seinen Aufzeichnungen zu dem Besuch der Kommission notiert: »Die an mich gestellten Fragen sind so entsetzlich dumm, dass ich Mühe habe, ernst zu bleiben.«

Die Tatsache, dass er allmählich den Boden unter den Füßen verliert, kompensiert Richter mit forcierter Selbstinszenierung als Genie – oder zumindest dem Klischee eines solchen. Im Prüfungsbericht für Perón merkte der Kommissionsleiter süffisant an, dass Richter »überraschend große Wissenslücken hinsichtlich der für die Atomforschung grundlegenden Physik« aufweise. Allmählich dämmerte auch dem General: Er war einem Hochstapler aufgesessen. Kleinlaut hieß es nun, die Presseerklärungen vom März 1951 seien voreilig gewesen. Der starke Mann in Argentinien sah sich vor der Weltöffentlichkeit gründlich blamiert, zudem sollen Richters gescheiterte Experimente bis zu 300 Millionen Dollar gekostet haben. Noch nach seiner Enttarnung versuchte Richter, den Journalisten den genialen Physiker vorzuspielen, und malte ihnen ein paar Formeln auf einen Zettel – das Geheimnis der H-Bombe. »Sie sind noch nie aus meiner Hand gekommen und stehen Ihnen exklusiv zur Verfügung.« Es waren längst bekannte Formeln aus der Publikation eines (echten) Atomforschers aus dem Jahr 1946.

Die Einschätzung von Richters Wirken durch Edward Teller, einst beteiligt am sogenannten Manhattan-Projekt der Amerikaner und als »Vater der H-Bombe« bekannt, kann man als selbstironische Fußnote zur eigenen Biografie lesen: »Wenn man eine Zeile über Richters Ideen liest, muss man denken, er ist ein Genie. Wenn man die nächste liest, erkennt man, dass er verrückt ist«, so Teller in der Fachzeitschrift *Physics Today* (August 2003). Teller war selbst für allerhand merkwürdige Ideen gut und gehörte zu den wichtigsten Befürwortern der aberwitzigen »Strategischen Verteidigungsinitiative« (SDI) des damaligen US-Präsidenten Ronald Reagan, umgangssprachlich besser bekannt als Star-Wars-Programm – ein weltweit operierender satellitengestützter Abwehrschirm gegen Angriffe mit Interkontinentalraketen.

So weit die Epoche der Kalten Krieger zurückliegt und so absurd Richters Bluff vor der Weltöffentlichkeit uns auch erscheinen mag – er wirkt bis heute nach. Denn in zahlreichen Ländern wie den USA, Großbritannien und der Sowjetunion intensivierte er die fieberhaften Anstrengungen, die kontrollierte Kernfusion zu bewerkstelligen. Aber wie damals sind diese Versuche auch heute, sechzig Jahre später, nach wie vor reine Grundlagenforschung; die kommerzielle Nutzbarmachung dieser Energie ist noch immer ein Traum. Und nach Meinung vieler Forscher bleibt es das auf unbestimmte Zeit auch, wie etwa der Physiker Julian Hunt meint: »Die Entwicklung läuft sehr langsam, und es könnte noch 50 Jahre dauern, bis die Forschung zu einem Erfolg führt. Und selbst dann ist noch nicht klar, ob sich ein Fusionsreaktor wirtschaftlich lohnt. Für die nächsten 50 Jahre jedenfalls zeichnet sich keine praktikable Lösung ab.«[4] Doch im Deutschland der Ära Merkel findet die Vision quasi unbeschränkt verfügbarer Energie mit einer Physikerin an der Spitze der Regierung beste Bedingungen. Neben dem internationalen Großprojekt ITER im südfranzösischen Kernforschungszentrum Cadarache (aktuelle Kostenschätzung: 15 Milliarden Euro, EU-Anteil: 6,6 Milliarden Euro) startet in der Versuchsanlage des Greifswalder Max-Planck-Instituts ab 2014 ein ca. 380 Millionen Euro teurer weiterer Versuch, die Sonne vom Himmel zu holen.

... und der sowjetische Wunderweizen

Richter hatte mit seinem Bluff in der technologischen Peripherie auftrumpfen und eine Weile den genialen Professor spielen können. Er nutzte ungenügende Kontrollmechanismen des wissenschaftlichen Gutachtersystems. Hier liegt die These nahe, dass politische Protektion und diktatorische Systeme einen idealen Nährboden für Hochstapler bieten, da hier die Verbindung von Macht und Wissenschaft am engsten und exklusivsten ist. Nur wenige Entscheidungsträger verteilen die Ressourcen und dominieren damit den Forschungsprozess. In dieses Bild passt auch das realsozialistische System mit seinem permanenten Planziffernbetrug, seiner ideologischen Schaumschlägerei und autoritären politischen Struktur – ein Paradies für Hochstapler.

Einer von ihnen war der »Saatgut-Revolutionär« Trofim Lyssenko. Der ukrainische Bauernsohn und Diplomagronom stieg in der Stalinära zum führenden Agrarexperten der Sowjetunion auf. Zu Lyssenkos sensationellen »Erfindungen« gehörte eine Weizensorte, die mehrere Ähren auf einem Halm trug – damit ließe sich die Ernte mühelos vervielfachen. Die sowjetischen Agrarfachzeitschriften zeigten den Wunderweizen, der außerhalb des Blätterwaldes überhaupt nicht gedieh. Nun gab es kein Zurück mehr, auch wenn manch einer Zweifel an Lyssenkos Methoden und Ergebnissen hatte – wären doch im Falle seiner Absetzung die ganze Führungsriege und der Sozialismus insgesamt blamiert gewesen. Viele »geniale« Ideen der sozialistischen Erfinder basierten auf dem gemeinsamen Wunsch von Forschern und Funktionären, den systembedingten Mangel zu kaschieren. Man staunt im Rückblick über die zahlreichen Patente. Ein kurioses Beispiel ist das von der Deutschen Akademie der Wissenschaften in Ostberlin patentierte »Fruchtfleischsimulat mit südfruchtartigen Merkmalen«. In diesem Fall hatten es die DDR-Alchemisten geschafft, Runkelrüben in Pseudoananas zu verwandeln und lieferten damit einen weiteren Beweis für die »Überlegenheit des Sozialismus«.

Experimente auf Biegen und Brechen

Um das ersehnte Bündnis mit der Macht zu erreichen oder schlichtweg als Forscher-Ass in die (Wissenschafts-)Geschichte einzugehen, sind auch waschechte, gut qualifizierte Forscher in freien Gesellschaften nicht vor der Versuchung gefeit, ihre Ergebnisse, Daten und Statistiken zu manipulieren. Die Entscheidungsprozesse laufen vielleicht etwas komplexer ab als in Einparteiensystemen und Militärdiktaturen, aber auch hier geht es um Ressourcen, Budgets, Preise und Karrieren. Die Währung der Akteure moderner Forschung ist öffentliche Aufmerksamkeit. Aufmerksamkeit, sowohl in der Fachpresse als auch in den Massenmedien, wird mit staatlichen Zuwendungen und Drittmitteln belohnt, und sie muss durch Publikationen geweckt werden.

Durch den Zwang zu eindeutigen und sensationellen Forschungsergebnissen und zum permanenten Publizieren in möglichst hochrangigen Fachblättern animiert der moderne Wissenschaftsbetrieb, wie er in den industrialisierten Ländern seit etwa hundert Jahren existiert, regelrecht zum Betrug. Der Kampf um die knapper werdenden Forschungsmittel, um interessengebundene Drittmittel und die Rasanz, mit der Forschungsergebnisse zu gesellschaftlichen Trendthemen werden, erhöht den Druck auf die Wissenschaftler immens. Um die Forscherkarriere tatsächlich zu schaffen, müssen möglichst viele und möglichst bemerkenswerte Veröffentlichungen in renommierten Fachzeitschriften gelandet werden: Damit baut man die eigene Reputation auf und ist bei der Drittmitteleinwerbung für die Wirtschaft besonders attraktiv. Dabei ist es gar nicht einmal so, dass sich junge Forscher diesem Prinzip unkritisch unterwerfen. Sie stehen dem »Science Citation Index« (SCI), so etwas wie die Karrierebörse der Wissenschaftler, durchaus kritisch gegenüber, durchschauen die Schattenspiele ihrer Doktorväter und beteiligen sich womöglich eher widerwillig an dem Spiel nach akademischen Regeln. Vielleicht hängen sie dann einem gewissen Pragmatismus an: wenn nämlich die ersten Punkte im Index gesammelt sind, Forschungsaufträge mit Drittmitteln gesichert wurden, also erste Erfolge zu verbuchen sind. Wer forschen will, kann sich den Regeln nun mal nicht entziehen – es dient ja auch einem guten Zweck. Schließlich beginnt der zunächst vielleicht sogar rebellische, weltverbesserische, alles hinterfragende Jungakademiker selbst nach den Spielregeln zu agieren. Die Forschung wird zum Zweck der Karriere domestiziert – und wenn es sein muss, auch manipuliert.

So geriet erst jüngst ein bekannter Evolutionspsychologe und – ausgerechnet – Moralforscher in den Verdacht, zahlreiche Versuche zugunsten spektakulärer Ergebnisse zurechtgerückt zu haben. Offenbar hatte es im Labor des Harvard-Professors unter den Nachwuchsforschern, die Hausers Affenexperimente begleiteten, schon länger gebrodelt. Doch es dauerte seine Zeit, bis sich endlich ein paar von ihnen doch entschieden, den Verdacht öffentlich zu machen. Für junge Wissenschaftler steht dabei viel auf dem Spiel: Wenn sich die Anschuldigungen nicht erhärten lassen, könnte die Karriere zu Ende sein, bevor sie richtig angefangen hat. Und selbst wenn sich der Verdacht bestätigt, bleibt an ihnen womöglich der Ruf des Verräters und Nestbeschmutzers haften. Denn schließlich verdanken der zu Fall gebrachten Forscherikone schon viele Kollegen den eigenen Karrieresprung.

Keineswegs beendet war die Karriere des südkoreanischen Stammzellenforschers Hwang Woo-suk, nachdem sich seine Sensationsmeldung aus dem Jahr 2004, er habe erstmals Stammzellen aus einem geklonten menschlichen Embryo gewonnen, als Fälschung erwiesen hatte, genau wie weitere spektakuläre Ergebnisse aus seinem Labor.

Datenfälschungen und wissenschaftliches Geschwätz

Die oftmals beschworene wissenschaftliche Selbstkontrolle ist angesichts der Flut von Publikationen im beschleunigten Forschungsbetrieb kaum noch zu garantieren, denn Plagiieren, Kopieren und Abschreiben fremder Texte und Textbausteine sind im Zeitalter des Internets mühelos zu praktizieren. Experten unterscheiden zwischen »Klein«- und »Kollegenplagiaten«, »Zeitnot«- und »Kettenplagiaten« – die Plagiatkunde wurde bereits zur Wissenschaft an sich. Und schließlich: Die Realität im eigenen Sinn zurechtzubiegen, fällt leichter, wenn man weiß, dass selbst der große Albert Einstein bisweilen seine Daten frisierte. Beim »Experimentellen Nachweis der Ampèreschen Molekülströme«, den er 1914 zusammen mit seinem niederländischen Kollegen Wander Johannes de Haas führte, ermittelten die beiden Physiker völlig unterschiedliche Messwerte, von denen sie einen unterschlugen, der so gar nicht zu ihrer Theorie passte. Im Februar 1915 präsentierte Einstein die Ergebnisse sogar in einem Vortrag vor der Deutschen Physikalischen Gesellschaft. Später mussten die beiden Wissenschaftler erkennen, dass ihre Theorie nicht stimmte und der unterschlagene Messwert viel besser gepasst hätte. Wie peinlich! Es folgte eine schlichte »Berichtigung« der zuvor veröffentlichten wissenschaftlichen Arbeit.

Was bei Einstein vielleicht nur ein hässlicher Ausrutscher war, bildete das Fundament für die Karriere eines anderen Physikerstars namens Jan Hendrik Schön: der systematische Betrug und die Selbstinszenierung als Forschergenie. Der Jungwissenschaftler hielt sich nicht an die heiter-ironische Weisheit des Forschungsbetriebs, die Nachwuchskräften mit auf den Weg gibt: wenn man Studien schon fälscht, dann vorsichtshalber auf einem Gebiet, das niemanden interessiert. Schön, Jahrgang 1970, setzte nach seiner Promotion an der Universität Konstanz im Jahr 1997 zu einem traumhaften Höhenflug an. Wegen seines »good looks« und seines smarten Auftretens avancierte der schöne Schön auch zum beliebten Gesprächspartner der Medien. Er publizierte in atemlosem Tempo fulminante Forschungsergebnisse im Bereich der Nanotechnologie – in seinem Spitzenjahr 2001 beehrte er die Fachblätter wöchentlich mit einem Artikel, darunter auch die weltweit führenden *Nature* und *Science* –, so dass bald schon gemunkelt wurde, hier laufe sich jemand für den Nobelpreis warm. In kürzester Zeit – er arbeitete inzwischen in einer Forschergruppe der Bell Labs in Murray Hill im US-Bundesstaat New Jersey – wurde er mit mehreren wichtigen Forscherpreisen ausgezeichnet, und niemand fragte sich, wie der Mann das Unmögliche überhaupt möglich machen konnte. Essen und trinken musste er ja schließlich auch noch.

In Deutschland überlegte man schon, ob man die Kapazität wohl mit dem Posten als Direktor bei der renommierten Max-Planck-Gesellschaft zurücklocken könne. Dem kamen zwei Nachwuchsphysiker zuvor. Im Mai 2002 versuchten sie, was selbst Schüler in der Mittelstufe schon lernen: Experimente müssen jederzeit wiederholbar sein, damit man ihren Wahrheitsgehalt überprüfen kann. Doch das gelang den Kollegen mit Schöns Versuchsaufbauten beim besten Willen nicht. Jetzt erst wurden die Ergebnisse des Shootingstars kritischer betrachtet. Schließlich kam heraus, dass er seine sensationellen Forschungsergebnisse zum großen Teil manipuliert und ganze Messreihen entsprechend der gewünschten Ergebnisse erfunden hatte. Das ist auch seinen verschiedenen Co-Autoren nicht aufgefallen – oder wollte ihnen nicht auffallen. Schöns märchenhafte Karriere war damit beendet. Er behauptete zunächst, dass ein Missverständnis vorliege, dann räumte er Fehler ein, beharrte in den Nachbemerkungen zu den zurückgezogenen Artikeln aber trotzig darauf, dass nach seiner Überzeugung die Forschungsergebnisse der Wahrheit entsprächen.

Konnten Jan Hendrik Schön und andere nicht nur die Öffentlichkeit, sondern auch sich selbst so sehr täuschen, dass sie selbst an ihre »Sensationen« glaubten? In jedem Fall ist die Fähigkeit zur Selbsttäuschung für Hochstapler Trumpfkarte und Achillesferse zugleich, wie ein weiteres Beispiel aus jüngster Vergangenheit zeigt. Professor Dr. Dr. Reiner Rudolf Robert Protsch von Zieten war seit den siebziger Jahren Lehrstuhlinhaber und geschäftsführender Direktor des Instituts für Anthropologie und Humangenetik an der Frankfurter Universität gewesen. Als der Professor 65 Jahre alt wurde und sich auf ein komfortables Leben als Emeritus freuen konnte, flog der Schwindel seines Lebens auf. Normalerweise wird ein seit Jahrzehnten im Amt befindlicher Professor nicht mehr infrage gestellt, doch Protsch von Zieten hatte sich in seine Rolle so sehr eingelebt, dass er sich nicht mit der gut dotierten und sicheren Position zufriedengeben wollte. Sein Geltungsbedürfnis führte nicht nur dazu, dass er seine Vita als vermeintlicher Spross eines Adelsgeschlechts aufmotzte, sondern immer wieder auch frühmenschliche Schädelfragmente dreist vordatierte, um damit seinen Ruf als herausragender Forscher zu untermauern. Erst 2001 kamen zwei Kollegen die Sensationsfunde merkwürdig vor. Verfügbare Schädelteile aus Protsch von Zietens »Forschungsarbeit« ließen sie erneut datieren und enthüllten so den Schwindel.

Seine Herrschaft über das Institut hatte Protsch von Zieten im Laufe der Jahre so verinnerlicht, dass er die universitäre Einrichtung als sein Eigentum betrachtete. Obwohl die falsch datierten Schädel schon erste Kratzer an seiner Reputation hinterließen, wollte er 2004 auch noch eine berühmte Sammlung von Schimpansenschädeln der Universität für 70000 Dollar in die USA verkaufen – wohl kaum der Hilferuf eines Hochstaplers, der um Enttarnung bettelt, sondern schlicht die Folge massiver Selbsttäuschung und extrem verzerrter Wahrnehmung. Als die Universität vom Schimpansendeal Wind bekam, platzte schließlich die Blase. So kam heraus, dass der »Professor Dr. Dr.« weder das Abitur noch eine akademische Ausbildung als Anthropologe absolviert hatte. Mit einem gefälschten amerikanischen Doktortitel in der Tasche und offenbar überzeugendem Auftreten war der damals 34-Jährige auf Anhieb auf den Frankfurter Lehrstuhl gekommen. Selbst bei seiner Gerichtsverhandlung wegen Unterschlagung, Urkundenfälschung und -unterdrückung legte er noch ein gefälschtes Dokument vor, mit dem er sich als rechtmäßigen Besitzer der Schädelsammlung ausweisen wollte. Protsch von Zieten kam mit anderthalb Jahren auf Bewährung davon.

Der amerikanische Wissenschaftsautor Gary Taubes schlug einmal scherzhaft vor: »Wenn du dein Fach vor den schlimmsten Forschern bewahren willst, solltest du alle drei oder vier Jahre jemanden eine gefälschte Arbeit in einem angesehenen Journal veröffentlichen lassen, in der einige bemerkenswerte Entdeckungen beschrieben werden – zum Beispiel billige, unendlich verfügbare Energie. Dann taucht es auf der Titelseite der *New York Times* auf und innerhalb von zwei Monaten wird jeder miese Wissenschaftler sich auf das Thema stürzen. Die, die dazu Arbeiten veröffentlichen, zwingst du, ihre Experimente zu wiederholen. Dann kannst du sie rausschmeißen.«[5]

Aber nicht nur die empirischen Wissenschaften verlieren bei näherer Betrachtung den Nimbus der unbestechlichen Wahrheitssuche. Erst recht die Kollegen der Geisteswissenschaft leiden unter dem Ruf, sich in den klassischen »Laberfächern« weniger mit Fakten als mit Hirngespinsten zu beschäftigen. Bezeichnenderweise war es ein amerikanischer Physiker, der 1996 einen Wissenschaftskrieg auslöste, indem er die Geistes- und Sozialwissenschaften attackierte. Alan Sokal schrieb einen Aufsatz mit dem Titel *Die Grenzen überschreiten: Auf dem Weg zu einer transformativen Hermeneuthik der Quantengravitation,* den er mit Zitaten angesehener amerikanischer und französischer Denker wie Latour, Jacques Lacan, Luce Irigaray und Gilles Deleuze anreicherte – Autoren, deren Texte bis heute zur Standardliteratur in den entsprechenden Studienfächern gehören. Dazwischen streute Sokal eigene Sätze, die keinerlei Sinn ergaben. Gleich zu Beginn des Textes behauptete er sogar, dass »die physikalische ›Realität‹, nicht weniger als die gesellschaftliche, im Grunde ein soziales und sprachliches Konstrukt ist«. Damit wollte er nach eigenem Bekunden testen, ob die bloße Behauptung ohne die Beibringung eines Arguments oder Beweises einer solch gewagten These die Herausgeber stutzig machen würde. Er bot den Artikel der kulturwissenschaftlichen Fachzeitschrift *Social Text* an, die Sokals wissenschaftliche Parodie nicht nur umstandslos veröffentlichte, sondern sogar mit einer Sondernummer ehrte. Nach der Veröffentlichung wollte der Physiker mit einem Nachwort – wieder im gleichen Journal – seine Motive für den Streich darlegen. Ironischerweise lehnte *Social Text* diesmal mit der Begründung ab, der Text entspreche nicht seinen intellektuellen Standards. Das Nachwort erschien anderenorts und führte dazu, dass Sokals Attacke auf den Titelseiten großer Zeitungen landete und in den geisteswissenschaftlichen Instituten für Missstimmung sorgte.

Kein Wunder, denn Sokal griff ja auch in die Vollen, prangerte er doch neben dem extremen Relativismus auch den

Missbrauch wissenschaftlicher Begriffe (»Unterdeterminiertheit der Evidenztheorie«) und gedankliche Verwirrung an. Die britische Zeitung *The Guardian* sah den Verdacht bestätigt, dass »die moderne französische Philosophie ein Haufen alter Quatsch« sei. Dementsprechend wurde von einem Angriff auf die intellektuelle Linke gesprochen. Da nutzte es wenig, dass Sokal sich selbst als Altlinker bezeichnete, der nach eigenem Bekunden nie verstehen wollte, wie »pseudogelehrter Skeptizismus« dabei hilfreich sein könnte, die gravierenden Probleme und Ungerechtigkeiten der Welt zu lösen.

Die Revanche für Sokals Angriff sollte eine Weile auf sich warten lassen. Im Jahr 2006 berichtete die Zeitschrift *Nature*, wie der Sozialwissenschaftler Harry Collins, der von Physik keine Ahnung hatte, renommierte Physiker dazu brachte, ihn für einen der ihren zu halten.[6] Ziel dieses Experiments war nicht nur die Demonstration eines rhetorischen Bluffs, sondern vielmehr der Beweis, dass auch Außenseiter internationale Expertise in einem Fachgebiet erlangen können, das sie niemals studiert haben und auch selbst nicht ausüben können. Collins, der seit langem das Wesen und die Darstellung fachlicher Kompetenz erforscht, musste im Rahmen des Tests sieben Fragen zur komplexen Thematik der Gravitationswellenastronomie detailliert beantworten, die ihm von einem international anerkannten Experten auf diesem Gebiet gestellt wurden. Collins hatte sich zuvor durch das Eintauchen in das soziale Umfeld der Gravitationsforscher seinem »Fachgebiet« genähert und die Sprache und Selbstdarstellung seiner Zielgruppe angenommen. Seine Antworten in dem Experiment wurden, zusammen mit denen eines echten Gravitationswellenphysikers, an neun Forscher dieser Disziplin geschickt. Diese »Gutachter« sollten herausfinden, welche Antworten von dem echten Physiker stammten und welche von dem Hochstapler. Das erstaunliche Ergebnis: Von den neun gaben sieben an, unsicher zu sein und sich nicht entscheiden zu können. Zwei hielten Collins für den Physiker …

Titelmanie

Die Erfahrungen mit Globalisierung, Krisen und die fortwährende Angst, den Anschluss zu verlieren, drückt sich auch im Bestreben aus, seinen Kindern gute, wenn nicht exzellente Karrierechancen zu bieten. Das treibt die seltsamsten Blüten. Da gibt es Eltern, die – gleichwohl selbst keine Muttersprachler – mit ihren Kindern Englisch reden, damit diese zweisprachig aufwachsen und ihnen schon jetzt entscheidende Vorteile auf dem Arbeitsmarkt der Zukunft gesichert werden. Auch der Trend aus den USA, sich eine chinesische Nanny zu leisten, um die Kinder auf die Sprache der an die Spitze strebenden Weltwirtschaftsmacht zu eichen, wird bald in Deutschland ankommen – selbst am nicht gerade hoch angesehenen Bildungsstandort Berlin wird in diversen Privatschulen Chinesisch bereits ab der ersten Klasse unterrichtet.

Besonders in Ländern, wo die Universitätsausbildung weitgehend privat finanziert werden muss, stecken Eltern einen guten Teil ihres Einkommens ins Studium des Nachwuchses. Manchmal spart sogar die ganze Familie, um einem Sohn oder einer Tochter den Besuch einer Top-Universität zu ermöglichen. So ist in den Vereinigten Staaten einmal im Jahr »College-Saison«: Millionen wohlmeinender Eltern fahren mit ihren Söhnen oder Töchtern quer durch das Land, um sich Universitäten anzusehen und ihre Sprösslinge Aufnahmetests durchstehen zu lassen. Gleichzeitig umwerben die Universitäten sowohl besonders solvente als auch besonders talentierte Aspiranten. Sie winken mit Stipendien für die Notenbesten, um aus ihnen Spitzenstudenten zu machen, die dann wiederum den guten Ruf der Universität bestätigen sollen. Für jeden Studenten ist die Frage, auf welcher Universität er oder sie studiert hat, entscheidend für die Karriere. Und ein Leben lang verfolgt sie jeden studierten Amerikaner bis ins Privatleben, denn meist klopft man sich schon beim Kennenlernen auf die prestigeträchtigen Eckpfeiler des Werdegangs ab – am besten, man war in Harvard, Yale, Stanford oder am Massachusetts Institute of Technology (MIT). Der Name der Hochschule wirkt viel stärker als etwa in Deutschland als Gütesiegel, sind doch allen die Rankings der Universitäten geläufig.

Viele Jugendliche stehen unter extremem Druck, lassen sich von teuren Beratern auf Aufnahmegespräche vorbereiten oder stapeln hoch, wenn es um Fragen des sozialen oder kulturellen Engagements geht – Fragen, die für die Zulassung durchaus von Belang sind. Die Hochschulen kontern mit Stichproben, um Hochstapler auffliegen zu lassen. Marilee Jones war als Dekanin des prestigeträchtigen MIT seit Jahren mit dem Bewerberansturm vertraut. Zu Beginn ihrer Karriere hatte das MIT noch 40 Prozent der Bewerber aufgenommen. Im Lauf der Zeit sank diese Quote auf nur noch 12 Prozent; der Konkurrenzkampf ist härter geworden. Jones hatte Kriterien entwickelt, nach denen Bewerber auf faire und transparente Weise ausgewählt werden konnten. Durch ihre Vorträge und Bestseller (*Less Stress, More Success*) war die beliebte Dekanin landesweit als Fachfrau für Bewerbungsfragen bekannt geworden. Ihr Buch ermutigte Bewerber, entspannt zu sein und sich auf ihre natürlichen Stärken und Interessen zu besinnen. Wichtiger als oberflächlicher Erfolg sei allemal, die eigene Integrität zu bewahren. So schrieb sie in ihrem Buch *Less Stress, More Success*: »Die Versuchung zu schummeln ist groß, aber man bekommt doch immer das zurück, was man in die Welt gesetzt hat.«

Und darauf musste Marilee Jones selbst ganze 28 Jahre warten. Denn bei ihrer eigenen Bewerbung am MIT hatte sie 1979 angegeben, drei College-Abschlüsse angesehener Schulen zu besitzen. Als herauskam, dass sie ihre Abschlüsse vom Union College und vom Rensselaer Polytechnic Institute gefälscht hatte, trat Jones im April 2007 zurück. Ihr Fehler: Sie hatte ihrem Lebenslauf selbst nach ihrer Anstellung am MIT noch einen dritten Abschluss des Albany Medical College hinzugefügt, der auf einen Zeitpunkt datiert war, an dem sie schon längst beim MIT arbeitete.

Von Jones ist es nur ein kleiner Schritt zu Tang Jun. Der Präsident des Mischkonzerns Xin Hua Du Industrial Group (Jahresgehalt über zehn Millionen Euro) und ehemaliger Chef von Microsoft China legte ebenfalls einen Karriereratgeber vor, der zum Bestseller avancierte. *Jeder kann meinen Erfolg imitieren* heißt das Werk, in dessen Erfolgswelle die Nachricht platzte, dass Chinas bestbezahlter Manager seine Doktortitel – statt wie behauptet am California Institute of Technology und der Nagoya University in Japan ehrlich erarbeitet – gefälscht beziehungsweise bei einer amerikanischen Briefkasten-Universität gekauft hatte. Tang Jun verteidigte sich mit der Weisheit: »Wenn man alle betrügen kann, ist das auch ein Zeichen von Fähigkeit, ein Symbol von Erfolg.« Seiner Karriere tat der Bluff bisher keinen Abbruch. Vielmehr genießt Tang großen Respekt und glänzt dank seiner dreisten Cleverness auch noch als Vorbild. Eine Umfrage kurz nach Bekanntwerden des Skandals ergab, dass 81 Prozent der Befragten Tang schon verziehen hatten.

Falsche Akademiker

Forschung und Wissenschaft sind unübersichtlich geworden, wie soll man unter diesen Umständen Kompetenz signalisieren? Ein akademischer Titel scheint hier Sicherheit zu versprechen und ist nach wie vor begehrt, auch bei Zeitgenossen, die die Universität längst verlassen haben oder nie eine von innen gesehen haben.

Jahrelang warb ein »Institut für Wissenschaftsberatung« aus Bergisch Gladbach mit dem Hinweis »Jeder sechste Bundestagsabgeordnete trägt einen Doktortitel« um Kunden. Der Geschäftsführer sitzt inzwischen im Gefängnis. Die Auswertung der Akten des Unternehmens ergab, dass rund einhundert Hochschullehrer gegen Bezahlung Promotionskandidaten in den Fächern Jura, BWL und Ingenieurswissenschaften zum Titel verholfen haben. In diesen Branchen gilt ein »Dr.« als gehaltssteigernde Qualifikation. Über die schwachen Zeugnisse und Qualifikationen der Prüflinge, die der Agentur zwischen 4000 und 20000 Euro für einen Doktortitel zahlten, sahen die korrupten Professoren hinweg. Der Professor für Betriebswirtschaft und Jurist Manuel Theisen von der Universität München glaubt jedoch, dass es unter der Hand einen »Full Service« gegeben habe, das heißt, nicht nur die Doktorvatervermittlung sei arrangiert worden, sondern auch das Schreiben der Doktorarbeit. Er schätzt, dass drei Prozent aller Doktortitel in Deutschland erschwindelt sind.

In einem anderen Fall war sogar ein professioneller Schauspieler in der Rolle des Professors aktiv. Mehr als 1,2 Millionen Euro soll die Firma Akademus mit seiner Hilfe ergaunert haben. Der Berliner Mime beteuerte im Prozess mit Bezug auf den Titelhandel: »Ich wusste nicht, dass das ein faules Ei war.« Einer der anderen Angeklagten habe ihn zur Täuschung überredet. »Er sagte mir, es sei immer ein Problem, Kunden und Doktorväter zu einem Termin zusammenzubringen.« Der Schauspieler sollte als Professor ab und zu einspringen. Vor seinem ersten Auftritt sei er nervös gewesen. Schließlich habe er nur einen Professor gekannt und das war Professor Brinkmann aus dem Fernsehen.

Manche Titelhändler (besonders von religiös verbrämten amerikanischen »Hochschulen«, Orden oder Freikirchen) organisieren sogar festliche Ereignisse und prächtige Zeremonien, bei denen sie ihre wertlosen Diplome verleihen, sie selbst oder Komplizen treten dabei im priesterlichen Ornat, als Oberhaupt eines Ritterordens oder im klassischen akademischen Talar auf.

Besonders peinlich wird es, wenn sich titelsüchtige Hochstapler in Organisationen einnisten, die sich der diskreten Aufklärung verschrieben haben. Die Maskeraden im internationalen Spionagebusiness gehören für die Geheimdienstler gewissermaßen zum täglichen Brot, denkt man. Aber auch hier geht die Schweiz eigene Wege. Denn dort legte »Dr. rer. pol.« Tiziano Sudaro, der als Tessiner Ausgabe von George Clooney hätte durchgehen können, eine flotte Karriere im Dienst der Dienste hin. Sein atemberaubender Aufstieg begann mithilfe eines gefälschten Doktortitels in der

Tessiner Kantonalbank, setzte sich dann fort im Departement für Verteidigung, Bevölkerungsschutz und Sport, 2005 wurde er Chef der Strategieplanung Verteidigung und wechselte zuletzt im Schweizer Bundeskriminalamt. Der großgewachsene Sudaro schmückte sich nicht nur mit einem Doktortitel, sondern gab auch vor, einen MBA (Master of Business Administration) in Oxford und einen weiteren Masterabschluss in Harvard erworben zu haben – nach dem Motto: doppelt und dreifach hält besser. Er fuhr in dem extrabreiten, vom Militärgeländewagen der US-Armee inspirierten »Hummer« umher, den er mit Insignien der Elite-Fallschirmgrenadiere eines Aufklärungsbataillons schmückte. Um sich auch noch einen intellektuellen Touch zu verleihen, hingen an seinen Bürowänden große Wimpel von Oxford, Cambridge – und eine Hisbollahfahne. Wichtigkeit sollten die auf seinem Schreibtisch liegenden Mäppchen mit der Aufschrift »CIA« demonstrieren. Ex-Kollegen berichten, Sudaro sei von einer pubertär anmutenden Faszination für alles Geheimdienstliche besessen gewesen; kein Grund, nicht mit hohen Ämtern betraut zu werden. Zuletzt leitete er das Kommissariat IV des Schweizer Bundeskriminalamts und war mit Vorermittlungen in den Bereichen Terrorismus, Korruption und Organisiertes Verbrechen federführend beschäftigt.

Schon während seiner Amtszeit als Chef der Strategieplanung Verteidigung (Jahresgehalt umgerechnet 146 000 Euro) fielen Sudaros Kompetenzmängel auf, Sitzungen blieb er oft fern, seine konzeptlosen Powerpoint-Vorträge stifteten Verwirrung. Kritik von Untergebenen wurde nicht zugelassen, auf Bitten nach Präzisierungen seiner Pläne reagierte Sudaro aggressiv und abweisend – ein typisches Beispiel für das

»Bossing« eines in die Enge getriebenen Hochstaplers. Das einzige wissenschaftliche Produkt seiner langjährigen Strategieforschung war übrigens ein Artikel in der Fachzeitschrift *Military Power Revue,* doch auch dieser Beitrag war von einer Assistentin verfasst worden. Sudaro tauchte nach seiner Enttarnung im Frühjahr 2010 ab. Den Behörden war die Angelegenheit so peinlich, dass ihm ein Untersuchungsrichter ohne jeden Prozess eine extrem milde Geldstrafe wegen Urkundenfälschung verpasste.

Was hat Charisma mit Hochstapelei zu tun?

Was haben Barack Obama, Adolf Hitler und Oskar Lafontaine gemeinsam? Das – geht es nach Meinung von Helmut Schmidt –, was man gemeinhin als Charisma bezeichnet. Der Alt-Bundeskanzler erklärte im September 2008 den *BamS*-Lesern: »Wir sehen jetzt in Amerika, wie ein junger Mann, Barack Obama, allein mit Charisma zu einer nationalen Figur wird. Dabei darf man nicht vergessen, dass Charisma für sich genommen noch keinen guten Politiker ausmacht. Auch Adolf Nazi war ein charismatischer Redner. Oskar Lafontaine ist es auch.« Natürlich sorgten Schmidts Worte für Ärger; wie kann man nur drei so verschiedene Politiker in einen Topf werfen? Diese Irritation wiederum passt ganz gut zu dem Phänomen Charisma, denn bis heute ist sich die Forschung nicht einig darüber, ob und wie viel davon einem Menschen von Natur aus gegeben ist, wie viel davon erlernt und trainiert werden kann und wie stark sich Charisma erst in einem bestimmten Umfeld (zum Beispiel in einer Krisensituation) entwickeln kann. Beschäftigen wir uns kurz mit diesem rätselhaften Phänomen, diesem geheimnisvollen Talent hypnotischer Überzeugungskraft, das sich viele Hochstapler zu Nutze machen, wenn sie es gelegentlich auch mit falschen Titeln garnieren. Ist es nicht gerade diese Qualität des Hochstaplers, die uns in sicherer Entfernung von den Versuchungen des Bluffs wähnen lässt? Bei näherer Betrachtung zeigt sich, dass Charisma keineswegs vom Himmel fällt. Und da wir eingangs schon mit Politikernamen aufwarteten, macht es Sinn, den Charismabedarf auf diesem Terrain genauer zu betrachten.

In seiner Definition der »Gnadengabe« behauptet der Soziologe Edward Shils, der Charismatiker erscheine seinen Anhängern als starke, anziehende Autorität, die »eine tiefe Verbindung zur Göttlichkeit und zum Wesen der Dinge« unterhalte.[7] Das bedeutet allerdings nicht, dass der Charismatiker besonders weise sein muss. Max Weber, einer der Gründungsväter der deutschen Soziologie, stellte einige Zeit zuvor heraus, dass sich die charismatische Wirkung nicht aus moralischer Integrität, sondern aus Außeralltäglichkeit ergibt. Der an der New York University lehrende Richard Sennett wiederum bezeichnete das narkotisierende Charisma, das viele populistische Politiker ausmacht (und eben auch Hochstaplern eigen ist), einmal als »psychischen Striptease«. Auf jeden Fall haftet ihm immer etwas Unheimliches und Archaisches an, weil es nicht den kühlen Kopf anspricht, sondern auf Autorität und Vereinfachung baut. Der Charismatiker inszeniert vor allem seine Herkunft und seine Motivation. In der Geschichte, in der Politik konzentrierte sich stets alles auf Personen. Ob Fürst, General oder religiöser Führer: Einzelne charismatische Figuren führten Länder, Heere oder Volksbewegungen.

Auch heutige Politiker sind trotz aller Sachzwangpolitik und Gremienarbeit auf Charisma angewiesen und operieren damit, wenngleich mit sehr unterschiedlichem Erfolg. Dazu inszenieren sie ihre Empfindungen – beispielsweise ihre Sympathie für den »kleinen Mann« und dessen Wut auf die Missstände, die natürlich die anderen Politiker, die Konkurrenten zu verantworten haben. Der populistische Politikertyp, der in den letzten Jahren nach dem Muster Silvio Berlusconis wieder in Mode kam, lädt sich bei einer einfachen Familie zum Mittagessen ein und wird mithilfe der Medien in der Öffentlichkeit damit ein riesiges Interesse wecken, und einen Tag später erlässt er ein Gesetz, das die sozial Schwachen seines Landes schwer trifft – »aber das geht unbemerkt vor sich, denn alle Welt spricht nach wie vor von dem Mittagessen«.

Dabei ist der Politiker im Grunde der erste, der auf sein eigenes Charisma hereinfällt. Er errichtet nicht nur einfach »Fassaden, um die Öffentlichkeit zu täuschen. Er selbst glaubt jederzeit an die Echtheit seiner Tugendmaske«. Er hat kein Unrechtsbewusstsein, wenn er in der Öffentlichkeit empört erklärt, dass er den »Trittbrettfahrern des Wohlfahrtstaates« entgegentreten will, und sehr wohl weiß, dass die Beifall klatschenden Leute schon morgen selbst darauf angewiesen sein könnten. Wenn der Charismatiker durch seine Gefolgschaft erst einmal an die Macht gekommen ist, wird es auch für ihn schwierig. Nun steht er in der Verantwortung und kann sich nicht mehr mit der Rolle als Heilsversprecher begnügen. Da hat es ein totalitärer Herrscher natürlich leichter als ein Politiker, der um seine Wiederwahl bangen muss, sobald er die Probleme des Landes wirklich anpackt: Nach der Wahl ist vor der Wahl.

Charisma – angeborene Gabe, Ergebnis kindlicher Prägung oder das Ergebnis harten Trainings? Die Deutungsmuster der Psychoanalyse zumindest lassen beim Charismatiker auf einen pathologischen Kern schließen, der ihn in die Nähe des Hochstaplers rückt. Demnach wird der Charismatiker von einer Geltungs- und Bewunderungssucht getrieben, die sich aus einem unüberwundenen, als allmächtig empfundenen Selbstbild aus der frühen Kindheit speist. Das hat entweder zu wenig Echo und Billigung erfahren oder blieb durch fehlende Anpassung an die Realität erhalten. Daraus ergibt sich eine lebenslängliche Sucht nach Bewunderung. »Der narzisstisch-charismatische Führer ist dann ständig auf der Suche nach einem bewundernden Publikum, das sein Bedürfnis nach Grandiosität unterstützt, und bekämpft seine Gefühle der Hilflosigkeit«, bilanziert der Wirtschaftswissenschaftler Johannes Steyrer den Forschungsstand. Für die enge Verbindung zwischen Charismatikern und der Hochstapelei gibt es aber auch jenseits der Forschung anschauliche Beispiele …

Spielplatz Revolution

Nach der deutschen Revolution von 1918 und dem Zusammenbruch des Kaiserreiches beschäftigten sich Psychiater wie Eugen Kahn mit den Beweggründen und der Dynamik revoltierender Massen. Dabei fragten sie sich, wie es dazu kommt, dass große gesellschaftliche Umwälzungen eine geradezu magische Anziehungskraft auf eine illustre Bandbreite von Psychopathen ausüben. Und mehr noch: Wie gelingt es Psychopathen, in Umbruchsituationen und Revolutionen sogar führende Rollen zu spielen? Als Zeit- und Augenzeuge beeindruckte Kahn die starke emotionale Suggestivität des »Führers« – eine seltsame Mischung aus Befremden und Nähe zum Mob, zur revolutionär gestimmten Masse, die zu ungehemmtem Affekt und blindem Aktionismus neige.

Kahn untersuchte inhaftierte Beteiligte der Münchner Räterepublik und anderer Revolutionen. So beispielsweise den Fall des Heiratsschwindlers und Betrügers Josef Kreisler, damals 25 Jahre alt, Ende April 1919 Kommandeur der »Roten Südarmee« in Bayern, verhaftet und zu vier Jahren Zuchthaus verurteilt. Kreisler war bereits wegen Betrugs verurteilt, wurde Mitglied der französischen Fremdenlegion, floh von dort jedoch schon bald wieder, kam in eine psychiatrische Anstalt und wurde im Ersten Weltkrieg eingezogen. Nach kurzer Zeit entfernte er sich von der Truppe, antwortete auf Heiratsinserate, trug unberechtigt eine Feldwebeluniform mit Orden, worauf man ihn abermals inhaftierte. Durch die Revolte 1918 wurde er aus der Haft befreit, nur um darauf erneut im großen Stil als Heiratsschwindler zu reüssieren. 1919 wechselte Kreisler scheinbar aus dem Nichts sein Metier und wurde Kommandeur der revolutionären »Roten Südarmee« in Bayern. Auch in dieser Funktion lag ihm das Klotzen mehr als das Kleckern. Er ließ Bahngleise sprengen, beschäftigte eine Sekretärin, plünderte sein Stabsquartier und setzte sich rechtzeitig ab, bevor die Revolution niedergeschlagen wurde.

In Kahns Untersuchung wurden rastlose Charaktere wie Kreisler als »ethisch defekte Psychopathen, hysterische Persönlichkeiten, fanatische Psychopathen oder Manisch-Depressive« eingestuft. Die meisten von ihnen beteiligten sich an revolutionären Aktivitäten aus Eitelkeit und Gewinnsucht. Bei aller Hingerissenheit für Ideologien legten sie jedoch größten Wert darauf, sich stets persönlich in Szene zu setzen. Gesteigertes Selbstgefühl und Selbstüberschätzung ließen sich bei ihnen ebenso feststellen wie Angeberei, Unterschätzung der übernommenen Aufgaben, große Erregbarkeit. Häufig zeigten sie zu Beginn von Unternehmungen großen Schwung und große Euphorie, doch fehle ihnen die Stetigkeit, sie versagten in kritischen Situationen, in denen sie auf sich alleingestellt Entscheidungen treffen und handeln müssten. Ihr Ehrgeiz konzentriere sich dann darauf, diese Schwäche zu verdecken. Kahn beschreibt ein »Gefühl der Fremdheit, das die Masse in den Bann schlägt, wenn plötzlich ein Psychopath vor sie tritt – als theatralisch empfindsamer oder als lehrhaft auftretender Mann mit dem Petruskopf, als freche Behauptungen unter sie werfender Schwindler oder als in wildesten Schimpfereien sich ergehender Fanatischer, hier wird das Gefühl der Fremdheit aus der Verblüffung geboren. Dieses Fremdheitsgefühl hat wohl auch manchem Revolutionär, der ohne eine Spur von Verständnis für die Masse ihr land- und volksfremd gegenübersteht, zum Erfolg verholfen.« Zudem verfügten Demagogen im Jahr 1918/19 über gute Erfolgsvoraussetzungen: Es herrschte Kriegsmüdigkeit, Hunger, psychische Zermürbung allerorten. Dankbarkeit für Versprechungen und Suggestionen aller Art war Hochstaplern garantiert.

Der größte Hochstapler aller Zeiten?

In den Wirren der Novemberrevolution und der Münchner Räterepublik machte sich auch Adolf Hitler einen Namen. Der spätere Reichskanzler gilt als Paradebeispiel für die enge Verbindung zwischen Charisma und Hochstapelei. Nach der Niederschlagung der Räterepublik wurde der Kriegheimkehrer zu einem radikalen konterrevolutionären Straßenagitator und Bierzeltredner. Hitlers anschließender Aufstieg zum klassenübergreifend erfolgreichen Politiker konnte allerdings nur gelingen, weil er jahrelang mit eiserner Disziplin an seiner Performance arbeitete und die Münchner Bürgerfamilien Hanfstaengl, Bruckmann und Bechstein ihn buchstäblich salonfähig machten. In diesen Kreisen galt der verhinderte Kunstmaler zunächst als linkische und kleinbürgerliche Gestalt, aber eben auch als authentischer Vertreter volksnaher, antikommunistischer Straßenpolitik. Das Bürgertum betrachtete ihn in einer Mischung aus Verachtung und Erstaunen. Anfangs machte man sich über seine unkultivierte Erscheinung lustig, man verachtete ihn für seine billigen, schlecht sitzenden Anzüge, seine Beflissenheit und unterwürfige Höflichkeit. Doch genoss er bei den Salon-Geselligkeiten als unterhaltsame Figur andererseits auch einen Exotenbonus und weckte bisweilen die mütterlichen Instinkte Elsa Bruckmanns und Helene Bechsteins. Sie boten Hitler die Gelegenheit, Industrielle und Militärs, Akademiker und Adlige kennen zu lernen und diese Verbindungen politisch zu nutzen. Elsa Bruckmann unterstützte ihn mit Rat und Tat, verbesserte seine Garderobe und schenkte ihm Accessoires wie eine Reitpeitsche, die Hitler fortan als Zeichen seiner herrischen Gesinnung mit sich trug.

Der aufstrebende Politiker lernte schnell, wenngleich er in den 1920er Jahren manchmal noch immer eine bizarre Figur abgab. So berichtete ein Zeitzeuge über den Besuch Hitlers im Hause Hanfstaengl: »Durch die offene Tür sah man, wie er die Gastgeberin fast unterwürfig höflich begrüßte, wie er Hundepeitsche, Velourshut und Trenchcoat ablegte, schließlich einen Gürtel mit Revolver abschnallte und gleichfalls am Kleiderhaken aufhängte. Das sah kurios aus und erinnerte an Karl May.«[8] Noch trat Hitler in einem Stilmischmasch auf und probierte verschiedene Rollen und Outfits aus. Die gerade erst erworbenen Lackstiefel passten nicht mehr zum Auftritt vor proletarischen Massen, und bei den oberen Zehntausend befremdete sein Look mit »Gangsterhut«, Trenchcoat und Revolver. Parallel arbeitete er gemeinsam mit seinem Fotografen Heinrich Hoffmann an idealen bildlichen Darstellungen seines Images. Auch hier waren die Resultate zunächst eher peinlich, sich in zünftiger Lederhose, als Naturbursche oder als gestisch entfesselte Mussolinikopie zu inszenieren.

Nach einigen Jahren aber hatte Hitler durch hartes Training an seiner Wirkung ausgelernt. Er beherrschte die soziale Mimikry gemäß der jeweiligen Umgebung und Zielgruppe aus dem Effeff. Das »Führerbild« war ausgereift und seine Salon-Erfahrung reichte, um die Elite ebenso zu beeindrucken wie Kleinbürger und Arbeiter – eine wichtige Voraussetzung, um im Großbürgertum die entscheidende Unterstützung zu erlangen, die für die Machtübernahme 1933 notwendig war. Auch im gebildeten Großbürgertum herrschte in der krisenhaften Weimarer Republik, nach Kriegsniederlage und Novemberrevolution die Sehnsucht nach einer starken, charismatischen Figur, die die Nation einigen sollte. Der Umstand, dass sich ein schwächlicher deutscher Kaiser nach dem selbst verantworteten, aber verlorenen Krieg ins Exil abgesetzt hatte, verstärkte diese Sehnsucht. Dabei war eine gewisse Offenheit zu spüren, auch Außenseiter, soziale Aufsteiger und Exoten anzuhören. Hier lag die Chance von Hochstaplern, Propheten und Demagogen – hier lag Hitlers

Chance. Auf kritische Zeitgenossen wirkte Hitler schon damals wie ein windiger Betrüger. Der Publizist Sebastian Haffner nannte Hitler einen »Schwindler in der Maske des Staatsmannes«. Intellektuelle wie Thomas Mann hielten ihn für einen Hochstapler, der sich in schwindelnde Höhen hinaufgelogen hatte.

Tatsächlich gibt es in Hitlers Biografie einige Parallelen zum klassischen Hochstapler der Zwischenkriegsjahre. Schon in seiner Jugend fiel er mit fantastischen, wortreich erläuterten Plänen, Tagträumereien und Visionen auf; sein Scheitern als Künstler in Wien (er wurde mangels Talent nicht zum Studium an der Akademie zugelassen) überspielte er durch das Tragen studentischer Kleidung und die Behauptung, akademischer Maler zu sein. Unentwegt formte Hitler, wenn er schon keine Karriere als Künstler machen konnte, an seiner suggestiven Wirkung auf Menschen. Dabei kamen ihm seine breite, wenn auch nur oberflächlich-politisierende Allgemeinbildung und sein gutes Gedächtnis zugute. Mit überlangem Händedruck und fixierendem Blick zwang er jedem Kontakt von vornherein seinen Stempel auf. Seinen Haupteffekt als Redner erzielte Hitler gerade dadurch, dass er zunächst verhalten und fast linkisch begann, so wie ein gehemmter »Normalbürger«, und sich dann steigerte, befeuert von den Reaktionen des Publikums, bis zu einem regelrechten Furor, der allen Beteiligten das Gefühl vermittelte, bei einem einzigartigen Ereignis dabei gewesen zu sein.

Die Inhalte waren bei diesen Auftritten häufig sekundär, es ging hauptsächlich um die Teilhabe an dem inszenierten Führermythos, an dem (bis zum Kriegsende) immer weiter anwachsenden Charisma. Das Publikum – keineswegs nur auf das »einfache Volk« beschränkt – liebte dieses rauschartige Erlebnis, und Hitler perfektionierte in dieser Hinsicht all die Demagogen und Volksredner der 1920er und 1930er Jahre. Wenn Hitler mal keine Reden schwang und seine Neigung zum Monologisieren in Zaum hielt, erzeugte das ihm ergebene Umfeld (Entourage, Bodyguards, Fans) den gewünschten Starkult, den – in abgeschwächter Form – auch viele Hochstapler anstreben, allein schon, um nicht durch kritische Blicke oder Fragen behelligt zu werden. Charakteristisch für einen Hochstapler ist zudem die bewusste Tilgung seines Privatlebens. Bis heute weiß man kaum etwas über die Persönlichkeit, über den Wesenskern des »Führers«. Hitler gelang es, sich quasi eine neue Identität zuzulegen. Seine Selbststilisierung, etwa in den autobiografischen Passagen in *Mein Kampf*, machte den Weg frei für zeitgenössische wie auch spätere Legendenbildungen.

Ironie der Geschichte: Hermann Rauschning, ehemaliger SS-Standartenführer und Senatspräsident von Danzig, behauptete, in zahlreichen persönlichen Gesprächen Hitlers wahres Wesen erkannt zu haben. Nachdem Rauschning sich 1935 ins Ausland abgesetzt hatte, schrieb er – beflügelt durch einen exorbitant hohen Vorschuss – das Buch *Gespräche mit Hitler*, das den Führer als paranoiden Faulpelz und Schwindler entlarven sollte. Es wurde im westlichen Europa ein Bestseller, doch Rauschning hatte nicht im Entferntesten einen intimen Einblick in Hitlers Psyche gehabt. Die Unterhaltungen waren weitgehend erfunden, und viele Ereignisse der Jahre 1933 bis 1939 hatte Rauschning rückwirkend in die »Gesprächsprotokolle« eingebunden.

Beim Thema Charisma lässt sich ohne Umschweife von 1933 nach 1999 springen: Das alte DDR-Staatsratsgebäude dient als provisorischer Amtssitz für Gerhard Schröder (SPD). Der Kanzler, dem von allen Seiten eine charismatische Ausstrahlung nachgesagt wird, liegt bei den Umfragen immer weit vor seiner Partei und klopft auf der Woge seines Erfolgs markige Sprüche. Zum Regieren brauche er nur »Bild, BamS und Glotze«. Kurz nach seiner Ernennung zum Kanzler inszeniert sich die Halbwaise aus dem Arbeitermilieu, deren langer Weg an die Macht über den Vorsitz bei den Jusos und das Amt des Ministerpräsidenten von Niedersachsen führte, mit dicker Cohiba-Zigarre und teurem Brioni-Anzug als »Genosse der Bosse« und lässt schon hier kein gesundes Verhältnis zur geliehenen Macht erahnen.

Wie sehr Schröders Charisma von der medialen Inszenierung abhängt, wird deutlich, als er in seinem Berliner Amtssitz einen Staatsgast empfangen will. Einige Journalisten, Fotografen, Kamerateams stehen ungeduldig hinter der roten Absperrkordel, warten auf die Bilder, die sie zu solchen Anlässen produzieren sollen. Doch die Inszenierungsmaschine hakt. Schröder steht ohne Pressesprecher und Büroleiter wie bestellt und nicht abgeholt im Foyer herum, ist den Objektiven schutzlos ausgeliefert. Es kommt zu Blickduellen mit Kameraleuten. Schröder schaut peinlich berührt zu Boden. Warten zu müssen ist ein konzentriertes Gift für jedes Charisma.

Wer Schröders Nachfolgerin Angela Merkel (CDU) betrachtet, kommt gar nicht um die Einsicht herum, dass Charisma keine gottgegebene Eigenschaft besonders talentierter

Menschen ist, sondern auch als Ergebnis harten Trainings und der Inszenierung im jeweiligen Umfeld bewertet werden muss. Merkel trat ihre politische Karriere ohne jede charismatische Wirkung an, ja, man muss davon ausgehen, dass ihre blasse Erscheinung sogar die Voraussetzung für ihre Karriere innerhalb der Partei war. Sie wurde über Jahre unterschätzt und als Konkurrentin um höchste Ämter gar nicht ernst genommen. Selbst als Parteivorsitzende sahen sie viele als Provisorium einer Partei in der Krise. Das, was sie heute an Ausstrahlung für sich verbuchen kann, ist zum einen mühsam erarbeitet und zum anderen Bestandteil der Inszenierung ihres Amtes, an dem ein ganzer Stab und im weiteren Sinn wir alle mitwirken.

Damals noch französischer Innenminister, bekam der heutige Staatspräsident Nicolas Sarkozy im Jahr 2006 die Anfrage der bekannten Schriftstellerin Yasmina Reza auf den Schreibtisch, ob sie ihn auf seiner Wahlkampftour quer durch das Land begleiten dürfe. Der als Charismatiker geltende Sarkozy war begeistert und willigte ein, handelte es sich bei Reza doch um eine äußerst populäre Theaterautorin: »Selbst wenn Sie mich verreißen, soll es zu meinem Ruhm sein.« Nun gehörte Reza zum Tross Sarkozys und reiste mit ihm durch ganz Frankreich, war überall und hinter den Kulissen dabei; wie viele andere auch. Allein die Kosten für Maskenbildnerinnen, die Sarkozys Fassade für seinen Wahlkampf herrichteten, beliefen sich laut Berichten der *FAZ* auf stolze 34 000 Euro. Doch Rezas Aufzeichnungen lupften Sarkozys Maske, dahinter kam ein rastlos getriebener, oberflächlich-desinteressierter, manchmal aber auch kindlich-verletzlich oder gar verloren wirkender Mensch zum Vorschein. Gründlicher zerstören, möchte man meinen, kann man Charisma nicht. Präsident ist Sarkozy gleichwohl trotzdem geworden. Warum war er sehenden Auges in Rezas »Falle« gelaufen? War es die grenzenlose Eitelkeit des geltungssüchtigen Politikers – oder wissende Coolness, die Annahme, dass der Blick hinter die Kulissen sein Charisma im Sinne des »psychischen Striptease« noch befördert? Immerhin zeigt auch die Inszenierung seiner Beziehung zu Industriellentochter und Ex-Model Carla Bruni das gleiche Kalkül. Eine Reise des noch unverheirateten Paares in die arabische Welt sorgte (absehbar) für viel Wirbel, und wieder stand Sarkozy mit seinen Leidenschaften im Mittelpunkt. Die Parallele zum eingangs erwähnten Juan Perón, mit weit weniger charismatischem Talent gesegnet als »Sarko«, liegt auf der Hand: Auch der argentinische Präsident wusste die Strahlkraft seiner um mehr als ein Vierteljahrhundert jüngeren Evita für sich zu nutzen. Politiker müssen sich stets vital präsentieren und unter allen Umständen »die fade Ausstrahlung jener erschöpften Politviecher« vermeiden, wie es Yasmina Reza auf den Punkt brachte.

Dem russischen Ministerpräsidenten Wladimir Putin würde es sicher nicht einfallen, sich von einer scharfzüngigen Schriftstellerin begleiten zu lassen. Diese müssen in Russland eher Angst haben, vor die Tür zu gehen, um nicht das gleiche Schicksal wie die ermordete Journalistin Anna Politkowskaja zu erleiden. Dem eigentlich langweiligen, unauffälligen Putin ist die Prägung durch seine Geheimdienstkarriere deutlich anzumerken. Vielleicht liebt er es deshalb, mangelndes Charisma durch starke Bildinszenierungen zu kompensieren. Man sah ihn schon mit freiem Oberkörper angeln, Wale harpunieren, durch Sibirien reiten, mit dem U-Boot auf den Grund des Baikalsees tauchen oder als Judokämpfer Gegner aufs Kreuz legen. Selbst in den Fußstapfen Fats Dominos wandelte der russische Ministerpräsident, indem er auf einer Benefizveranstaltung zum Mikrofon griff und »Blueberry Hill« sang.

Als im Sommer 2010 die russischen Wälder brannten, war wieder ein starker Auftritt nötig – schließlich möchte Putin bald mal wieder Präsident werden. Er bestieg ein neu entwickeltes Amphibienflugzeug und löschte »eigenhändig zwei Feuer«, jubelte die Presse. Die russischen Fernsehzuschauer wurden anschließend Zeugen eines scheinbar live stattfindenden Telefonats zwischen dem vor Ort befindlichen Ministerpräsidenten und seinem »Vorgesetzten«, dem russischen Präsidenten Dmitri Medwedew im Kreml. Der energische Putin an der Waldbrandfront »ordnete« den Einsatz der Armee im Katastrophengebiet an, der Präsident am anderen Ende der Leitung wirkte wie ein beflissener Befehlsempfänger. Putin braucht den ehemaligen Juradozenten Medwedew, der sich im Anzug und am Schreibtisch offensichtlich am wohlsten fühlt, als Kontrastmittel, um selbst als willenstarker Tatmensch zu erscheinen. Doch auch Putins so aufwändig wie sorgfältig erarbeitetes Charisma ist nicht vor Fehlern im Getriebe sicher. So kamen anlässlich der Berichte über die russischen Waldbrände auch Szenen zur Ausstrahlung, in denen mittellose und aufgebrachte Dorfbewohner den Ministerpräsidenten respektlos anmaulten und bedrängten. Ein umjubelter Frontbesuch sieht anders aus.

Blassen Charakteren in der Politik steht neben dem obligatorischen Medientraining in jungen Jahren ein ganzer Apparat zur Verfügung, um die Ausstrahlung zu verbessern. Dennoch gibt es in gesellschaftlichen Machtpositionen zahllose Personen, die trotz dieser Möglichkeiten völlig ohne jedes Charisma bleiben. Politikern dieser Kategorie bleibt oft nichts anderes übrig, als sich auf das zu verlassen, was der Soziologe Max Weber einmal als »Amtscharisma« zu erfassen suchte. Und selbst damit hapert es bei manchem. Ein solcher Fall ist der selbst ernannte »Global Player« Günther Oettinger. Der ehemalige Ministerpräsident des Landes Baden-Württemberg ließ bei der Bewerbung für den Posten des EU-Kommissars für Energie tief blicken hinsichtlich des mühsamen Handwerks der politischen Selbstinszenierung. In Interviews schwor er die deutsche Bevölkerung darauf ein, die Englischkenntnisse angesichts der Herausforderungen durch die Globalisierung zu perfektionieren. Jeder, egal ob Facharbeiter an der Werkmaschine oder Geschäftsführer, müsse Englisch verstehen und sprechen können. Oettinger selbst gab hier ein Vorbild und ließ verlauten: »Ich bin in Englisch, was das Gespräch angeht, sehr sicher.«

Dann allerdings erblickte die Aufzeichnung einer Rede Oettingers das Tageslicht, die selbst die legendäre Transrapid-Rede Stoibers in puncto dadaistischer Qualität aussticht. Die Rede hielt Oettinger (ablesend!) vor hochrangigem, internationalem Publikum im September 2009. Es klang etwa so: »Wi häf ä mhmmmhmm in görmäni, fiffti perzent of bisiness is ps üchollogi. On se woan hänt se kreissis rewielt, sätt sehr is e nit vor moor gowermhhmmtel reguläaschen. On se aßer hänt, wi. häff. tu. feind. ä wäi. of presmhmmhmm se gowermhhmental. biswiwissel.«[9] Das konsternierte Publikum klatschte höflich. »Global Player« Oettinger – ein perfektes Beispiel für erfolgreiche und schmerzfreie Selbsttäuschung? Jetzt kann man spotten und fordern, dass eine Führungspersönlichkeit wie Oettinger trotzdem ein paar Eigenschaften – jenseits fachlicher Kompetenz – mitbringen muss, um über Inszenierung und Übung eine entsprechende Ausstrahlung zu erlangen. Aber man kann Figuren wie Oettinger eben auch dankbar sein, dass ihre gescheiterte Selbstinszenierung ein grelles Licht auf die Realität hinter den Fakten wirft.

Eine Chance für die Lüge

Heute müssen Politiker vor allem darüber hinwegtäuschen können, dass sie letztlich nur Verwalter von Sachzwängen sind und ihre Versprechen niemals einzulösen vermögen, weil es in demokratischen Gesellschaften nun mal nicht ohne Kompromisse geht. Kompromisse aber setzen Verhandlungen voraus. Als zentrale Elemente demokratischer Prozesse werden Verhandlungen geradezu kultisch inszeniert – zumindest vor den Kameras. Damit stellt für moderne Politiker der Bluff ein unabdingbares Mittel der Selbstbehauptung im politischen Geschäft dar. Die Wahrhaftigkeitspflicht des Politikers bleibt bloß ein schönes Stück Theorie aus dem Oberstufenunterricht.

Simone Dietz, einst selbst Abgeordnete in der Hamburger Bürgerschaft und heute Philosophieprofessorin in Düsseldorf, kommt in ihrem Buch *Die Kunst des Lügens* zu dem verständnisvollen Schluss: »Wenn Politiker nicht über die Kunst des Lügens verfügen würden, wenn Lügen nicht in bestimmten Situationen legitim wären, dann könnte die politische Handlungsfähigkeit eines Staates in vielen Fällen nur durch Einschränkungen der politischen Öffentlichkeit aufrechterhalten werden.« Ja, sie begreift Lügen sogar ausdrücklich als Bedingung für Demokratie – was aber nicht zum Umkehrschluss verleiten sollte, dass jeder Lügner in der Politik lügt, um die Demokratie zu verteidigen. Denn in der Politik ist die Lüge immer noch das beste Schmiermittel für große Karrieren. Wem es primär um Inhalte geht, der bleibt schon in den niederen Gremien als problematischer Parteikollege (oder -genosse) hängen. Gerade deshalb haben geltungsbedürftige Quereinsteiger auf diesem Terrain besonders gute Chancen. So konnten in den letzten hundert Jahren immer wieder Außenseiter dank ihrer demagogischen Fähigkeiten, dank ihrer Verstellungskunst und Wandlungsfähigkeit politische Karriere machen – zum Beispiel der Grünenpolitiker Joseph »Joschka« Fischer, dessen Biografie einer Achterbahnfahrt gleicht mit den Stationen als »Vorsprecher« einer Frankfurter Spontigruppe, Chef der Grünen, Außenminister und Vizekanzler, Lobbyist für eine Pipeline von RWE und als Berater für BMW und Siemens, schließlich Gastprofessor in Harvard.

Die beschwörende Kraft der Worte ist angesichts des immer enger werdenden Gestaltungsspielraums in der Politik längst zum wichtigsten Instrumentarium geworden. Paradebeispiel hierfür ist der amerikanische Präsident Barack Obama. Selbst seine Anhänger waren verblüfft, als er wegen seiner diplomatischen Charmeoffensive 2009 den Friedensnobelpreis verliehen bekam, obwohl er zu diesem Zeitpunkt erst seit wenigen Wochen im Amt war und seinen warmen Worten noch keine Taten hatte folgen lassen können. Und kurze Zeit später hob der frischgebackene Friedensnobelpreisträger die Rüstungsausgaben seines Landes auf ein neues Rekordniveau an. So etwas schafft man nicht mit nüchterner Analyse oder logischen Argumenten. Obama hat dem gesprochenen Wort zu einer neuen unverhofften Renaissance verholfen; mit viel Pathos (»Yes we can«) und eingängigen Bildern (»Es ist Zeit für neue Brücken«), dem richtigen

Timing und gut positionierten Teleprompteru zog er sein Publikum in den Bann. Aber Obama nutzte sein Talent gezwungenermaßen fast schon inflationär. Binnen seines ersten Amtsjahres hielt er unzählige Reden, viele davon gelten jetzt schon als historisch. Gelegentlich wurden sie sogar zu einem weltweiten Medienereignis. Zum Beispiel im Juni 2009, als er der islamischen Welt in Kairo einen Neuanfang in den Beziehungen zum Westen versprach. Obamas Redenschreiber hatten viel mehr zu tun als die Rhetorikprofis seiner Amtsvorgänger.

Es ist allgemein bekannt, dass Politiker nur in seltenen Fällen ihre Reden und Bücher selbst schreiben. Doch Obamas Memoiren-Bestseller *Dreams from My Father* (deutsch: *Ein amerikanischer Traum*; im Original schon 1995 veröffentlicht) wirkte authentisch und überzeugte die Kritiker von der Brillanz des jungen Politikers. Die *New York Times* schwärmte gar von der »bewegendsten, lyrischsten und offenherzigsten Autobiografie, die je ein künftiger Präsident geschrieben hat«. Die Qualität seines Buches unterfütterte Obamas Image als charismatischer Heilsbringer, der den USA und seinen Bürgern einen Neuanfang bieten würde. Als klar wurde, dass Obama gute Chancen auf das Präsidentenamt hatte, intensivierten die Journalisten ihre Recherchen zu seiner Vergangenheit. Dabei entpuppten sich viele Details seiner Biografie als reine Fiktion. Eine berufliche Station bei einem »Beratungsunternehmen für internationale Konzerne«, bei der Obama als einziger Schwarzer mit eigenem Büro und Sekretärin gearbeitet haben will, entpuppte sich als informeller Kleinbetrieb, der einen Finanz-Newsletter herausgab. Obama redigierte lediglich die Beiträge ausländischer Korrespondenten.

In seinem Buch beschreibt sich der Präsident mit vielen rhetorischen Anleihen an Homers *Odyssee* als hin- und hergerissen zwischen weißem Establishment und der Welt benachteiligter Schwarzer. Das passte so gar nicht zu den Erinnerungen ehemaliger Studienfreunde, die in »Barry« immer einen sorglosen »Happy-go-lucky«-Typen sahen. Schließlich verdichteten sich die Hinweise, dass Obama sein biografisches Meisterwerk gar nicht selbst verfasst habe. Ausgerechnet das Buch, das die Krisen seiner Identitätsfindung behandelt – nicht aus der eigenen Feder? Besonders pikant stellt sich diese Enthüllung deshalb dar, weil der mutmaßliche Autor ein bekannter Mann ist: der heutige Pädagogikprofessor Bill Ayers. Der hatte aus der Protestbewegung gegen den Vietnamkrieg heraus als militanter Studentenführer Anfang 1970 die bewaffnete Gruppe »The Weathermen« gegründet und mit ihr mehrere Sprengstoffanschläge verübt, darunter einen Anschlag auf das Pentagon – am Geburtstag des nordvietnamesischen Kommunistenführers Ho Chi Minh. Zehn Jahre war Ayers auf der Flucht, bis er sich 1980 der Polizei stellte. Aufgrund von illegalen Ermittlungsmethoden des FBI wurde Ayers nicht verurteilt. Mit der Hilfe seines Vaters, CEO des Energieunternehmens Con Edison, gelang Ayers der Wiedereinstieg in die Gesellschaft. Recherchen von Journalisten, unter anderem von Christopher Andersen, der das Präsidentenpaar in einem Buch porträtierte, ergaben, dass Barack Obama und Ayers befreundete Nachbarn in der Hyde Park Community Chicagos waren. Andersen vermutete, dass Obama, gequält von einer vier Jahre anhaltenden Schreibblockade, mit seinen (vom Verlag bereits bevorschussten) Memoiren nicht über Ansätze hinauskam und vielleicht Hilfe benötigte. Auf Anraten seiner Frau Michelle soll sich Obama daraufhin an seinen Nachbarn gewandt haben, der auch ein erfahrener Autor war. Obama bestritt die Beteiligung von Ayers, und auch dieser hat die angebliche Zusammenarbeit als »Mythos« bezeichnet. Bis dato blieb es ein Gerücht, dass Ayers gegenüber einem Journalisten bestätigt habe, der eigentliche Autor der Memoiren des Präsidenten zu sein und dass er gesagt habe: »Jetzt möchte ich die Tantiemen.« Trotz siebenstelliger Beträge reichten diese bei weitem nicht aus, um das Charisma des 44. US-Präsidenten, das im Laufe seiner Amtszeit immer schwächer wurde, wieder auf Vordermann zu bringen. Was bleibt, ist das Kuriosum, dass *Dreams from My Father* nach Urteil der Kenner eine Qualität aufweist, die weit über alles hinausgeht, was Obama zuvor geschrieben hatte.

Die Lichtgestalt Obama, dessen Botschaften Hoffnung, Mut und Zuversicht selbst die kritischsten Geister zeitweilig verzückten, sah sich zunehmend mit finsteren Gegenspielern konfrontiert. Der prominenteste von ihnen ist der Fernsehprophet Glenn Beck, ein ebenfalls charismatischer Demagoge, der glänzende Geschäfte mit seinen Weltuntergangsvisionen macht Und seit Jahren in seinem rechtskonservativen Haussender Fox News vor den »schwarzen Marxisten« in Washington warnt, die Amerika angeblich ruinieren wollten. Im August 2010 war es dann so weit: Gott persönlich habe bei ihm vorgesprochen, teilte Beck seinen Anhängern mit, »etwas Großes« sei im Gange, er selbst sei zum spirituellen Führer berufen worden.

Beck greift mit dem Motiv, Gott, und damit dem höchsten Richter, persönlich begegnet zu sein, auf einen traditionsreichen Trick von Hochstaplern zurück. Es fehlen nur noch die Wundmale. Horrorautor Stephen King titulierte den demagogischen Ex-Trinker einmal »Satans geistig behinderten jüngeren Bruder«. Andererseits erspürt Beck meisterhaft die Ängste und Ressentiments der wertkonservativen Mittelschicht. Stets eröffnet er seine Überlegungen mit dem Satz: »I am afraid. You should be afraid, too ...« Fernsehprediger und dubiose Propheten hat es in der amerikanischen Geschichte immer wieder gegeben. Doch mit 32 Millionen Dollar Jahresumsatz war Beck 2009 der bislang erfolgreichste »Entrepreneur of Angst«, wie ihn das *Time Magazine* nannte.

Prinzen, Lords und Tycoons

Während sich Politiker bürgerlicher Abstammung ihr Charisma oft hart erarbeiten müssen und sie es manchmal nur für die Dauer einer Legislaturperiode zu bewahren vermögen, wird im Adel das Charisma quasi vererbt – so zumindest im Selbstverständnis einiger Aristokraten und erst recht der Regenbogenpresse. Blaues Blut sicherte hohes Ansehen und privilegierte Behandlung, so lange, wie sich die Mitglieder der adligen Familien als mutige Heerführer, Landesfürsten, Mäzene oder Großgrundbesitzer profilieren konnten. Nach dem Ende der Monarchie und der Ausrufung der Republik – also in der historischen Situation, in der der deutsche Adel an Macht einbüßte – kam es zu einer wahren Schwemme falscher Grafen und Barone. Der falsche Hohenzollernprinz Wilhelm alias Harry Domela ist hier nur ein Beispiel, aber seinerzeit sicher das populärste, sein Erinnerungsbuch wurde in der Weimarer Republik ein Bestseller. Vielleicht war dies ein nostalgischer Reflex auf die modernen Zeiten. Vielleicht erfüllten die »adligen« Hochstapler der 1920er Jahre einfach nur mit sicherem Gespür die Sehnsüchte und Wünsche ihrer Zeitgenossen; die Vermutung zumindest ist naheliegend, dass jede Ära und jede Gesellschaft die Hochstapler hervorbringt, die sie verdient. Ein Refugium des echten Adels bildete bereits nach der Gründung des Deutschen Reiches 1871 der Diplomatische Dienst. Hier konnte man noch wichtig sein, allerdings nicht wichtig genug, wie man bald fand. Die leise auftretende Weimarer Republik empfanden nicht wenige in diesen Kreisen als einzigen Gräuel. Kein Wunder also, dass sich viele für Hitler und seine Großmachtansprüche erwärmen konnten, Standesdünkel hin, Führer oder Hochstapler her. Dass der Adel sich in der Bundesrepublik dann den längst blätternden Anstrich gab, Hort des Widerstands gegen Hitler gewesen zu sein, ist eine andere Geschichte ...

Viele Jahre hat das Ansehen des Adels gelitten, weshalb der falsche Graf seltener wurde. Mit wachsendem Selbstbewusstsein der Mittelschicht zog er sogar immer häufiger auch Spott auf sich, so etwa in Gestalt der in den 1950er/60er Jahren höchst populären Witzfigur »Graf Bobby«. In den 1970er Jahren war es Ausdruck eines mindestens liberalen Selbstverständnisses, das Adelsornament aus dem eigenen Namen zu tilgen, zumindest im alltäglichen Umgang, so tritt beispielsweise der Prinz zu Solms-Hohensolms-Lich einfach nur noch als Hermann Otto Solms auf. Das Absinken der aristokratischen Schamgrenze konnte einer der Autoren hautnah als Schüler erleben, da ein echter niedersächsischer Baron (und Vater einer Mitschülerin) sich nicht zu schade war, in Wahlkampfzeiten vor dem Schulhof herumzulungern, um Luftballons und Kugelschreiber mit CDU-Logo an Grundschüler zu verteilen.

In der öffentlichen Wahrnehmung hat der Adel ohnehin praktisch nichts mehr zu melden – außer in den Klatschblättern, wenn es um Hochzeiten, Geburten und Familienpartys geht. Doch selbst dort verblasste der einstige Glanz seit es Ernst August Prinz von Hannover (immerhin der Urenkel des letzten deutschen Kaisers Wilhelm II.) zu zweifelhaftem Ruhm gebracht hat. Der dritter Gatte von Grace Kellys Tochter Caroline Grimaldi, Prinzessin von Monaco, entpuppte sich als gerichtsnotorischer Übeltäter. Mehrere Prozesse waren gegen den als »Prügelprinz« titulierten Welfenspross schon anhängig. 2000 soll Ernst August, der von Zeitungen wegen seines Urinierens gegen den türkischen Pavillon auf der Expo in Hannover auch »Pinkelprinz« genannt wurde, einen Diskothekenbesitzer auf der Ferieninsel Lamu vor Kenias Küste verprügelt haben, weil dieser mit Musik und Lasershow dem Wohlbefinden des Aristokratenpaares geschadet habe. Das Landgericht Hildesheim verurteilte ihn nach langem juristischen Tauziehen zu einer Geldstrafe von 200 000 Euro.

Selbst dort, wo der Adel mutmaßlich noch seinen stärksten Rückhalt hat, in Großbritannien, sind viele Blaublütige ihrer selbst überdrüssig geworden. So äußerte sich Peregrine Andrew Morley Cavendish, zwölfter Herzog von Devonshire, eindeutig über die Vitalität seines Standes: »Der Sarg ist zugenagelt, in die Erde versenkt. Der Adel existiert nicht mehr, außer dass Menschen Titel tragen.« Er selbst spielt mit dem Gedanken, seinen Titel abzugeben. Auf das Erbe will der Herzog aber verständlicherweise nicht verzichten.

Die Wiederkehr der Aristokraten

In Deutschland hat sich inzwischen das Rollenvorbild »Adliger« wie Graf Dracula aus dem Sarg erhoben, und warum sollte es nicht bald wieder eine Welle falscher Grafen geben? Wie aus dem Nichts erschien im Februar 2009 der Freiherr Karl-Theodor zu Guttenberg auf der Bühne des politischen Berlins und sorgte als Überraschungspersonalie für das vakant gewordene Amt des Bundeswirtschaftsministers für Verwirrung (anschließend wurde er Verteidigungsminister). Während manch Journalistin den jungen Guttenberg sogar »irgendwie sexy« fand, gönnte sich ein männlicher Kollege den Streich und mogelte in dem Online-Lexikon Wikipedia einen falschen Vornamen unter die ohnehin schon zahlreichen Namen des Freiherrn, der prompt von allen Medien so übernommen wurde – auf einen Namen mehr oder weniger kommt es beim Adel nicht an. Schon hatte der Minister seine erste Affäre – die »Wilhelm-Affäre«. Angeblich gelten sich nun zahllose Abiturienten im Guttenbergfieber die Haare zurück (das demonstriert nach Meinung führender Coiffeure »Stärke und Überlegenheit«), tragen Hemden mit weißen Kragen, Jacketts mit Einstecktuch und imitierten so einen Stil, der Erfolg und Souveränität auszustrahlen sucht.

Das beliebte Role-Model zu Guttenberg ist zwar ein echter Adliger (wie übrigens auch der britische Premier David Cameron, dort wird nur nicht so ein Aufheben darum gemacht), das reichte ihm aber nicht. So windschnittig wie die Frisur des Freiherrn kam deshalb bald auch sein Lebenslauf daher. Ein mehrwöchiges Praktikum bei der Zeitung *Die Welt* stellte er als »freie journalistische Tätigkeit« dar, weitere Praktika in Anwaltskanzleien wurden zu »beruflichen Stationen in Frankfurt und New York«. Das NDR-Fernsehmagazin *Zapp* wollte es genauer wissen, nachdem zu Guttenberg als frischgebackener Wirtschaftsminister mitten in der Finanzkrise wohl das Bedürfnis verspürte, seine Expertise zu belegen und im Fernsehen behauptete, »vor dem Eintritt in die Politik in der freien Wirtschaft gearbeitet« zu haben.[10] Sprachlich ausgefeilt, tanzte Guttenberg verbal auf der dünnen Linie zwischen bloßer Übertreibung und Hochstapelei, als er zwar wahrheitsgemäß sagte, er sei im Familienunternehmen tätig gewesen und habe dort Verantwortung getragen. Nachforschungen ergaben, dass er er lediglich geschäftsführender Gesellschafter der Guttenberg GmbH zu München gewesen war, einer Gesellschaft mit der Aufgabe, den Familienbesitz der Guttenbergs zu verwalten. Der Umsatz im Jahr 2000 lag laut *FAZ* und nach Angaben von Creditreform bei gerade einmal 25 000 Euro. Zu Guttenbergs angebliche Beteiligung beim 1989 erfolgten Börsengang der Rhön Klinikum AG – zu einem Zeitpunkt, als er achtzehn Jahre alt war und sich auf den Wehrdienst vorbereitete – war ebenso wenig glaubwürdig. Dies ging aber im Begeisterungstaumel für den neuen feschen Minister unter. Richtig ist wohl, dass zu Guttenberg dem Papier nach von 1996 bis 2002 im Aufsichtsrat der Aktiengesellschaft saß, weil die familieneigene Beteiligungsgesellschaft ein Anteilspaket hielt. Pikant daran: Laut Zeitungsberichten gehört die Rhön Klinikum AG zu den Stiftern des »Lehrstuhls für Medizinmanagement und Gesundheitswissenschaften« Bayreuth. Der wurde im Jahr 2000 eingerichtet und ist bei der Rechts- und Wirtschaftswissenschaftlichen Fakultät angesiedelt – bei der Fakultät also, bei der der Verteidigungsminister studiert hat und promoviert wurde. Mit der Promotion tilgte zu Guttenberg den Makel, ohne zweites Staatsexamen kein Volljurist zu sein. Auf 475 Seiten behandelte er das Thema »Verfassung und Verfassungsvertrag. Konstitutionelle Entwicklungsstufen in den USA und der EU«. Doch im Februar 2011 stellte ein Jura-Professor fest, dass Teile der Dissertation nicht aus seiner Feder stammten. Auf mehr als zwei Drittel aller Seiten wurden in der Folge fremde Textbausteine entdeckt, die nicht als Zitate gekennzeichnet waren. Das brachte dem Verteidigungsminister nicht nur den Spitznamen »Dr. Googleberg« ein, sondern sorgte für einen handfesten Skandal. Immer neue Einzelheiten der Affäre verstärkten den Druck und führten dazu, dass zu Guttenberg die Universität Bayreuth um »Rücknahme des Doktortitels« bat. Doch der Befreiungsschlag misslang. Nach der Aberkennung der Doktorwürde galt zu Guttenberg nicht nur dem Nachfolger seines Doktorvaters als »Betrüger«. Im Bundestag forderte Grünen-Politiker Jürgen Trittin, die Bundeswehr dürfe nicht »von einem Felix Krull kommandiert« werden. In einer leidenschaftlichen Parlamentsdebatte konfrontierte Trittin den Minister mit Passagen aus Thomas Manns berühmtem Hochstaplerroman.

Zu Guttenberg, und mit ihm die Bundesregierung, versuchten trotz der stetig wachsenden Empörung, die Plagiatsaffäre auszusitzen. Bundeskanzlerin Angela Merkel stellte sich vor ihren Kabinettskollegen und machte klar, dass sie an dem Minister festhalte, ob mit oder ohne »Dr.« – sie habe ihn schließlich nicht als wissenschaftlichen Mitarbeiter eingestellt. Auf diese Weise wurde das Prinzip des Bluffs im Deutschland des Jahres 2011 kurzzeitig sogar zur Staatsdoktrin.

Erst als sich zeigte, dass viele Wissenschaftler, Medien und Multiplikatoren nicht gewillt waren, zur Tagesordnung überzugehen und sich unter diesem Eindruck die Reihen derer lichteten, die bis dahin dem Minister die Stange gehalten hatten, folgte der Rücktritt zu Guttenbergs von seinen Ämtern.

Unabhängig davon, ob zu Guttenbergs politische Karriere damit beendet ist oder der Freiherr eines Tages wieder zu höchsten Ämtern streben wird – zu Guttenberg ist als Role Model längst zum großen Inspirator von (angehenden) Betrügern und Blendern geworden, die uns ohnehin schon in immer größerer Zahl im Alltag begegnen. Allein die von der Regierung (und von vielen Wählern, sofern man den enstprechenden Umfragen Glauben schenkte) wochenlang erwogene Möglichkeit, dass sich schwerer wissenschaftlicher Betrug mit der Führung eines politischen Spitzenamtes vertrage, leistete den hochstaplerischen Tendenzen in der Gesellschaft enormen Auftrieb – auch wenn der prominente Delinquent am Ende nicht davonkam. Und eines lernen die Aspiranten grenzenloser Selbstinszenierung gewiss aus der »Dr. Googleberg-Affäre«: einfach besser bluffen, ohne Suchmaschine!

Vorzeichen für ein Comeback des Adels gab es bereits vor einigen Jahren in Düsseldorf: Der junge Fürst Jörg Alexander zu Sayn-Wittgenstein zu Berleburg gehört dort zu den Lieblingen der Society. Anfänglich hatte er ein Zimmer im Haus einer Studentenverbindung bezogen, rasch lässt sich der Kontakt zu den gut betuchten Kreisen der Stadt herstellen. Bald besitzt er zwei luxuriöse Wohnungen, testet bei Autohändlern Oberklassenlimousinen und bestellt beim Juwelier Siegelringe des Fürstenhauses. Allerorten freut man sich über diesen illustren Neuzugang in der Landeshauptstadt. Einer vermögenden Dame der Stadt hat es der Fürst besonders angetan. Sie nimmt ihn gar mit nachhause. Der Fürst ist spendabel und arrangiert Partys in teuren Fünf-Sterne-Hotels. Doch irgendetwas stimmt nicht mit seiner Vergangenheit, und die Polizei betritt die Szenerie. Der Fürst heißt eigentlich Jörg D. und hatte bereits ein abwechslungsreiches Vorleben in Berlin geführt, was ihm auch die Bekanntschaft mit der Polizei eingetragen hatte. Der 21-jährige Schulabbrecher aus dem niedersächsischen Meppen gab sich mal als Polizist, mal als Arzt aus – obwohl gerade der Pubertät entsprungen – und war wegen Urkundenfälschung bereits zu einer Bewährungsstrafe verurteilt worden. Der adrette Jörg aber gab nicht auf und probierte gleich einmal aus, wie sich das Leben als Politiker anfühlt. Zu Beginn des Jahres 2005 trat er ein Praktikum beim damaligen SPD-Bundestagsabgeordneten Reinhold Robbe (SPD) an. Der Politiker entließ ihn allerdings schon wenige Tage später, nachdem der Sicherheitsdienst des Bundestags auf das zweifelhafte Vorleben des Praktikanten hingewiesen hatte.

Für Jörg D. kein Grund, sich diskret zurückzuziehen. Er wollte sich in der Politik bewähren – dazu gehört nun mal eine dicke Haut –, und so ging er im Bundestag noch wochenlang ungestört ein und aus. Ein Mitarbeiter des Hauses gab an, der junge Mann habe sich in verschiedenen Büros »bei Kaffee und Zigaretten die Zeit vertrieben«. Mit seinem selbstbewussten Auftreten in den Abgeordnetenbüros und auf etlichen Abendveranstaltungen des Deutschen Bundestages fiel es ihm leicht, Kontakte zu Verbänden und Prominenten zu knüpfen. Mal gab er sich als Praktikant des damaligen Bundestagspräsidenten Wolfgang Thierse (SPD) aus, mal behauptete er, Neffe des früheren Innenministers Rudolf Seiters (CDU) zu sein. Auch erprobte er hier schon mal die blaublütige Herkunft, indem er sich als »Prinz Jörg-Wilhelm-Ernst-Friedrich von Hohenzollern zu Sigmaringen« vorstellte. Als ihn der Pfortendienst mit einem falschen Bundestagsausweis ertappte, wurde er endgültig des Hauses verwiesen.

Jetzt machte auch noch sein Bewährungshelfer Ärger, denn Jörg D. hielt die Auflagen seiner Bewährungsstrafe nicht einmal ansatzweise ein. Höchste Zeit, sich nach Düsseldorf abzusetzen. »Ich dachte: neuer Name, neues Leben.« Als letzter Anker in der Realität diente dem Fürsten offenbar der simple »Jörg« im neuen Namen, an dem sich in der Stadt am Rhein niemand zu stören schien. Mit geliehenem Luxusauto und standesgemäßem Frack stattete er umgehend den Banken Besuche ab, nachdem er zuvor als »Fürst zu Sayn-Wittgenstein« seinen Neffen – also sich selbst – angekündigt hatte. In einem anderen Fall gab er sich am Telefon als Mitarbeiter des Münchner Vorstandssekretariats der Bank aus und avisierte dem Bankangestellten den Besuch »vom Sohn eines guten Kunden«. Dieser sei überfallen worden, habe keine Papiere mehr und brauche dringend ein Konto. Der erfahrene Sachbearbeiter glaubte an eine Ausnahmesituation und erfüllte dem vermeintlichen Adelsspross jeden Wunsch – inklusive EC- und goldener Kreditkarte. Von den Mitarbeitern der Banken ließ er sich allen Ernstes mit »Durchlaucht« anreden. Ausgestattet mit diversen Kreditkarten begab sich Fürst Jörg dann auf Shoppingtour – nicht nur er selbst, auch seine Stadtresidenzen mussten ausgestattet werden. Allein der Schaden seines Düsseldorfer Intermezzos summierte sich auf 100000 Euro. Im folgenden Prozess kamen 387 Straftaten zur Anklage – eine ermüdend lange Liste, die der Delinquent in seinem umfassenden Verständnis wie eine Parade abnahm, dabei die ein oder andere Träne im Auge verdrückend. »Auf eine Tat mehr oder weniger kommt es bei Ihnen wirklich nicht an«, kommentierte Amtsrichter Jörg Koewius zum Prozessauftakt trocken und verurteilte Jörg D. schließlich zu milden zwei Jahren Jugendstrafe auf Bewährung. Einer Karriere in der Politik steht nun, auch ohne Adelstitel, eigentlich nichts mehr im Weg.

Im gleichen Zeitraum sorgte ein gewisser Lord Buckingham für internationales Aufsehen. Recherchen hatten ergeben, dass Christopher Edward Buckingham vor 22 Jahren eine neue Identität angenommen hatte. Er behauptete, der Sohn eines britischen Diplomatenpaares zu sein, das in Ägypten stationiert gewesen und 1982 beim Absturz eines Privatflugzeugs ums Leben gekommen sei. Die Behörden hingegen besaßen Grund zu der Annahme, dass er – wie der namensgebende Auftragskiller in Frederick Forsyths Thriller *Der Schakal* – den Namen eines am 24. Dezember 1962 geborenen Jungen angenommen hatte, der nur acht Monate nach seiner Geburt gestorben war. Der Verdächtige, der bei einem Datenabgleich seines Passes aufgefallen war, schwieg zu der Angelegenheit und heizte damit die Spekulationen über seine wahre Identität an. Nun wurde gemutmaßt, dass es sich bei Lord Buckingham – wie beim Schakal – auch um einen Auftragskiller oder um einen gestrandeten DDR-Spion handelte; Letzteres, weil der »Lord of Lies« fließend Deutsch spricht und einen Wohnsitz in Hohentengen am Hochrhein nahe der Grenze zur Schweiz hatte. Aber warum sollte sich jemand, der auf keinen Fall auffallen will, mit einem Adelstitel schmücken? Ironischerweise war ausgerechnet der »Lord Buckingham« mehr oder weniger legal erworben, denn in Großbritannien darf man sich Lord nennen, wenn man entsprechende Grundstücke besitzt. So mutierte Buckingham erst im Lauf der 1990er Jahre zum Lord, vermutlich, um seine Autorität zu stärken. Jahrelang hatte Buckingham auch sein Frau Jody Doe und die gemeinsamen, mittlerweile erwachsenen Kinder getäuscht. Nach zwölf Jahren Ehe hatte sich das Paar, das in Northampton lebte, 1996 getrennt. Buckingham zog allerdings nur ein paar Straßenzüge weiter, um in der Nähe der Kinder zu bleiben. Außerdem arbeitete er als IT-Security-Fachmann und verdiente gutes Geld.

Die Kreation seiner neuen Identität verlief nach der Salamitaktik: Einem kleinen, relativ unbedeutenden Dokument folgt ein wichtigerer Identitätsnachweis und so weiter. Zunächst beantragte er eine Kopie der Geburtsurkunde Christopher Buckinghams, im Übrigen kein einmaliger Name auf der Insel. Dann folgte die Beantragung der nationalen Versicherungsnummer bis hin zum Personalausweis. »Ich habe mich auf Unstimmigkeiten im System verlassen. Ich habe einfach die Anträge ausgefüllt und sie per Post verschickt.« Der ganze Prozess, Christopher Buckingham zu werden, dauerte acht Monate – genauso lange, wie der echte Christopher gelebt hatte.

Die Veröffentlichung eines Fotos von Buckingham, der zuletzt in Zürich arbeitete und dort eine neue Lebensgefährtin hatte, half schließlich, seine wahre Identität zu lüften. Ein Familienmitglied hatte ihn darauf erkannt. Buckingham hieß in Wirklichkeit Charles Albert Stopford und stammt aus Orlando, Florida. Er ist das älteste von neun Kindern eines Methodistenpfarrers, der Frau und Kinder wegen einer Glaubensschwester verlassen hatte. Da war Charles 16 Jahre alt. Schon damals soll er sich als britischer Austauschschüler ausgegeben haben, dessen Vater als Spezialist bei der NASA tätig sei. Auch auf eine Militärbasis soll er sich geschmuggelt haben, um sich im Casino unter die Offiziere zu mischen. Nach der Schule wurde er tatsächlich Soldat in der Navy, aus der er allerdings unehrenhaft entlassen wurde – er hatte das Auto eines Burger-King-Managers in die Luft gejagt. Verurteilt zu einer Jugendstrafe, soll er sich als Jobber in Disneyworld einen britischen Akzent zugelegt haben, bevor er in Missachtung seiner Bewährungsauflagen Anfang 1983 von der Bildfläche verschwand. Seiner Familie schickte er noch Postkarten aus aller Welt, bis eines Tages als letztes Zeichen seiner Existenz ein Paket mit allen Dokumenten seiner alten Identität eintraf: vom Personalausweis bis zum Mitarbeiterpass von Disneyworld. Dieser alten Identität musste sich Buckingham alias Stopford nach Verbüßen seiner Haftstrafe (neun Monate) im Juli 2006 stellen, denn er wurde nun in die USA abgeschoben. Doch kein Jahr später war Buckingham mit einem von den US-Behörden auf seinen angenommenen Namen ausgestellten Ausweis, wobei er aber das Geburtsdatum abermals geändert hatte, wieder in Zürich – trotz Einreiseverbot. Einem Reporter gestand er, dass er neben der Buckingham-Identität noch weitere führe, zum Beispiel die als Alexi Romanow, einem Verwandten des russischen Zarengeschlechts …

Der Mann aus Bergen

Anders als in Europa spielen im Land der unbegrenzten Möglichkeiten die Kapriolen des alten Adels keine Rolle, denn die Vereinigten Staaten mussten sich erst einen eigenen, neuen Adel erschaffen. Das Personal der internationalen High Society speist sich aus Erben und Erbeserben von

Ölmagnaten, Industrie- und Medientycoons, Popstars und Schauspielern. Auf dieser Bühne geben die prominenten Selbstdarsteller immer wieder das Theaterstück »Ich hab's geschafft«. Doch sie sind längst nicht mehr unter sich. Immer mehr Zuschauer wollen selbst die Bühne entern! Im folgenden Fall infizierte das Hochstaplervirus einen jungen Mann aus der bayerischen Provinz, der den unbändigen Wunsch verspürte, zum berühmtesten und traditionellsten Geldadel Amerikas zu gehören. Es geht um Christian Karl Gerhartsreiter, der als falscher Rockefeller in die Geschichte eingegangen ist. Gerhartsreiter war in den 1970er Jahren aus der oberbayerischen Gemeinde Bergen als Austauschschüler in die USA gekommen und nicht in seine Heimat zurückgekehrt. In Wisconsin heiratete er eine Amerikanerin, um eine Greencard zu erhalten, verschwand aber kurz darauf. Die Schwester der sitzengelassenen Braut erinnert sich, ihr Schwager habe in Gestus und Habitus den vermögenden Mann gegeben und sich als bayerischer Industriellensohn präsentiert.

In dieser Zeit begann der damals 21-Jährige sein Spiel mit falschen Identitäten. Seit 1982 war ein Mann namens Christopher Chichester in San Marino, einem wohlhabenden Vorort von Los Angeles, nachweisbar. Erst jüngst, fast 30 Jahre später, fand die Polizei heraus, dass Chichester ein Alter Ego Gerhartsreiters war. Einem Kommunalpolitiker erzählte er damals, er sei verwandt mit einem englischen Lord; Freunden band er die Story auf die Nase, seine Eltern seien entführt worden und er müsse dringend ein horrendes Lösegeld auftreiben. In den folgenden Jahren spielte er den NASA-Experten, Pentagon-Offizier oder Wall-Street-Broker.

Mitte der 1980er Jahre tauchte Gerhartsreiter im feinen

Indian Harbor Yacht Club in Greenwich, Connecticut, auf und fand dort einen Job als Aktienhändler. 1987 zog er nach New York, wo er sich eine neue Identität als Clark Rockefeller schuf – ein Abkömmling der berühmten Unternehmerdynastie, die ihren Reichtum in den Anfängen der Erdölindustrie begründete. Er lernte Sandra Boss, eine vermögende junge Frau, kennen und erzählte ihr, dass er weder Führerschein noch Sozialversicherungskarte habe und sich deshalb nicht ausweisen könne. Die beiden heirateten in einer Quäker-Kirche auf dem Land, wo niemand nach Papieren fragt. Das Paar gehörte in den folgenden Jahren zur besseren Gesellschaft von New York und Boston. Der falsche Rockefeller feierte Partys wie ein echter, er spendete für wohltätige Zwecke, sammelte italienische Sportwagen und Gemälde von Mark Rothko. Er reiste in Learjets, spendete der Schule seiner Tochter Reigh ein Planetarium, zählte Henry Kissinger, Britney Spears und Stephen Hawking zu seinen Freunden. Das Geld für sein Luxusleben stammte von seiner Frau: Die Harvard-Absolventin machte Karriere bei der Unternehmensberatung McKinsey. Als die Ehe zerbrach, ging das Sorgerecht an die Mutter. Im Rahmen eines Vergleichs erhielt Gerhartsreiter 800000 Dollar, doch diese narzisstische Kränkung konnte er nicht ertragen. Er klammerte sich nun an sein Kind – vielleicht auch, weil er noch mehr Geld erpressen wollte – und nutzte sein Besuchsrecht gleich beim ersten Mal, um seine siebenjährige Tochter zu entführen. Sechs Tage später wurde er in Baltimore vom FBI verhaftet, was schließlich zur Enttarnung seiner Hochstapelei führte. Gerhartsreiter wurde wegen Kindesentführung zu vier bis fünf Jahren Haft verurteilt, seine Anwälte hatten auf Unzurechnungsfähigkeit plädiert.

Unzurechnungsfähig oder einfach nur konsequent in der Leidenschaft für seinen »Lebensentwurf«? Entgegen dem Verhalten vieler früherer Hochstapler, die ihren Bluff nach der Enttarnung zugaben, hielt Gerhartsreiter an seiner Wunschidentität auch nach dem Prozess fest. Er gab mehrere Interviews im Gefängnis, schwelgte dabei in Erinnerungen an seine Kindheit als Clark Rockefeller. Vielleicht musste Gerhartsreiter sein Spiel auch deshalb weitertreiben und seiner Lebenslüge treu bleiben, weil sie ihm half, sich über etwas weit Schlimmeres hinwegzutäuschen, weit schlimmer als Lüge und Betrug. Denn Gerhartsreiter steht mittlerweile unter dem dringenden Verdacht, vor vielen Jahren ein Ehepaar umgebracht zu haben, das seiner Hochstapelei womöglich auf die Schliche gekommen ist. 1985 wohnte Gerhartsreiter als Christopher Chichester eine Weile in einem Mietshaus des Ehepaars Linda und Jonathan Sohus im kalifornischen San Marino. Im selben Jahr verschwand das Paar spurlos, bald darauf verzog auch »Chichester« nach Neuengland, wo er – nun als Christopher Crowe – den Wagen der Sohus' zum Kauf anbot. Neun Jahre später wollte der neue Hauseigentümer in San Marino einen Swimmingpool ausheben, dabei entdeckten Arbeiter die Leiche von Gerhartsreiters ehemaligem Vermieter. Und nun, 26 Jahre nach dessen gewaltsamen Tod, bereitet die Staatsanwaltschaft von Los Angeles einen Prozess gegen Gerhartsreiter vor – wegen Mordes an Jonathan Sohus …

Die Sozialprognose des Bluffs

Die Renaissance falscher Grafen und die peinliche Bekenntniswelle echter Adelssprosse lässt sich wohl als romantischer Reflex auf eine Welt begreifen, die sich rasant verändert und bis in die letzten Ritzen einem fantasielosen ökonomischen Diktat folgt. Da macht sich der Verweis auf bald tausendjährige Traditionen als Wettbewerbsressource nicht schlecht. Doch edelmütige Grafen, zauberhafte Prinzessinnen und tapfere Ritter sind passé. Heute geht es darum, einen Lebensstil des Erfolgs zu inszenieren – koste es, was es wolle. Man will beneidet und bewundert werden, vielleicht sogar reich und berühmt, und kämpft dafür mit immer härteren Bandagen. Vom Zaungast zum Hauptdarsteller werden, das Ich auf der Bühne ausleben – dieser Zweck heiligt die Mittel. Angeberei und Übertreibung, List und Betrug sind dabei noch die harmlosesten Instrumente.

In der Geschichte haben sich Krisen, Zeiten des Umbruchs und des Übergangs als idealer Nährboden für Hochstapler erwiesen. Ob im Turbokapitalismus des 19. Jahrhunderts, in den bewegten Goldenen Zwanzigern, der »Stunde Null« 1945 oder in der krisengeschüttelten globalisierten Welt der Gegenwart – die Hochstapler verkörpern mit ihren Wunschidentitäten stets den Zeitgeist und sie kopieren die jeweils bewunderten Sozialtypen und Traumberufe. Massenhafte Hochstapelei als Krisenphänomen – auch jetzt sehen wir uns wieder verstärkt mit diesem Phänomen konfrontiert. Allerdings trifft es heute auf eine regelrechte »Multiple-Choice-Gesellschaft«, deren soziale Bindungskräfte durch die hohe soziale und räumliche Mobilität ihrer Mitglieder schwächer werden. Was vormals nur für Schauspieler und Künstler galt, ist heute als Standard in die Lebenswirklichkeit breiter Kreise eingeflossen. Sich selbst erfinden, verschiedene Identitäten und Lebensentwürfe erproben und mit der richtigen Selbstinszenierung zu Markte tragen. Dabei wächst die Versuchung der Überforderten, vor dem Hintergrund zahlreicher ungenutzter Optionen und Lebensentwürfe wenigstens eine Erfolgsfassade zu errichten und zu simulieren, man habe sein Glück gemacht.

Als die klassische lebenslange Ehe oder kontinuierliche Erwerbsbiografie noch vorherrschende soziale Modelle waren, bot der Alltag der meisten Milieus Hochstaplern kaum Platz. Vielleicht blendete man ein bisschen: so tun, als hätte man den Neuwagen nicht auf Pump gekauft, aber der Eskalation des Bluffs waren enge Grenzen gesetzt. Wer sein Leben lang in einem Dorf lebt, inmitten seiner Familie, wer sein Leben lang in der gleichen Fabrik arbeitet, mit dem gleichen Partner verheiratet ist oder gemeinsam mit seinen Schulfreunden altert, der hat vielleicht eine Leiche im Keller, aber er »erfindet« sich nicht neu, er ändert seine Identität nicht, außer, er hat den Verstand verloren.

Damals waren Hochstapler diejenigen, die auf mehr oder weniger unterhaltsame Weise die überkommenen Autoritäten lächerlich machten: den Adel, das Militär und andere

Stützen der Gesellschaft. Es sind die alten Geschichten eines Grafen Caetano, der als vermeintlicher »Goldmacher« Friedrich I. von Preußen foppte, oder eines Hauptmann von Köpenick alias Friedrich Wilhelm Voigt, der vor über hundert Jahren den bürokratischen Apparat des Kaiserreichs narrte und mit seiner Performance sogar Wilhelm II. zum Lachen brachte.

Seither hat die Hochstapelei selbst eine atemberaubende Karriere gemacht. Der systematische Bluff ist längst in die Anforderungskataloge der Arbeitswelt und in die Konventionen des Alltagslebens eingegangen. Natürlich ist Hochstapelei nicht als offizielle Disziplin, als »Impostor Studies« oder Ähnliches auf den Lehrplänen der Schulen, Universitäten und Business Schools zu finden. Doch unter der Oberfläche verbreitet sich der Bluff so rasant, dass man von einer sozialen Epidemie sprechen kann, deren Klimax noch lange nicht erreicht ist.

Ungeachtet dessen, dass jeder Alltagsbluffer sich in seinen Schummelfähigkeiten weit weg wähnt von den spektakulären Meisterstücken der Hochleistungsbluffer – beispielhaft haben wir in diesem Buch ein paar davon genauer betrachtet –, verschwimmen die Grenzen zwischen der pathologisch zwanghaften Hochstapelei und dem sich ausbreitenden, kontrollierten Bluff im Alltagsleben. Sicherlich steht unser letztes Beispiel – der falsche Rockefeller – für eine besonders aggressive Form des Bluffs, die weder Einsicht zulässt, noch – das bleibt allerdings Spekulation – vor tödlicher Skrupellosigkeit zurückschreckt. Eine Gesellschaft, die wie ein Trainingslager für dieses Talent zum Bluff funktioniert, müsste sich darüber eigentlich nicht wundern. Ebenso wenig darüber, wenn alsbald die Abwehrkräfte schwinden, die eine miserable gesellschaftliche Sozialprognose beim Namen nennen oder gar für eine »psychosoziale Entgiftung« sorgen könnten.

Wen also – um unsere eingangs gestellte Frage nochmals aufzugreifen – sehen wir, wenn wir mit bluffgeschärftem Blick in den Spiegel schauen?

Literatur

1. »Das muss jetzt Liebe sein!« Wie man die ganz großen Gefühle simuliert

Robert Heindl: *Der Berufsverbrecher*, Berlin 1927

François-Marie Banier: *Balthazar, Sohn aus gutem Hause*, Göttingen 2009

Serge Tisseron: *Die verbotene Tür. Familiengeheimnisse und wie man mit ihnen umgeht*, München 1998

Karl Lenz: »Keine Beziehung ohne großes Theater. Zur Theatralität im Beziehungsaufbau«. In: Herbert Willems (Hg.): *Theatralisierung der Gesellschaft, Band 1: Soziologische Theorie und Zeitdiagnose*, Wiesbaden 2009. S. 239 ff.

Adam Soboczynski: *Die schonende Abwehr verliebter Frauen*, Berlin 2008

Michael Lukas Möller: *Wie die Liebe anfängt. Die ersten drei Minuten*, Reinbek 2002

Désirée Nick: *Gibt es ein Leben nach vierzig?*, Bergisch Gladbach 2005

Iványi, Nathalie: »Außerordentliches Verstehen – Verstehen

des Außerordentlichen. Heiratsanträge der Sendung Traumhochzeit«. In: Iványi, Nathalie, Reichertz, Jo: *Liebe (wie) im Fernsehen. Eine wissenssoziologische Analyse.* Opladen 2002, S. 59 ff.

Iványi, Nathalie: *Die Wirklichkeit der gesellschaftlichen Konstruktion. Ein institutionalisierungstheoretischer Medienwirkungsansatz.* Konstanz 2003

Gunter Schmidt: *Das neue Der Die Das. Über die Modernisierung des Sexuellen.* Gießen 2004

Detlef Klöckner: *Phasen der Leidenschaft*, Stuttgart 2007

Werner Mang: *Verlogene Schönheit. Vom falschen Glanz und eitlen Wahn*, München 2009

Catherine Hakim: »Erotic capital«. In: *European Sociological Review*, 26, 2010, S. 499 ff.

Manfred Prisching: *Das Selbst. Die Maske. Der Bluff. Über die Inszenierung der eigenen Person*, Wien/Graz/Klagenfurt 2009

John Naish: *Genug. Wie Sie der Welt des Überflusses entkommen*, Bergisch Gladbach, 2008

Brigitte Biermann: *Frauen vor Gericht*, Berlin 2001

Alexander Hagelueken u. a. (Hg.): *Die großen Spekulanten*, München 2009

Cristina M. Gomes, Christophe Boesch Max Planck Institute for Evolutionary Anthropology, Leipzig, Germany PLoS one, April 2009

Regina Swoboda: *Die Raffinesse einer Frau. Werden Sie Männerflüsterin*, München 2009

Patrick Graber: *Dead woman tell no tales*, Los Angeles 2007

Erich Wulffen: *Die Psychologie des Hochstaplers*, Leipzig 1923

Reinhard Mehring: *Carl Schmitt – Aufstieg und Fall*, München 2009

Marianne Padowetz: *Der Heiratsschwindel*, Wien 1954

Gisela Friedrichsen: »Der Mann ist ein Ereignis. Frauen säumen den Weg des Hochstaplers Gert Postel. Eine von ihnen spricht«. In: *Der Spiegel* 25/1998
Detlev Haag: *Betrügerische Hochstapelei und Schwindel* (Diss.), Freiburg 1977
Curt Riess: *Prozesse, die die Welt bewegten,* Düsseldorf 1992
Willi Wottreng: *Verbrechen in der Grossstadt,* Zürich 2009

2. Boom und Bluff in der Arbeitswelt

Amir Weitmann: *Madoff. Der Jahrhundertbetrüger,* Zürich 2010
Stephan Porombka: *Felix Krulls Erben,* Berlin 2001
Alexander Hagelueken u. a. (Hg.): *Die großen Spekulanten,* München 2009
Manfred F. R. Kets de Vries: *Führer, Narren und Hochstapler,* Stuttgart 1998
Claudio Besozzi: *Wohin mit der Beute? Eine biografische Untersuchung zur Inszenierung illegalen Unternehmertums,* Bern 2009
Peter Norden: *Pitt – die 26 Leben eines genialen Hochstaplers,* Hamburg 1979 (frühere Ausgabe: *Pitt. Die 26 Leben des Robert Richard Seeger,* München 1951)
Jörg Friedrich: *Die kalte Amnestie. NS-Täter in der Bundesrepublik,* Frankfurt 1985
Georg Franz von Cleric: »Der Hochstapler«. In: *Schweizerische Zeitschrift für Strafrecht,* 1926, S. 16 ff.
Hilary Spurling: *La Grande Thérèse. Die Geschichte eines Jahrhundertschwindels,* Berlin 2006
Maximilian Harden: *Köpfe,* Bd. 3, Berlin 1913

Willi Wottreng: *Verbrechen in der Grossstadt*, Zürich 2009
Josef Grünberger: *Humaner Strafvollzug*, New York 2007
Detlev Haag: *Betrügerische Hochstapelei und Schwindel* (Diss.), Freiburg 1977
Paul Babiak, Robert D. Hare: *Menschenschinder oder Manager. Psychopathen bei der Arbeit*, München 2007
Gerhard Dammann: *Narzissten, Egomanen, Psychopathen in der Führungsetage*, Bern 2007
Marjaana Lindeman: »Ingroup bias, self-enhancement and group identification«. In: *European Journal of Social Psychology*, 27, 1997, S. 337 ff.
Eva Illouz: *Die Errettung der modernen Seele*, Frankfurt 2009
Daniel Goleman: *EQ. Emotionale Intelligenz*, München/ Wien 1996
Justine Suchanek, Barbara Hölscher: »Professionalität und soziales Kapital als Erfolgsrezept? Anforderungsprofile von Arbeitgebern im Rekrutierungsprozess«. In: Herbert Willems (Hg.): *Theatralisierung der Gesellschaft, Band 1: Soziologische Theorie und Zeitdiagnose*, Wiesbaden 2009. S. 595 ff.
Günter Voss, Hans Pongratz: »Der Arbeitskraftunternehmer. Eine neue Grundform der Ware Arbeitskraft«. In: *Kölner Zeitschrift für Soziologie und Sozialpsychologie*, 50, 1998, S. 131 ff.
Mark N. Wexler: »Successful Resume Fraud: Conjectures on the Origins of Amorality in the Workplace«. In: *Journal of Human Values*, 12, 2006, S. 137 ff.
R. McGarvey: »Resume Fraud«. In: *Training*, 30, 1993, S. 10 ff.
Heiner Raspe, Angelika Hueppe, Hannelore Neuhauser: Back Pain, a communicable disease? In: *International Journal of Epidemiology*, Volume 37, 2008, S. 69–74

Nicholas A. Christakis/James H. Fowler, *Connected! Die Macht sozialer Netzwerke und warum Glück ansteckend ist.* Frankfurt/M. 2010

Hedwig Kellner: *Karrieresprung durch Selbstcoaching. Fragen, die Sie sich stellen sollten, wenn Sie vorankommen wollen*, Frankfurt 2001

Petra Wüst: *Gezielt einmalig. 22 Tips für eine überzeugende Selbst-PR*, Zürich 2008

Sabine Asgodom: *Eigenlob stimmt. Erfolg durch Selbst-PR*, München 1996

Günter F. Müller, Walter Braun: *Selbstführung. Wege zu einem erfüllten Berufs- und Arbeitsleben*, Bern 2009

Karola Brede: *Wagnisse der Anpassung im Arbeitsalltag*, Opladen 1995

3. Lust und Leid – die Fieberspitzen des Sozialbluffs

Fritz Kahn: *Das Leben des Menschen. Eine volkstümliche Anatomie, Biologie, Physiologie und Entwicklungsgeschichte des Menschen*, Stuttgart 1926

Manfred Lütz: *Irre! Wir behandeln die Falschen. Unser Problem sind die Normalen*, München 2009

Klaus Püschel, Eberhard Hildebrand, Klaus Hitzer, Synan Al-Hashimy: »Selbstverstümmelung als Versicherungsbetrug«. In: *Unfallchirurgie*, 24, 1998, S. 75 ff.

J. Wallach: »Laboratory Diagnosis of Facticious Disorders«. In: *Archive of Internal Medicine*, 154, 1994, S. 1690 ff.

Richard A. A. Kanaan, Simon C. Wessely: »The origins of factitious Disorder«. In: *History of the Human Sciences*, 23, 2010, S. 68 ff.

Jill A. Fisher: »Playing Patient, Playing Doctor: Munchhausen Syndrome, Clinical S/M, and Ruptures of Medical Power«. In: *Journal of Medical Humanities*, 27, 2006, S. 135 ff.
D. O. Quest, S. E. Hyler: »Neurosurgical Münchhausens Syndrome: Case Report«. In: *Neurosurgery*, 7, 1980, S. 412 ff.
R. Meadow: »Munchausen syndrome by proxy: The hinterland of child abuse«. In: *The Lancet*, 1977, S. 343 ff.
Catherine C. Ayoub, Herbert A. Schreier, Carol Keller: »Munchausen by Proxy: Presentations in Special Education«. In: *Child Maltreatment*, 7, 2002, S. 149 ff.
Manfred Prisching: *Das Selbst. Die Maske. Der Bluff. Über die Inszenierung der eigenen Person*, Wien/Graz/Klagenfurt 2009
Eva Illouz: *Die Errettung der modernen Seele*, Frankfurt 2009
Walter Mischel, Y. Shoda, R. Mendoza-Denton: »Situation-Behavior Profiles as a Locus of Consistency in Personality«. In: *Current Directions in psychological Science*, 11, 2002, S. 50 ff.
Volker Sommer: *Lob der Lüge*, München 1993
Daniel Goleman: *Lebenslügen und einfache Wahrheiten*, Weinheim/Basel 1987
David Livingstone Smith: »In Praise of Self-deception«. In: *Entelchy – Mind and Culture*, Nr. 7, 2006
David Livingstone Smith: *Why we lie*, New York 2004
Josef Grünberger: *Humaner Strafvollzug*, New York 2007
Ursula Mayr: »False memories. Botschaften aus einem Übergangsraum«. In: *Forum der Psycholanalyse*, 21, 2005, S. 58 ff.
Detlev Haag: *Betrügerische Hochstapelei und Schwindel* (Diss.), Freiburg 1977
Helene Deutsch: »The Impostor. Contribution to Ego Psychology of a Type of Psychopath«. In: *Psychoanalytic Quarterly*, 24, 1955, S. 483 ff.

Julia Bettermann: *Falsche Stalking-Opfer*, Frankfurt 2005
Stefan Mächler: *Der Fall Wilkomirski. Über die Wahrheit einer Biografie*, Zürich 2000
Stefan Mächler: »Das Opfer Wilkomirski. Individuelles Erinnern als soziale Praxis und öffentliches Ereignis«. In: Irene Diekmann, Julius H. Schoeps (Hg.): *Das Wilkomirski-Syndrom. Eingebildete Erinnerungen oder Von der Sehnsucht, Opfer zu sein*, Zürich 2002, S. 28 ff.
Amir Weitmann: *Madoff. Der Jahrhundertbetrüger*, Zürich 2010
Alexander Hagelueken u. a. (Hg.): *Die großen Spekulanten*, München 2009
Carsten Timmermann, »Wer darf heilen und wer nicht? Kurpfuscherei und die Krise der Medizin in der Weimarer Republik«. In: Oliver Hochadel, Ursula Kocher (Hg.): *Lügen und Betrügen. Das Falsche in der Geschichte von der Antike bis zur Moderne*, Köln 2000, S. 133 ff.

4. Egoakrobatik für Visionäre in Wissenschaft und Politik

Jean-Claude Kaufmann: *Die Erfindung des Ich*, Konstanz 2005
Dietrich Schwanitz: »Alazon und Eiron. Formen der Selbstdarstellung in der Wissenschaft«. In: Herbert Willems (Hg.): *Theatralisierung der Gesellschaft, Band 1: Soziologische Theorie und Zeitdiagnose*, Wiesbaden 2009. S. 447 ff.
Klaus Hoffmann: *Glitzerndes Geheimnis, Gauner, Gaukler, Gelehrte und Großmachtpolitiker*, Leipzig/Jena/Berlin 1988
Paul-Jürgen Hahn, Rainer Karlsch: »Scharlatan oder Visionär? Ronald Richter und die Anfänge der Fusionsforschung«.

In: Rainer Karlsch, Heiko Petermann (Hg.): *Für und Wider »Hitlers Bombe«*, Münster 2007, S. 181 ff.
Manfred von Ardenne: *Die Erinnerungen*, München 1990
Tobias Gerstäcker: »Vernichtungsfeldzug gegen Chromosomen – der Fall Lyssenko«. In: Karl Corino (Hg.): *Gefälscht*, Nördlingen 1988
Heinrich Zankl: *Fälscher, Schwindler, Scharlatane. Betrug in Wissenschaft und Forschung*, Weinheim 2003
Volker Rieble: *Das Wissenschaftsplagiat. Vom Versagen eines Systems*, Frankfurt 2010
Alan Sokal, Jean Bricmont: *Eleganter Unsinn. Wie die Denker der Postmoderne die Wissenschaften missbrauchen*, München 1999
Richard Sennett: *Verfall und Ende des öffentlichen Lebens. Die Tyrannei der Intimität*. Frankfurt 1986
Johannes Steyrer: *Charisma in Organisationen, Sozial-kognitive und psychodynamisch-interaktive Aspekte von Führung*. Frankfurt/New York 1995
Eugen Kahn: »Psychopathen als Revolutionäre«. In: *Zeitschrift für die gesamte Neurologie und Psychiatrie*, 52, 1919, S. 90 ff.
Ian Kershaw: *Hitler 1889–1945*, München 2002
Wolfgang Martynkewicz: *Salon Deutschland. Geist und Macht 1900–1945*, Berlin 2009
Yasmina Reza: *Frühmorgens, abends oder nachts*, München 2008
Simone Dietz: *Die Kunst des Lügens*, Reinbek 2003
Yiannis Gabriel: »Meeting God: When Organizational Members Come Face to Face with the Supreme Leader«. In: *Human Relations 50*, 1997, S. 315 ff.

Anmerkungen

1. »Das muss jetzt Liebe sein!« Wie man die ganz großen Gefühle simuliert

1 Damit bestätigten die Wissenschaftler, was schon im *Betrugs-Lexicon* des Georg Paul Hönn von 1724 steht: dass Männer sich als »sehr reich ausgeben, und auch eine Zeitlang mit erborgtem Geld einen grossen Staat von sich machen, nur damit sie diejenige Person, so sie gerne zur Ehe hätten, desto eher gewinnen mögen« oder sich als »graduierte Personen, oder Leute höhern Standes und Characters, als sie sind, ausgeben, um das Frauen-Zimmer, dass sich an academischen und anderen Ehren-Tituln bisweilen vergaffet, desto mehr anzukörnen«.

2 Warum Männer überhaupt heiraten, gilt nach Auffassung des als »Papst der Paare« titulierten Psychoanalytikers Michael L. Möller nach wie vor als Rätsel (Michael Lukas Möller: *Wie die Liebe anfängt. Die ersten drei Minuten*, Reinbek 2002, S. 46).

3 Früher musste der Werbende die zukünftigen Schwiegereltern mit einer ordentlichen Frisur für sich einnehmen. Heute

läuft er Gefahr, ohne originelle Intimfrisur bei seiner Freundin abzublitzen. Ein unrasierter Körper bzw. Schambereich ist für die Jugendlichen heute ein absolutes No-go.

4 Was bringt Frauen dazu, »praktisch jungfräulich dem nächsten Arschloch in die Arme zu laufen, das ihnen das Konto abräumt und mit ihrer besten Freundin schläft?«, fragt die Entertainerin und Frauenberaterin Désirée Nick (*Gibt es ein Leben nach vierzig?*, Bergisch Gladbach 2005, S. 11).

5 Befragung von 610 Personen (Möller, S. 39).

6 *Star Search* mit Gewinnern wie Britney Spears, Aaliyah und Justin Timberlake existiert seit 1983.

7 *Hart aber fair* am 3.3.2010 (»Ewig jung oder würdig grau – Wie wird man alt mit Stil?«).

8 »Sie sehnen sich nach Liebe, aber die Scheidungsraten steigen. Sie wollen Kinder, aber die Geburtenraten sinken. Liebe und Familie sind nicht unwichtig geworden, sie werden nur immer weniger machbar ...« (Manfred Prisching: *Das Selbst. Die Maske. Der Bluff. Über die Inszenierung der eigenen Person*, Wien/Graz/Klagenfurt 2009, S. 41).

9 Zitiert nach Alexander Hagelueken u.a. (Hg.): *Die großen Spekulanten*, München 2009, S. 133.

10 Patrick Graber: *Dead woman tell no tales*, Los Angeles 2007. Vgl. das Interview Grabers auf www.sportnet.at, 26.3.2008.

11 Sonja Veelen, Techniken zur Herstellung gefälschter Identität. Eine soziologische Analyse der Hochstapelei, Diplomarbeit Soziologie der Philipps-Universität Marburg, 2007. Interview mit Gerd Postel auf S. 90.

12 Nach Hinweisen des Beschuldigten konnte durch die Soko »Lila« das Opfer als ein damals 80-jähriger ehemaliger Unternehmer aus dem Raum Heidelberg identifiziert werden.

Quelle: POL-NOM: Pressemitteilung und Zeugenaufruf der Soko »Lila« vom 8.10.2007. Wer war Günter Schwenke? Erstes von drei Mordopfern noch nicht identifiziert!

2. Boom und Bluff in der Arbeitswelt

1 Claudio Besozzi (*Wohin mit der Beute? Eine biografische Untersuchung zur Inszenierung illegalen Unternehmertums*, Bern 2009) spricht von einem Wandel der öffentlichen Wahrnehmung von Verbrechen, die Wirtschaftskriminellen entgegenkommt. Wurden früher die menschlichen Defizite der Delinquenten herausgestellt, sind es heute häufig seine Kompetenzen, die in den Medien bewundernd erwähnt werden: Zielstrebigkeit, Raffinement, Professionalität. Dies fällt besonders bei der Prozessberichterstattung über Finanzbetrüger und Hochstapler auf.

2 Ich saß mal wieder bei ihm im Büro und er fragte mich: »Ey, Dieter, möchtest du eigentlich mal meinen Einkommenssteuerbescheid sehen?« Ich nahm mir den Brief und da stand es schwarz auf weiß: »Jahresverdienst 450 Millionen, zu zahlende Steuern 200 Millionen.« Und ich dachte: »450 Millionen hat er letztes Jahr gemacht, nicht schlecht. Der Kerl muss ja wirklich pfiffig sein!« (Dieter Bohlen: *Nichts als die Wahrheit*, München 2002, S. 193)

3 *Manager Magazin* 2/2004, S. 86 ff.; vgl. auch Günter Janke, *Kompendium Wirtschaftskriminalität*, Frankfurt 2008, S. 133.

4 Harksen im Interview im Film *Die Hochstapler* von Alexander Adolph, 2006.

5 *Mallorca Zeitung* 14.1.2010.

6 Bundeskriminalamt (Hg.): *Bekämpfung von Betrug und Urkundenfälschung*, Wiesbaden 1956, S. 208.

7 *Neue Zürcher Zeitung* 10.9.2010.

8 »Traditionelle, auf Autorität oder gar Zwang beruhende Arbeitsverhältnisse wurden kritisiert und verworfen; sie wurden zu emotionalen und psychologischen Verhältnissen umdefiniert und ermöglichten so eine (scheinbare) Harmonie zwischen der Organisation und dem einzelnen.« (Eva Illouz: *Die Errettung der modernen Seele*, Frankfurt 2009, S. 131)

9 »Aktuelle Untersuchungen bestätigen zur Genüge, dass das Ethos der Selbstbeherrschung die Welt der Unternehmen vollständig durchdrungen hat.« (Illouz, S. 136)

10 Zitiert nach Illouz, S. 142.

11 Zitiert nach Illouz, S. 162.

12 Jeder in diesem Karrieresystem ist zugleich Akteur, Beobachter und womöglich potenzieller Patient. Denn trotz der scheinbar unbegrenzten »Experimentierbarkeit« des Selbst sind narzistische Störungen in den letzten Jahren immer häufiger geworden, erklären Psychiater. Diese Patienten leiden an maßloser Selbstüberschätzung und einem eklatanten Mangel an Empathie. Dabei sind sie sozial durchaus kompetent, nutzen diese Fähigkeiten aber dazu, andere Menschen und Kollegen für ihre egoistischen Ziele einzuspannen und auszunutzen. Doch diejenigen, die deshalb zum Psychiater gehen, sind die Ausnahme. Holger Hoffmann, seit 30 Jahren Psychiater aus Bern im Gespräch mit einem der Autoren, 25.2.2010.

13 Grundlage für ihre Überlegung, ob die drastische Zunahme krankhaften Übergewichts in den USA der Ausbreitung einer Epidemie gleichkommt, ist eine groß angelegte Langzeitstudie zu Herz-Kreislauf-Erkrankungen, der sogenannten Herz-

studie von Framingham. Seit 1948 (und fortlaufend bis heute) wurden in dem Vorort von Boston viele persönliche Daten der Studienteilnehmer erfasst. Diese Daten, in der auch Freundeskreise erfasst wurden, war für die Erforschung sozialer Netzwerke und ihre Entwicklung über längere Zeiträume ein echter Glücksfall. (Nicholas A. Christakis/James H. Fowler: *Connected! Die Macht sozialer Netzwerke und warum Glück ansteckend ist.* Frankfurt/M. 2010, S. 144ff. und S. 159)

14 Sonja Veelen: *Techniken zur Herstellung gefälschter Identität. Eine soziologische Analyse der Hochstapelei,* Diplomarbeit Soziologie der Philipps-Universität Marburg, 2007, S. 13ff.

15 Annie Murphy Paul: *Cult of Personality. How Personality Tests Are Leading us to Miseducate our Children, Mismanagement our Companies, and Misunderstand ourselves,* New York 2004. Zitiert nach Illouz, S. 336.

16 Nicola Holzapfel: »Schwätzer bevorzugt«. In: *Süddeutsche Zeitung* 3.2.2010, S. 16.

17 *Personalwirtschaft* 08/2010, Artikel von Jürn F. Konitzer.

18 Auskunft von Cornelia Rauchenberger, Manager External Relations, IBM Deutschland, per E-Mail vom 15.10.2010 an einen der Autoren.

19 Individualität als Bündel sozialer Kompetenzen ist in die Ebene der Qualifikationen eingewandert, auf die sich der Erfolg eines Unternehmens stützt (Karola Brede: *Wagnisse der Anpassung im Arbeitsalltag,* Opladen 1995, S. 232).

3. Lust und Leid – die Fieberspitzen des Sozialbluffs

1 Und die Wunschvorstellung lebt fort, dass irgendwo gütigere, bessere, verständnisvolle »echte« Eltern existieren, während die bösen »Stiefeltern« dem Kind das Bedürfnis nach Anerkennung und Selbstständigkeit verweigern. Insofern ist der fantasierte »Familienroman« als kompensatorische narzisstische Selbsterhöhung zu betrachten.

2 Der Hochstapler kämpft permanent um Anerkennung und Liebenswürdigkeit, enttäuscht seine Mitmenschen aber regelmäßig und zwanghaft, sobald er seine Liebenswürdigkeit unter Beweis gestellt hat. Er leidet dabei aber unter dem Zwang, sich hinter einem fremden Namen zu verstecken. Nur mit falschem Namen und falscher Identität kann er eine mehr oder weniger realitätsangemessene Fantasie verwirklichen. Der Hochstapler empfindet sein wahres Ich, seinen echten Namen als wertlos oder schuldbelastet (obwohl er seine Talente zur Hochstapelei sehr wohl zu schätzen weiß), er muss in einer falschen Identität Glück und Anerkennung suchen und die Realitätslücke mit Lügen überbrücken. (Helene Deutsch: »The Impostor. Contribution to Ego Psychology of a Type of Psychopath«. In: *Psychoanalytic Quarterly*, 24, 1955, S. 483 ff.)

3 Zitiert nach Illouz, S. 297 f.

4 L. Randolph: »Oprah opens up about her Weight, her Wedding, and why she withheld the book«. In: *Ebony*, Okt. 1993, S. 130. Und: *Oprah Winfrey Show*, 24.1.2011.

5 Vermutlich brauchen wir diese Illusion eines authentischen Selbst heute mehr denn je, um in der modernen auf Verwertbarkeit orientierten Massengesellschaft den individuellen Anspruch auf ein geglücktes Leben aufrechterhalten

zu können. Schließlich ist das eines der Versprechen, mit denen die freiheitlichen Gesellschaften sich legitimieren.

6 J. W. Schooler und T. Y. Engstler-Schooler: »Verbal Overshadowing of Visual Memories – Some Things are better left unsaid«. In: *Cognitive Psychology* 22, 1990. S. 36 ff.

Und: K. Hanko, J. Crusius, T. Mussweiler: »When I and me are different: Assimilation and contrast in temporial self-comparisons«. In: *European Journal of Social Psychology 40,* 2010. S. 160 ff.

7 Die Psychologen Dennis Krebs, Kathy Denton und Nancy Higgins, zitiert nach Volker Sommer: *Lob der Lüge,* München 1993, S. 139. Die Position Dawkins' wird heute trotz aller Popularität als veraltet angesehen, weil sie den Umweltbedingungen und der sozialen Umgebung für den Erfolg eines Individuums zu wenig Bedeutung beimisst.

8 Das Experiment von Ruben Gur und Harald Sackeim zitiert nach Sommer, S. 121 ff. Original in Gur, C. Ruben und Sackeim, Harold A.: Self-deception: a concept in search of a phenomenon. In: *Journal of Personality and Social Psychology* 37, 1979. S. 147–169.

9 Andrews, Paul W.; Thomson, J. Anderson, Jr. *Psychological Review,* Vol 116(3), Jul 2009, 620–654. Zitiert nach *Frankfurter Allgemeine Zeitung* 7.3.2010.

10 Eine besonders erfolgreiche Karriere als Münchhausen-Patient durchlief der Amerikaner Stewart McIlroy, der in den 1970er Jahren mit acht Vor- und 22 Nachnamen zahlreiche Ärzte narrte und über die Fachpresse hinaus Berühmtheit erlangte. Sein von OP-Narben übersäter Bauch war ein Menetekel ärztlichen »Enthusiasmus«, die Zahl der Röntgenuntersuchungen und Bluttests ging weit in die Hunderte. Zwei Ärzte resümierten: »Seine Überlebensgeschichte legt Zeugnis

ab sowohl über die Belastbarkeit des menschlichen Organismus als auch die Behandlungssicherheit unserer Krankenhäuser.« Siehe Jill A. Fisher: »Playing Patient, Playing Doctor: Munchhausen Syndrome, Clinical S/M, and Ruptures of Medical Power«. In: *Journal of Medical Humanities*, 27, 2006, S. 143 f.

11 Zitiert nach Fisher, S. 146.

12 Das Münchhausen-Syndrom kennt noch eine weitere Volte. Denn gelegentlich kommen auch Dritte ins Spiel. Das erstmals 1977 beschriebene »erweiterte Münchhausen-Syndrom« (»Münchhausen by Proxy«) bezeichnet besonders unbegreifliche Fälle, bei denen die betroffene Person nicht sich selbst, sondern eine weitere Person verletzt. Oft ist es die Konstellation von Mutter und Kind, bei der die Mutter die Gesundheit eines oder mehrerer ihrer Kinder manipuliert. Für manche Forscher wie die in Harvard lehrende Psychologin Catherine C. Ayoub schließt sich hier der Kreis mit der Diagnose von Trendkrankheiten wie der bereits erwähnten »hyperkinetischen Störung« bei Kindern. Es werden Symptome vorgetäuscht oder verstärkt, um mit dem Kind zusammen die Aufmerksamkeit der Ärzte zu bekommen, das Kind in Kliniken aufnehmen zu lassen oder gar um medizinische Eingriffe bis hin zu Operationen zu provozieren. Solche Eltern erscheinen – nach außen – zunächst besonders fürsorglich. Ein Berliner Krankenhaus behandelte mehrfach ein Kind wegen Infektionen und hohem Fieber. Schließlich wurde es gemeinsam mit der Mutter stationär aufgenommen. Erneut war eine heftige Infektion zu behandeln, deren Ursache den Ärzten zunächst unbekannt war. Dann fand eine Krankenschwester im Zimmer benutzte Spritzen. Es stellte sich heraus, dass die Mutter ihrem eigenen Kind Fäkalien injiziert hatte, um eine heftige Entzün-

dung hervorzurufen und die Einweisung in die Klinik zu erreichen. In solchen extremen Fällen von Misshandlung und Körperverletzung wird eine krankhafte Identifikation des Münchhausen-Patienten mit dem Kind zur Grundlage dafür, auch das Leiden zu übertragen. So erzwingt der Patient maximale Aufmerksamkeit, zum Beispiel als besorgte und »mitleidende« Mutter, und kann sich gleichzeitig auch noch hinter dieser Maske verstecken.

13 Am 29. Dezember 2002 war die 14-jährige Tochter eines Kubaners auf einer Wache im brandenburgischen Guben erschienen, weil ihr angeblich Neonazis ein Hakenkreuz in die Wange geschnitten hätten. Zunächst glaubten ihr die Beamten, dann gestand das Mädchen, die Geschichte erfunden zu haben. 1994 hatte in Halle ein im Rollstuhl sitzendes Mädchen behauptet, dass Skinheads ihr ein Hakenkreuz in die Wange geritzt hätten. Tags darauf demonstrierten mehr als 10000 Menschen gegen rechtsextreme Gewalt. Wenig später räumte das Mädchen auch hier ein, die Tat nur vorgetäuscht zu haben. Kurz darauf berichtete eine Berliner Antifa-Gruppe, Neonazis hätten in der S-Bahn einer 20-Jährigen ein Hakenkreuz in den Bauch geritzt. Die Ermittlungen der Polizei blieben ohne Ergebnis. (*Der Spiegel* 18.12.2007)

14 *Weltwoche* 50/2004.

15 Ursula Mayr: »False memories. Botschaften aus einem Übergangsraum«. In: *Forum der Psycholanalyse*, 21, 2005, S. 58ff.

16 *Science*, 327, 2010. Zitiert nach *Süddeutsche Zeitung* 8.1.2010, S. 16.

17 Ein mentaler Prozess zweiter Ordnung: Das Pavianweibchen hat also »eine Vorstellung von den Vorgängen im Hirn des Zielindividuums« (Sommer, S. 102).

18 Zitiert nach Marcus Rohwetter: »Das Geschäft mit dem Guten«. In: *Die Zeit* 20.12.2006.

19 *Frankfurter Rundschau* 13.7.2009.

20 Georg-Volkmar Graf Zedtwitz-Arnim: *Tue Gutes und rede darüber – Public Relations für die Wirtschaft*, Berlin, Frankfurt/M., Wien 1961.

21 Boesch C., Bolé C., Eckhardt N., Boesch H.: »Altruism in Forest Chimpanzees: The Case of Adoption«. In: *PLoS ONE* 5(1) 2010: e8901. doi:10.1371 journal.pone.0008901

22 Zitiert nach Sommer, S. 179.

23 Dort lernte er auch, Schweinefleisch zu essen, das der korpulente Prinz bei Empfängen gerne in sich reinschaufelt.

24 »Die meisten Hochstapler zeigen neben ihrer Schmarotzertätigkeit eigenartige sozialpolitische charitative Strebungen. Sie geben große Trinkgelder, beschenken Bedürftige (Schenksucht), begünstigen Künstler, veranlassen Wohltätigkeitsfeste, beschenken Kirchen, stiften (oder besser: versprechen zu stiften) Spitäler, Förderwerke u. ä.« Diese Beobachtung machte der Zürcher Bezirksstaatsanwalt und Hochstaplerexperte Georg Franz von Cleric bereits in den 1920er Jahren. Für ihn handelte es sich dabei keineswegs um taktische Maßnahmen, sondern um »ernstgemeinte Affektentladungen« und eine Folge der Fähigkeit, sich in andere hineinleben zu können. Andererseits kommt es vor, dass der »Wohltäter der Armen« durchaus auch Bedürftige betrügt. Den Hochstapler kümmert dieser Widerspruch nicht. Sein Hauptmotiv für das Karitative liegt in seiner Eitelkeit und dem Wunsch, Bewunderung und Dankbarkeit zu erzielen (Georg Franz von Cleric: »Der Hochstapler«. In: *Schweizerische Zeitschrift für Strafrecht*, 1926, S. 35).

25 Für viele Hochstapler ist der Arztberuf nur einer von

mehreren falschen Identitäten, Berufen und Titeln. So fahndet die Polizei in den 1930er Jahren international nach dem Hochstapler »Dr. med. Fürst von und zu Stolberg«. Dieser fiel deutschen Konsulaten in Italien als Passfälscher auf, seit September 1938 befand er sich dort auf der Flucht. Er bot jüdischen Emigranten die Beschaffung von Sichtvermerken (Visa) für jedes beliebige Land an und trat sehr großzügig auf, mit mehreren Begleitern und einem großen Buick mit New Yorker Kennzeichen. Offenbar hatte er sich seinen Decknamen von dem deutschen Fürsten Wolff-Heinrich Fürst zu Stolberg-Stolberg geborgt (*Internationale öffentliche Sicherheit. Publikationsorgan der internationalen kriminalpolizeilichen Kommission*, Wien 1939, Nr. 3, S. 7).

26 *Süddeutsche Zeitung Magazin* 49/2009.

4. Egoakrobatik für Visionäre in Wissenschaft und Politik

1 Zitiert nach Klaus Hoffmann: *Glitzerndes Geheimnis, Gauner, Gaukler, Gelehrte und Großmachtpolitiker*, Leipzig/Jena/Berlin 1988, S. 251.

2 http://www.erinnerungswerkstatt-norderstedt.de/artikel/290_ep.htm.

3 Report by Dr. José Antonio Balseiro regarding the inspection to the Huemul Island in September 1952 Buenos Aires, National Atomic Energy Commission, Buenos Aires 1988.

4 Deutschlandfunk 28.4.2010.

5 Interview mit Seth Roberts auf »Scientific Blogging«, 7.2.2008.

6 Jim Giles: »Sociologist fools Physics Judges«. In: *Nature*, 442:8, 2006; und Harry Collins, Robert Evans: *Rethinking Expertise*, Chicago 2007.

7 Zitiert nach Svenja Flasspöhler: »Gnadengabe oder Inszenierung? – Versuche über Charisma«, Deutschlandfunk 5.7.2009.

8 Der Historiker Karl Alexander von Müller zitiert nach Rudolf Herz: *Hoffmann und Hitler*, München 1994, S. 100.

9 Gedruckt im *Tagesspiegel* 27.1.2010.

10 Ausschnitt *Tagesthemen* vom 9.2.2009, Karl-Theodor zu Gutenberg: »Ein teilwirtschaftliches Fundament durfte ich mir in der Zeit vor der Politik bereits aneignen. Durch die Verantwortung, die ich im Familienunternehmen getragen habe.« Ausschnitt *heute journal* vom 9.2.2009: Karl-Theodor zu Guttenberg: »... und habe vor dem Eintritt in die Politik in der freien Wirtschaft gearbeitet. War dort tätig, habe dort Verantwortung im eigenen Familienunternehmen getragen.«